江苏第二师范学院学术著作出版资助项目

心灵共情

孤独症儿童的沙盘游戏疗愈

严宇虹◎著

HUAXIA PUBLISHING HOUSE

图书在版编目（CIP）数据

心灵共情：孤独症儿童的沙盘游戏疗愈 / 严宇虹著. --北京：华夏出版社有限公司, 2025. -- ISBN 978-7-5222-0832-9

Ⅰ. G766

中国国家版本馆 CIP 数据核字第 2025QY4865 号

心灵共情：孤独症儿童的沙盘游戏疗愈

著　　者	严宇虹
责任编辑	霍本科　王梓臻
责任印制	刘　洋
封面设计	殷丽云
出版发行	华夏出版社有限公司
经　　销	新华书店
印　　装	三河市少明印务有限公司
版　　次	2025 年 5 月北京第 1 版　2025 年 5 月北京第 1 次印刷
开　　本	710×1000　1/16 开本
印　　张	16
字　　数	300 千字
定　　价	49.00 元

华夏出版社有限公司　社址：北京市东直门外香河园北里 4 号
邮编：100028　　网址：www.hxph.com.cn
电话：010-64663331（转）
投稿合作：010-64672903；hbk801@163.com

若发现本版图书有印装质量问题，请与我社营销中心联系调换。

序　言

在沙的世界里，看见星星的孩子

华南师范大学教授　高　岚

20 多年前，在一间幼儿园的音乐室里，我看见这样一个镜头：一个孩子反复地把推拉窗从右边推向左边，再从左边推到右边，并不时在音乐室里跑上一圈。妈妈蹲在一旁，轻声细语地哄着，希望孩子可以过来和其他孩子一起活动。老师和妈妈轮流劝导，可是孩子仍旧重复着推那扇窗。1943 年，美国的里奥·坎纳（Leo Kanner）教授报告了第一例孤独症案例，这个被称为"精神癌症"的疾病，现今正以惊人的速度蔓延。据统计，目前全球每 54 名儿童中就有一名被诊断为孤独症谱系障碍。冰冷的数字背后，是一个个被困在自我世界中的灵魂，和无数个濒临崩溃的家庭。

面对这样的困境，传统的治疗方法，比如语言治疗、行为训练、药物治疗……这些方法虽然能在一定程度上改善症状，却难以触及孤独症儿童内心最深处的世界。沙盘游戏疗法的出现，让我们可以尝试另一种链接与协助孤独症孩子的途径。本书正是在这个领域所做的专业研究与指引。

沙盘游戏疗法是一种融合了荣格心理学、发展心理学和神经科学精髓的心理治疗方法。在富有魔力的沙盘里，孩子们可以用双手触摸沙粒的质感，用沙具任意构建自己的世界，以非言说的方式呈现与表达内心的感受。咨询师是一个安静的协助者、抱持者、观察者和共情者，通过沙盘这个媒介，与孩子们建立心灵的联结。

共情，是沙盘游戏疗法的核心，是一种深刻的理解和接纳。共情要求咨询师放下自己固化的已有经验和期待，真正与孩子同频合弦，一起经验他们的喜怒哀乐。在沙盘游戏中，共情体现在每一个细微的互动中：当孩子小心翼翼地用手指在沙上画出第一道痕迹时，咨询师能感受到他内心的试探；当孩子反复摆放同一个玩具时，咨询师能理解这个玩具对他具有的特殊意义；当孩子突然将沙盘上的场景全部推倒时，咨询师能体会到他的焦虑和不安。这种共情不是通过语言表达的，而是通过眼神、表情、动作和氛围传递的。它让孤独症儿童感受到，在这个世界上，有人真正理解他们的感受，接纳他们的与众不同。

《心灵共情：孤独症儿童的沙盘游戏疗愈》正是这样一部独特的著作。作者在第一章中就聚焦共情的调查研究——长三角地区孤独症儿童共情现状调查，对普通儿童与孤独症谱系儿童的认知共情与情感共情进行了分析与探索，从现实样本数据切入谱系儿童社会功能缺陷的核心问题。在随后的第三至第六章，作者分别从哲学、生物学、心理学以及中国文化与分析心理学的角度对"共情"进行了多维度的分析与讨论。作者所诠释出的重要结论为：基于"情感共情"和"认知共情"动态发展过程的假设，谱系儿童共情的发展通常阻滞在前两个阶段。第一种状态是：自我被禁锢在前自我阶段（pre-ego stage）。对于谱系儿童的母亲来说，尽管孩子身体已经出生，但由于他们一些功能的落后，母亲在心理上无法进行母子分离，使得孩子的自性仍然被包裹在母亲的自性之中，而他们的共情便被迫停滞在混沌状态，从而导致他人认为谱系儿童对外界漠不关心、情感隔离，活在自己的世界当中。第二种状态是：认知共情仍处于无意识状态。谱系儿童的刻板行为和感统失调，导致他们在缺乏干预的情况下无法将原初自性进一步分离。尽管儿童有情感共情，儿童表现出可识别出的内心体验，母亲或主要养育者也可以感受到儿童的依恋，但谱系儿童无法通过语言和行为表达，对于他人的感受也无法精确识别和命名。

第七章与第八章重点探索了亲子沙盘游戏如何协助"认知共情"和"情感共情"能力的获得，通过临床亲子案例，展现了"共情"在孤独症儿童治疗中的独特价值。作者记录了母亲和孩子做沙盘过程中的细节：孩子如何选择玩具，母亲如何回应（包括言语与非言语的），沙盘里留下的痕迹，眼神或氛围里的无奈、错位或者失望……这些细微的变化，都是通向孩子内心世界的重要线索。在神经科学层面，通过触觉、视觉和运动觉的多感官刺激，沙盘游戏能够激活大脑中负责社交和情感的区域，促进神经通路的重塑。这为沙盘游戏的疗愈提供了科学依据，也为其未来发展指明了方向。

妈妈和 N 在亲子沙盘游戏中有许多令人思考的瞬间。通过沙盘游戏，N 呈现了他的混乱型依恋，咨询师也深切地体验到他和妈妈之间情感的矛盾，理解了他对外界的不安全感。随着游戏的深入，N 和妈妈能够互相融合地共同游戏，妈妈也开始能够给 N 更多的空间。N 与妈妈彼此通过沙盘里的路、桥梁，表达了他们渴望沟通与建立连接的愿望，生动地展示了沙盘游戏如何突破语言的藩篱，直达孩子的内心。共情的力量，在 N 的亲子案例中得到了充分体现。当咨询师能够真正理解孩子的内心世界，并且协助妈妈去体验孩子时，谱系儿童可以获得改善与发展。这种理解不是通过理性分析得出的，而是通过心灵的共鸣实现的。在沙盘游戏中，咨询师和孩子、孩子妈妈的无意识在无声地对话，这种对话超越了语言的局限，直达心灵的最深处。

本书的独特之处在于，它不仅关注治疗技术，更强调"心灵共情"的重要性。作者指出，真正的治疗不是仅关注孩子的行为，而在于理解他们的世界，感受他们的感受。这种共情是一种深刻的理解和接纳。通过沙盘这个媒介，妈妈也学习到以孩子的视角看待世界，这种视角的转换往往能带来意想不到的突破。

本书也展示了家庭沙盘在疗愈过程中的重要作用。许多孤独症儿童的父母长期处于焦虑和自责中，他们需要专业的指导和支持。本书提供了一个有框架的家庭沙盘路径，帮助父母理解孩子的行为，学习与孩子沟通的能力，成为疗愈过程中的积极参与者。共情，同样适用于父母。当父母能够真正理解孩子的感受时，他们就能更好地支持孩子的成长。

阅读本书的过程中我们会看到，即使最封闭的内心世界，也存在着沟通的可能；即使最孤独的灵魂，也渴望着爱的连接。通过沙盘游戏疗法，我们不仅能够帮助孤独症儿童走出困境，而且可以从中获得对人性更深的理解。

这本书以作者的探索，为无数与谱系儿童一起的教师、父母，提供了一种基于深度心理学的疗愈路径。它告诉我们，每个孩子都是独特的个体，都值得被理解和关爱。在沙的世界里，我们看到的不仅是孤独症儿童内心的风景，更是人性最本真的模样。

愿每一个星星的孩子，都能在沙的世界里找到属于自己的光芒；愿每一个孤独的灵魂，都能在理解和关爱中获得新生。这就是《心灵共情：孤独症儿童的沙盘游戏疗愈》带给我们的最宝贵的启示。

目 录

引 论 …………………………………………………………………… (1)

第一章 绪 论 ……………………………………………………… (5)

第一节 何为孤独症谱系障碍 …………………………………… (5)
一、孤独症谱系障碍的界定 ………………………………… (5)
二、孤独症谱系障碍的诊断 ………………………………… (6)
三、孤独症谱系障碍的主要理论 …………………………… (9)

第二节 何为沙盘游戏疗法 ……………………………………… (12)
一、沙盘游戏疗法概述 ……………………………………… (12)
二、初始沙盘 ………………………………………………… (13)
三、家庭沙盘游戏疗法概述 ………………………………… (13)
四、沙盘游戏疗法的优势 …………………………………… (14)

第三节 何为共情 ………………………………………………… (17)
一、共情的界定 ……………………………………………… (17)
二、共情的影响因素 ………………………………………… (18)

第四节 从"心盲"理论到"双重共情问题":
有关孤独症共情的研究及干预进展 ……………… (19)
一、孤独症共情的理论进展 ………………………………… (19)
二、孤独症患者共情发展的研究 …………………………… (20)
三、孤独症患者的共情干预 ………………………………… (21)

第五节 我国长三角地区孤独症儿童共情现状调查 …………… (23)
一、调查对象 ………………………………………………… (23)
二、调查工具 ………………………………………………… (24)
三、数据处理 ………………………………………………… (25)
四、调查结果 ………………………………………………… (25)
五、讨 论 …………………………………………………… (37)
六、由孤独症儿童共情调查引发的思考 …………………… (39)

第二章　沙盘游戏疗法的技术 (41)

第一节　沙盘游戏疗法的前期准备 (41)
一、沙盘游戏咨询室的布置 (41)
二、沙具的收集与陈列 (44)
三、咨询师的准备 (46)

第二节　沙盘游戏疗法的实施 (49)
一、如何开始沙盘游戏 (49)
二、咨询师在沙盘游戏过程中要做些什么 (52)
三、沙盘制作完成后要做什么 (54)
四、如何结束沙盘游戏咨询 (57)

第三节　沙盘游戏疗法中咨询师的角色 (59)
一、稳定的心理容器 (60)
二、象征性过程的催化剂 (60)
三、具有胜任力的心理工作者 (61)

第四节　儿童沙盘游戏的特点 (61)
一、儿童沙盘游戏特点概述 (61)
二、儿童在沙盘游戏中可能出现的行为 (62)
三、儿童在沙盘游戏中的不同模式 (64)
四、沙盘游戏中的特别事项 (69)

第三章　沙盘游戏疗法干预孤独症共情的哲学基础 (73)

第一节　儒家文化里的共情观 (73)
一、情绪共情：恻隐之心与一体之仁 (73)
二、认知共情：忠恕之道与絜矩之道 (74)
三、共情的心理学意义 (74)

第二节　孤独症共情里的具身哲学 (74)
一、具身认知的哲学观 (75)
二、具身认知视角下的共情 (75)
三、具身认知视角下孤独症患者的社会互动 (77)
四、具身认知视角下孤独症患者的学习 (79)

第三节　沙盘游戏疗法里的中国哲学思想 (80)
一、沙盘游戏疗法与中国文化 (80)

二、沙盘游戏与周敦颐的《太极图说》 (81)
三、沙盘游戏疗法与《易经》 (83)

第四章 沙盘游戏疗法干预孤独症共情的生物学基础 (85)

第一节 共情回路 (85)
一、共情的神经机制 (85)
二、与共情相关的脑区 (86)

第二节 孤独症患者的脑与孤独症谱系障碍的成因 (92)
一、孤独症患者的脑 (92)
二、孤独症谱系障碍的成因 (96)

第三节 孤独症患者共情的神经机制 (99)
一、孤独症患者共情的生物学机制 (99)
二、孤独症患者共情的神经生理学机制 (99)

第四节 沙盘游戏中的神经生物学因素 (100)
一、沙盘游戏中的母子一体性阶段与大脑的发育 (101)
二、沙盘游戏中的情感关系与大脑边缘系统的早期发育 (102)
三、沙盘游戏中的自由与受保护的空间 (103)
四、沙盘游戏中的心理创伤与大脑分层结构的发展 (103)
五、沙盘游戏中的情感调节模式与自性发展 (106)
六、沙盘游戏与关系中产生的心理 (107)
七、神秘体验中大脑的"自性化"与象征性过程 (108)

第五章 沙盘游戏疗法干预孤独症共情的心理学基础 (111)

第一节 共情的心理机制 (111)
一、共情的动态模式 (111)
二、孤独症患者在复杂情境中的共情挑战 (114)
三、孤独症患者在内隐情境中的共情挑战 (115)

第二节 沙盘游戏疗法中的共情 (116)
一、心理咨询中的共情概述 (116)
二、共情在沙盘游戏疗法中的表现与应用 (117)
三、共情作为沙盘游戏疗法中的疗愈因子 (118)

第三节 沙盘游戏疗法中的儿童心理发展 (119)
一、儿童沙盘游戏疗法中的发展理论 (119)

二、儿童沙盘游戏的发展阶段⋯⋯⋯⋯⋯⋯⋯⋯⋯⋯⋯⋯⋯⋯（122）
　第四节　沙盘游戏疗法在孤独症干预中的应用⋯⋯⋯⋯⋯⋯⋯⋯（126）
　第五节　依恋理论下的孤独症儿童共情⋯⋯⋯⋯⋯⋯⋯⋯⋯⋯⋯（127）

第六章　孤独症儿童共情的心理分析⋯⋯⋯⋯⋯⋯⋯⋯⋯⋯⋯⋯（129）
　第一节　"孤独""自闭""共情"的汉字意象⋯⋯⋯⋯⋯⋯⋯⋯⋯（129）
　　一、"Autism"的汉字意象⋯⋯⋯⋯⋯⋯⋯⋯⋯⋯⋯⋯⋯⋯⋯（129）
　　二、"Empathy"的汉字意象⋯⋯⋯⋯⋯⋯⋯⋯⋯⋯⋯⋯⋯⋯（131）
　第二节　分析心理学中的孤独症与共情⋯⋯⋯⋯⋯⋯⋯⋯⋯⋯⋯（132）
　　一、分析心理学中的孤独症⋯⋯⋯⋯⋯⋯⋯⋯⋯⋯⋯⋯⋯⋯⋯（132）
　　二、分析心理学中的共情⋯⋯⋯⋯⋯⋯⋯⋯⋯⋯⋯⋯⋯⋯⋯⋯（133）
　第三节　分析心理学视角下孤独症患者的共情⋯⋯⋯⋯⋯⋯⋯⋯（134）

第七章　孤独症儿童的初始沙盘游戏研究⋯⋯⋯⋯⋯⋯⋯⋯⋯⋯（137）
　第一节　孤独症儿童沙盘游戏的动作编码⋯⋯⋯⋯⋯⋯⋯⋯⋯⋯（137）
　　一、一级编码⋯⋯⋯⋯⋯⋯⋯⋯⋯⋯⋯⋯⋯⋯⋯⋯⋯⋯⋯⋯⋯（138）
　　二、二级编码⋯⋯⋯⋯⋯⋯⋯⋯⋯⋯⋯⋯⋯⋯⋯⋯⋯⋯⋯⋯⋯（138）
　　三、三级编码⋯⋯⋯⋯⋯⋯⋯⋯⋯⋯⋯⋯⋯⋯⋯⋯⋯⋯⋯⋯⋯（139）
　　四、评价指标⋯⋯⋯⋯⋯⋯⋯⋯⋯⋯⋯⋯⋯⋯⋯⋯⋯⋯⋯⋯⋯（139）
　第二节　孤独症儿童的初始沙盘分析⋯⋯⋯⋯⋯⋯⋯⋯⋯⋯⋯⋯（140）
　　一、研究对象与方法⋯⋯⋯⋯⋯⋯⋯⋯⋯⋯⋯⋯⋯⋯⋯⋯⋯⋯（140）
　　二、研究程序⋯⋯⋯⋯⋯⋯⋯⋯⋯⋯⋯⋯⋯⋯⋯⋯⋯⋯⋯⋯⋯（141）
　　三、孤独症儿童初始沙盘评价指标⋯⋯⋯⋯⋯⋯⋯⋯⋯⋯⋯⋯（142）
　　四、结　果⋯⋯⋯⋯⋯⋯⋯⋯⋯⋯⋯⋯⋯⋯⋯⋯⋯⋯⋯⋯⋯⋯（143）
　　五、孤独症儿童初始沙盘的象征分析⋯⋯⋯⋯⋯⋯⋯⋯⋯⋯⋯（155）
　第三节　初始沙盘游戏中孤独症儿童的共情特点研究⋯⋯⋯⋯⋯（158）
　　一、研究对象与方法⋯⋯⋯⋯⋯⋯⋯⋯⋯⋯⋯⋯⋯⋯⋯⋯⋯⋯（158）
　　二、数据处理⋯⋯⋯⋯⋯⋯⋯⋯⋯⋯⋯⋯⋯⋯⋯⋯⋯⋯⋯⋯⋯（159）
　　三、结　果⋯⋯⋯⋯⋯⋯⋯⋯⋯⋯⋯⋯⋯⋯⋯⋯⋯⋯⋯⋯⋯⋯（159）
　　四、讨　论⋯⋯⋯⋯⋯⋯⋯⋯⋯⋯⋯⋯⋯⋯⋯⋯⋯⋯⋯⋯⋯⋯（162）
　　五、结论与展望⋯⋯⋯⋯⋯⋯⋯⋯⋯⋯⋯⋯⋯⋯⋯⋯⋯⋯⋯⋯（164）

第八章　亲子沙盘游戏疗法提升孤独症儿童心灵共情的案例分析……（165）

第一节　亲子沙盘游戏疗法在孤独症儿童共情干预中的作用……（165）
第二节　个案招募与干预研究设计……（167）
一、个案招募……（167）
二、研究工具……（168）
三、干预程序……（171）
四、咨询设置……（171）
五、亲子沙盘游戏干预步骤……（171）
六、干预效果评估……（173）

第三节　亲子沙盘游戏疗法的干预过程与心理分析……（173）
一、个案及家庭基本情况……（173）
二、个案初始评估……（175）
三、具体进程与分析……（176）
四、干预效果评估……（197）

第四节　案例讨论与研究结论……（200）
一、亲子沙盘游戏对小 N 干预的历程回顾……（200）
二、亲子沙盘游戏对孤独症儿童共情干预的可行性分析……（202）

总结与展望……（205）

参考文献……（209）

附　录……（231）

引 论

孤独症谱系障碍（autism spectrum disorder，简称 ASD）又被称为自闭症，是一种广泛性神经发育障碍。ASD 个体常常表现出持续性的社会沟通障碍、社会交往障碍以及重复刻板的行为模式（American Psychiatric Association，2013）①。近年来 ASD 的发病率持续上升，美国疾病控制和预防中心（Centers for Disease Control and Prevention）于 2023 年 3 月发布的数据表明，ASD 的患病率已达到 1/36，即每 36 名 8 岁美国儿童中就有一人罹患 ASD。在我国，孤独症儿童占精神残疾患儿的 36.9%，是导致儿童精神残疾的首要原因之一（卫生部办公厅，2010）。2020 年一项面对 6—12 岁儿童的大规模调查发现，我国 ASD 儿童的患病率为 0.7%（Zhou et al.，2020）；但有专家指出，这一低流行率的结果可能与因病耻感而瞒报和筛查技术有限有关（贾美香，2023；Tang & Bie，2016），而根据《中国孤独症教育康复行业发展状况报告》（2019，2022）推算，目前中国的 ASD 患者可能超过 1000 万，0—14 岁患者或超 200 万，并以每年近 20 万的速度增长。研究表明，ASD 患者的适应性行为缺陷在整个生命周期中将持续存在（Plitt et al.，2015；Biscaldi et al.，2015），且症状很少会随着年龄的增长而减轻或自愈（Barbaro & Dissanayake，2016；Wu et al.，2020；霍超，李祚山，孟景，2021）。因此，ASD 儿童使得家庭的负担极重，一个有 ASD 个体的家庭每年的康复治疗费用为 3 万—6 万元（王芳，杨广学，2017；霍超，李祚山，孟景，2021），这严重影响个体及其家人的生活质量（Posar & Visconti，2019）。此外，家庭干预已经成了 ASD 治疗和康复的共识，除了专业的机构干预，有效的家庭干预可以更好地巩固、提高 ASD 儿童的干预效果，起到事半功倍的作用。但如何利用好家庭环境，以及家庭

---

① "孤独症"为全国科学技术名词审定委员会所确定的译名。

成员如何作用于ASD儿童的康复，还有待研究者进一步探索。

ASD的早发现、早诊断、早干预有助于儿童康复和未来融入社会，我国对于未成年ASD患儿也给予了大量的关注和政策支持。然而遗憾的是，针对大龄和成年ASD患者的政策几乎空白，我们也似乎很少感受到大龄孤独症患者的存在——他们都康复了吗？还是被父母保护在家中？真相往往是残酷的——吉林省政协委员姜晓波在2017年的调研中发现，低龄阶段的康复训练结束后，ASD儿童基本上都要离开机构，如果能力较好，可以升入普通学校，然而更多的ASD儿童因被学校拒之门外而无处可去，至于15岁以上的大龄ASD群体，除了家庭，到社会上就"没人管了"[①]。如果对这些可以升学却被拒之门外的ASD儿童的情况进行深入了解，就会发现这些儿童并非全部是重度ASD，其中不乏阿斯伯格群体，他们的失学更多是由社交性问题和继发性的心理问题导致的。研究者也发现（Baron – Cohen & Wheelwright, 2004），在孤独症谱系的高功能末端，尽管个体智力正常，也可以进行简单沟通，但社会理解和交往能力依旧很差，这类个体很难感知和理解社会性线索，无法准确地理解他人想法、感受和推测他人情绪，在分享经验和理解情绪方面存在明显障碍。而这种社交缺陷的主要原因是共情的缺损（Kennett, 2002; Krahn & Fenton, 2009）。共情（empathy）是个体分享他人情绪，理解他人想法、意愿和感受的能力（Shamay – Tsoory et al., 2009），既是个体亲社会行为的重要动机源，又是个体社会认知高度发展的产物，更是个体维持积极的社会关系以及个体间内心世界相互沟通的桥梁。共情的缺陷不利于ASD个体建立亲密关系（Dijkstra et al., 2014; Russell, 2012）和形成亲社会行为（丁凤琴，陆朝晖，2016; Imuta et al., 2016）。孤独症儿童家庭普遍希望自己的孩子能够进入普校学习，然而实际情况是，很多ASD儿童在干预后认知提高，也有了一定的交流能力，但是在校园里依然难以融入，甚至存在被霸凌却不自知的风险，而其主要原因便是他们无法准确理解他人的情绪情感并与对方共情。对此，除了学龄前的基础干预，ASD儿童学龄期的后续干预以及高功能ASD儿童的共情干预也十分重要。

---

① 人民日报（2017）. 姜晓波委员：让大龄自闭症群体有个"好归宿"，http://www.cppcc.gov.cn/zxww/2017/05/09/ARTI1494296410214288.shtml.

共情的概念在深度心理学领域十分重要，荣格（C. G. Jung）强调客体的"生动性"和主动使用共情的可能（CW6①，第486段）；科胡特（Kohut）认为只有当观察的方式是基于内省和共情时，心理现象才成立；安德鲁·萨缪尔（Andrew Samuels，2005）认为共情是一种与我们内在生活以及复杂精神状态接触的替代性内省。因此，对于深度心理学来说，孤独症的社交和语言的缺陷正是共情缺损的表现。荣格是最早以今天可识别的术语阐明婴儿和母亲关系重要性的学者之一，他认为孤独症患者停留在婴儿对母亲无意识的体验阶段，这也是"婴儿早期精神状态的特征"（CW6，第741—742段）。荣格对孤独症的理解凸显了亲子依恋对孤独症心理发育的影响，而依恋的品质也进一步影响孤独症儿童共情的发展。

研究者们通过对ASD患者睡眠阶段的脑电研究发现，ASD患者具有丰富的内心活动，这意味着他们的无意识也是一座巨大的冰山，但由于他们的功能缺陷，我们很少能窥探一二。另外，在神经发育正常群体为主流的社会环境中，人们对孤独症群体缺乏理解并充满偏见，这使得目前的研究更多关注他们行为层面的改善，企图将孤独症群体的"偏常"行为变得"正常"，而不去探究他们无意识层面真正的需要。目前孤独症的干预模式百花齐放，但主要集中在核心症状的消退，对于低功能的ASD儿童尤以行为干预为主。尽管有相当一部分干预效果提到ASD患者的社交能力得以改善，但对于ASD共情的专项干预较少，国内目前已有的相关研究均是对国外的干预方式做本土化验证，主要基于共情-系统化理论（empathizing-systemizing theory，E-S theory）和心盲理论（mind-blindness theory），但并没有考虑中国文化背景，也没有纳入ASD儿童生活的家庭环境。

沙盘游戏疗法是多拉·卡尔夫（Dora Kalff）在中国文化和荣格理论基础上创造出的一种独特的触及无意识的治愈能量的方法，研究发现这种疗法可以运用于ASD儿童核心症状的改善。为了让那些经过基础干预的ASD儿童更好地适应、融入校园环境，建立良好的人际关系，拥有更高质量的社群生活，同时能让家庭环境进一步促进ASD儿童的

---

① CW6为The Collected Works of C. G. Jung, Volume 6（《荣格文集第6卷》）的缩写，下同。

发展，本书将从理论研究和实证研究两个层面揭秘中国文化背景下 ASD 儿童的共情特点，并通过沙盘游戏疗法的实践研究探寻开启 ASD 儿童心灵共情之门的钥匙。

第一章 绪 论

在正式开始本书之前,我们需要知道几个核心概念:何为孤独症?什么是沙盘游戏疗法?共情是什么?它对孤独症的影响又是什么?本章将对孤独症谱系障碍、沙盘游戏疗法、共情这三个核心概念进行概述,并介绍目前有关孤独症共情的最新研究进展。本章最后一部分对我国长三角地区孤独症儿童和非孤独症儿童的共情现状进行了调查,本书后续的讨论和研究也将基于这一调查结果展开。

第一节 何为孤独症谱系障碍

一、孤独症谱系障碍的界定

孤独症这一概念由儿童精神病学家里奥·坎纳(Leo Kanner)于1943年率先提出,他通过对11名孤独性障碍儿童的观察,发表了题为《情绪接触的孤独性障碍》(杨宗仁译)("Autistic Disturbances of Affective Contact")的报告。正如"autism"源自希腊语"autos"(自我)一样,坎纳将孤独症患儿定义为"把自己封闭在自我世界的儿童"。根据孤独症患者的这一特点,我国又将孤独症称作自闭症。20世纪90年代美国精神病学学会(APA)总结了孤独症的三条核心症状,即孤独症的三联症状:①社会交往发展障碍;②沟通发展障碍;③通常伴有兴趣狭窄和重复行为。1981年,英国孤独症研究专家罗纳·韦恩(Lorna Wing)根据ICD-9和DSM-Ⅲ将坎纳型孤独症归入孤独症谱系,并提出"Autistic Spectrum Disorder"(孤独性谱系障碍)这一概念,使孤独性障碍(Autistic Disorder)成为孤独症谱系障碍(Autism Spectrum Disorder,ASD)的主要特征之一,归属于"广泛性发展障碍"(Pervasive Development Disorders,PDD)范畴。而在2013年发布的DSM-Ⅴ中,"广泛性发展障碍"(PDD)正式被"孤独症谱系障碍"

（ASD）取代，同一障碍类别的不同亚型都被囊括到孤独症谱系障碍之中。

由于"孤独症"为全国科学技术名词审定委员会所确定的规范译名，且中国残联宣文部于2022年3月印发通知，要求在宣传报道中规范"孤独症"的称谓，因此本书中统一使用"孤独症"指代ASD①。

二、孤独症谱系障碍的诊断

目前孤独症谱系障碍的诊断并没有统一标准，国际上影响范围较广、较为常用的标准有两个，分别是APA编写的《精神障碍诊断与统计手册》（DSM）和世界卫生组织（WHO）出版的《国际疾病分类：精神和行为疾病分类》（ICD）。2013年5月，APA推出《精神障碍诊断与统计手册》（第五版）（DSM-V），DSM-V的出版被《自然》（*Nature*）评为2013年度科学界的十大重要事件之一（Noorden，2013），其重要性可见一斑。目前国内对ASD患儿诊断的主要依据便是DSM-V。

表1-1 DSM-V中的孤独症（自闭症）谱系障碍诊断标准②

诊断标准	示范性举例
A. 在多种场所下，社交交流和社交互动方面存在持续性的缺陷，表现为目前或历史上右侧描述的情况（需标注目前的严重程度，见表1-2）	1. 社交情感互动中的缺陷，例如，从异常的社交接触和不能正常地来回对话到分享兴趣、情绪或情感的减少，到不能启动社交互动或无法对社交互动做出回应。
	2. 在社交互动中使用非语言交流行为的缺陷，例如，从语言和非语言交流的整合困难到异常的眼神接触和身体语言，或在理解和使用手势方面的缺陷到面部表情和非语言交流的完全缺乏。
	3. 发展、维持和理解人际关系的缺陷，例如，从难以调整自己的行为以适应各种社交情境的困难到难以分享想象的游戏或交友的困难，到对同伴缺乏兴趣。

---

① 中国残疾人联合会宣传文化部：《关于在宣传报道中规范残疾人及残疾人工作有关称谓的通知》（残联宣文〔2022〕12号）。

② 美国精神医学学会.（编）.（2015）.精神障碍诊断与统计手册（张道龙 译）（pp. 46-48）.北京：北京大学出版社. 引文有改动。

续 表

诊断标准	示范性举例
B. 受限且重复的行为模式、兴趣或活动，表现为目前或历史上右侧描述的情况（需标注目前的严重程度）	1. 刻板或重复的躯体运动，使用物体或言语（例如，简单的躯体刻板运动、摆放玩具或翻转物体、模仿言语、特殊短语）。
	2. 坚持相同性，缺乏弹性地坚持常规或仪式化的语言或非语言的行为模式（例如，对微小的改变极端痛苦、难以转变、僵化的思维模式、仪式化的问候、需要走相同的路线或每天吃同样的食物）。
	3. 高度受限的、固定的兴趣，其强度和专注度方面是异常的（例如，对不寻常物体的强烈依恋或先占观念、过度的局限或持续的兴趣）。
	4. 对感觉输入的过度反应或反应不足，或在对环境的感受方面不同寻常的兴趣（例如，对疼痛/温度的感觉麻木，对特定的声音或质地的不良反应，对物体过度地嗅或触摸，对光线或运动的凝视）。

C. 症状通常在个体发展早期就已存在，但可能直到社交需求超出其有限能力时，这些缺陷才会明显显现，或者在某些情况下，它们可能被后天习得的策略所掩盖。

D. 这些症状在社交、职业或其他重要生活领域造成了具有临床意义的损害。

E. 这些症状不应该仅仅归因于智力障碍（智力发育障碍）或全面发育迟缓。智力障碍和孤独症（自闭症）谱系障碍经常共同出现，做出孤独症（自闭症）谱系障碍和智力障碍的合并诊断时，其社交交流应低于预期的总体发育水平。

表1-2　DSM-V中的孤独症（自闭症）谱系障碍严重程度评估标准[①]

严重程度	社交交流	受限的重复行为
需要支持（水平1）	在没有支持的情况下，社交交流方面的缺陷造成可观察到的损害。启动社交互动存在困难，是对他人的社交示意的非典型的或不成功反应的明显例子。可表现为对社交互动方面的兴趣减少。例如，个体能够讲出完整的句子和参与社交交流，但其与他人的往来对话是失败的，他们试图交友的努力是奇怪的，且通常是不成功的。	缺乏灵活性的行为显著地影响了一个或多个情境下的功能。难以转换不同的活动。组织和计划的困难妨碍了其独立性。
需要较多支持（水平2）	在语言和非语言社交交流技能方面的显著缺陷，即使有支持仍有明显社交损害，启动社交互动有限，对他人社交示意反应较少或异常。例如，个体只讲几个简单的句子，其互动局限在非常狭窄的特定兴趣方面，且有显著的奇怪的非语言交流。	行为缺乏灵活性，应对改变困难，或其他局限的/重复行为对普通观察者来说看起来足够明显，且影响了不同情况下的功能。改变注意力或行动痛苦/困难。
需要极大支持（水平3）	在语言和非语言社交交流技能方面的严重缺陷导致功能上的严重损害，极少启动社交互动，对来自他人的社交示意的反应极少。例如，个体只能讲几个能够被听懂的字，很少启动社交互动，当他或她与人互动时，会做出不寻常的举动去满足社交需要，且仅对非常直接的社交举动做出反应。	行为缺乏灵活性，应对改变极其困难，或其他局限的/重复行为显著影响了各方面的功能。改变注意力或行动很困难/痛苦。

与 DSM-IV 不同，DSM-V 在分型、维度、起病时间等方面对 ASD 的诊断标准进行了调整：①依据障碍轻重程度，将孤独性障碍（autistic disorder）、阿斯伯格综合征（Asperger's disorder）、儿童期瓦解性精神障碍（childhood disintegra-

---

[①] 美国精神医学学会.（编）.（2015）.精神障碍诊断与统计手册（张道龙 译）（pp. 46-48）.北京：北京大学出版社. 引文有改动。

tive disorder）以及待分类广泛性发展障碍（PDD - NOS）全部归入"孤独症谱系障碍"（ASD），并移除 PDD 亚型中的瑞特综合征（Rett's disorder）（柯晓燕，2014）。②20 世纪 70 年代末，研究者们将孤独症的诊断标准归纳为沿用至今且影响最广的三大症状，即社会性互动障碍、语言沟通障碍、兴趣狭窄和行为刻板。DSM - V 对诊断进行了简化，认为社会性互动障碍和语言沟通障碍密不可分，将其合并为"社会交往障碍"，使之与"兴趣狭窄和行为刻板"构成新的两大诊断领域，同时将之前的 12 项诊断标准合并为 7 项标准（Crane & Winsler，2008；Zuddas，2013）。③按照需要支持的程度，从小到大将孤独症分为三个等级，分别是Ⅰ级（需要支持）、Ⅱ级（需要较多支持）、Ⅲ级（需要极大支持）。④将孤独症的发病时间从之前的 36 个月扩大到整个婴幼儿时期；为避免对只表现出社交障碍而未表现出刻板行为的个体产生误诊，DSM - V 在"交流障碍"下设立了"社交/用语交流障碍"（social/pragmatic communication disorder）这一新的诊断分类。

三、孤独症谱系障碍的主要理论

1. 三大经典理论

孤独症自发现至今已有 80 余年，对其研究也从理论层面不断深入，但其形成原因至今不明。跨学科的研究表明，孤独症与遗传、免疫、神经生物因素等密切相关，而心理学家也提出各种理论假说，试图解释孤独症的成因机制。心盲理论（mind - blindness theory）、执行功能障碍理论（executive dysfunction，EDF）和弱中央统合理论（weak central coherence，WCC）是孤独症较为经典的三大理论。

（1）心盲理论

心盲理论是从心理理论（theory of mind，ToM）发展出来的针对孤独症的理论。心理理论是指个体理解、认识自己和他人心理状态（如需要、动机、感觉等），并以此来推断他人信念、预测他人行为的能力（Premack & Woodruff，1978）。个体对错误信念（false belief task）的认识水平是心理理论发展水平的一个重要标志（邓赐平，桑标，缪小春，1999）。研究发现，正常儿童在 4 岁时便可通过错误信念任务，而 ASD 儿童虽然心理理论发展序列与正常儿童基本一致（Sparrevohn，1995；桑标，任真，邓赐平，2005），但在平均言语年龄为 7 岁时才能通过任务，至少到 11 岁才能达到 80% 的通过率（Yirmiya，Erel & Snaked，

1998)。剑桥大学精神病学与实验心理学系教授、孤独症研究中心主任巴伦－科恩（Baron-Cohen）在 1985 年首次使用心理理论缺损说解释 ASD，认为心理理论的缺陷是社交、言语和非言语交流及想象力缺乏的根源，并与莱斯利（Leslie）等共同提出了心盲理论。心盲理论指出，ASD 个体的心理理论机制（theory of mind mechanism, ToMM）发育迟滞。研究证据也表明，ASD 儿童与正常儿童相比，心理理论任务中的表现较差，且表现出更少的联合注意（joint attention）和假装游戏（Swettenham, Baron-Cohen & Charman, 1998；Baron-Cohen, 1987）。尽管心盲理论可以很好地解释 ASD 个体的社交障碍和言语障碍这两个社会性特征，却无法解释 ASD 的非社会性特征，并且心盲理论对 ASD 的解释并没有特异性，一些其他精神疾病也表现出心理理论的缺失。

（2）执行功能障碍理论

执行功能指个体在完成目的行为过程中以动态、灵活的方式协调多个认知子系统活动的能力，它是由前额叶调节的复杂的认知功能，包括计划、抑制－转换、工作－记忆三种功能（Hughes, 1998）。研究显示 ASD 个体在这三种认知功能上均低于正常个体（Hughes, Russell & Robbins, 1994），除此之外，在生成适应性、组织性以及目标定向性行为方面也有困难，并且不能从环境的反馈中获益，同时缺乏灵活性和持久性。种种研究结果表明 ASD 个体在执行功能上存在障碍。执行功能障碍使得 ASD 个体不能抑制正在进行或产生的非适宜性行为，对注意力和行为也无法控制；一旦处于某种行为之中，在没有提示的情况下也无法产生新的行为，这就很好地解释了 ASD 个体重复的刻板行为（Ben & Zachor, 2009）。

（3）弱中央统合理论

弱中央统合理论认为，ASD 个体不具备中央统合的驱力。中央统合指的是人类正常信息处理过程的特征，即人类倾向于将各种不同的信息根据前后联系整合成更高层次的意义而先忽略细节的特点。弗里思（Frith）等人（1994）认为，ASD 个体不具备中央统合的驱力，他们的认知特征是优先对环境的局部和细节进行加工，而不是对整体进行加工。ASD 个体对细节超强的敏感性，使他们具有某些超乎常人的感知能力，如表现出能力孤岛（inlets of abilities）。然而，ASD 超强的感知能力又是以牺牲对信息整体结构的提取为代价的，他们难以将正在处理的信息整合成有意义的整体。各种实验研究也表明，ASD 儿童的细节加工能力超常，整体加工能力存在缺陷（齐星亮，2011）。弱中央统合理论认为 ASD 个体兴趣狭窄且注意力局限于细节信息是由于缺乏对整体信息的理解，并认为这是一种缺陷。但一些研究发现给该理论带来了挑战，如罗帕尔（Ropar）和米切尔（Mitchell）研究发现，ASD个体在Navon等级图形任务中表现出了正常的整体加工优势，另一些研究结果也表明，ASD个体在一些较为简单的任务上表现出了整体加工优势（Ropar & Mitchell, 1999; Lopez & Leekam, 2003），而弱中央统合理论无法对此做出解释。

2. 碎镜理论

碎镜理论（broken-mirror theory）（Williams et al., 2001; Iacoboni & Dapretto, 2006; Ramachandran & Oberman, 2006）即孤独症镜像神经元功能障碍假说（autistic mirror neuron dysfunction, AMND），是ASD研究领域中的一个新兴理论，它从认知神经层面解释了ASD的各种临床行为表现，认为镜像神经元系统功能障碍是造成ASD患者行为异常的主要原因。镜像神经元（mirror neuron）指大脑运动皮层中像镜子一样可以映射其他人动作的神经元。人类镜像神经元系统（mirror neurons system, MNS）包括顶下小叶（IPL）、额下回（IFG）和运动视觉输入的颞上沟（STS）三部分（Rizzolatti & Craighero, 2004），参与很多重要的认知过程和社会功能。通过对比ASD被试与正常被试在执行认知功能和社会功能时脑部启动的情况，研究者发现ASD个体的MNS存在明显的功能异常，这很好地解释了ASD患者在动作模仿、心理理论、共情以及语言方面的缺陷。尽管研究表明MNS与ASD密不可分，可也有学者在实验基础上对人类大脑中是否存在镜像神经元（Lingnau, 2009）以及MNS是否真的有缺陷提出了质疑。汉密尔顿（Hamilton, 2008）认为ASD个体的MNS并没有缺陷，而是相关通路在调控（top-down modulation）上出现了问题，并提出了"EP-M"模型来解释ASD患者在动作模仿方面的缺陷。

3. 共情-系统化理论和极端男性脑假说

巴伦-科恩（2009）在心盲理论的基础上发展出了共情-系统化理论（E-S theory），这一二因素理论用ASD个体共情存在缺陷解释其社会性特征，用ASD个体系统化无损甚至超常来解释其所有非社会性特征。

巴伦-科恩认为传统理论考虑的重点是ASD患者的缺陷，但忽视了他们超常的地方。如心盲理论没有关注ASD的非社会性特征；执行功能障碍理论认为执行功能的障碍是导致ASD个体行为重复刻板的原因（Ozonoff, Pennington & Rogers, 1991; Rumsey & Hamburger, 1998; Russell, Jarrold & Henry, 1996），并把ASD的刻板行为看作无目的、无意义的病态行为；弱中央统合理论解释了ASD的兴趣狭窄和能力孤岛（Frith, 1989），认为ASD个体缺乏对整体信息的理解所以才过于关注细节,并认为这是一种缺陷。然而在巴伦-科恩看来,ASD患者的重复性刻板行为是有意义的,他们可以通过反复的观察或操作找出该特征所属系统的规则,而ASD个体超常的细节加工能力是他们特有的才能,他们可以利用它来理解系统。巴伦-科恩反思了心盲理论与碎镜理论关于ASD患者社会及认知功能的缺损,整合并发展了执行功能障碍理论与弱中央统合理论,于2009年正式提出了共情-系统化理论。该理论认为孤独症个体的共情能力存在缺陷,而系统化能力无损甚至超常,并用这两个心理机制全面地解释了孤独症的社交障碍和沟通障碍这两种社会性特征以及兴趣狭窄、刻板行为和能力孤岛这三种非社会性特征。此外,巴伦-科恩(2002)还扩展出了极端男性脑理论(extreme male brain theory,EMB theory),他根据个体共情(E)和系统化(S)水平的均衡情况划分了5种"脑型"(brain types),并由此推论ASD个体具有极端男性化的心理特征。

第二节　何为沙盘游戏疗法

一、沙盘游戏疗法概述

沙盘游戏疗法(Sandplay Therapy)基于荣格分析心理学,整合了威尔斯(H. G. Wells)的"地板游戏"和玛格丽特·洛温菲尔德(Margaret Lowenfeld)的"游戏王国技术",并融合了东方的哲学智慧,由多拉·卡尔夫发扬光大。这种治疗模式的操作方法是由来访者在一个自由而受保护的空间里、在咨询师的陪伴下,通过塑造沙盘中的沙子和摆放象征性的微缩模型,根据来访者自身内部的心理状态,创造出一个相呼应的外部世界,把非实体的心理状态或心理事实,以一种象征性的方式呈现。这种呈现将无法用语言描述的、前言语阶段的经历以及受阻的心理能量表达了出来,并让来访者的心灵在游戏中获得整合和发展(高岚,申荷永,2012;林少武等,2019)。国内外学者目前对沙盘游戏疗法的研究主要集中于两个方面:一方面是将沙盘游戏作为一种干预或咨询手段,研究其在临床治疗或咨询中的作用;另一方面是将沙盘游戏作为一种投射技术或工具,讨论其症状评估或诊断的意义。沙盘游戏疗法的发展和变化体现在三个方面:一是理论更加成熟,已经成为一种影响广泛的心理治疗技术;二是运用群体逐渐广泛——不仅应用于儿童青少年，也扩展到了成人，不仅应用于正常群体，也在特殊群体中得到了推广（如福利院、监狱等）；第三，应用形式更加多元——除了传统的个体沙盘游戏，还发展出了团体沙盘游戏、家庭沙盘游戏（Carey，1991；Bainum，Schneider & Stone，2006；Green & Connolly，2009）、沙盘游戏治疗与家庭系统排列（Salters，2013）、家庭沙盘家谱图（薛薇 et al.，2014）等不同形式。

二、初始沙盘

初始沙盘（initial sandtray）为来访者做的第一个沙盘，通常被认为是沙盘游戏历程中最重要的部分[①]。卡尔夫（1988）认为初始沙盘呈现了来访者需要解决的问题，同时向咨询师展示了来访者的内在资源，并指明了疗愈的方向。国内外的学者通过实证研究的方法对沙盘游戏的疗效进行探讨和验证，发现初始沙盘具有一定的临床诊断意义和价值（谭健烽，申荷永，2010；Denkers，1985）。心理学家和资深沙盘游戏治疗师瑞·米雪儿将沙盘游戏分为创伤和治愈两大主题（申荷永，高岚，2004），这样研究者便可以通过主题编码、主题分析线索和沙盘游戏的象征性分析原理对来访者的心理状态进行评估和初步的诊断。

三、家庭沙盘游戏疗法概述

家庭沙盘游戏疗法（Family Sandpaly Therapy）整合了家庭治疗、游戏治疗和沙盘游戏疗法的优势，将家庭视为一个整体，并引入系统论的方法，治疗不仅仅针对儿童或家长个体，还关注儿童的成长环境和亲子关系、人际互动（Anderson，1993；Carey，2006；Gil，1994，2003）。咨询师们很早便尝试在沙盘游戏疗法中引入家庭治疗的理念，并积极开展实践，但家庭沙盘游戏疗法的名字最早由洛伊丝·凯里（Lois Carey）于1994年提出，并通过实证研究证明了家庭沙盘游戏疗法比传统的家庭治疗和游戏治疗具有更好的效果（Carey，1999）。家庭沙盘游戏疗法的基本假设是由于家庭成员间无意识的深层连接，任何一位家庭成员出现隐疾都会对其他成员产生共同影响（Carey，1999/2014；李洁，2014）。

[①] 特纳（Turner, B. A.）.（2016）.*沙盘游戏疗法手册*（陈莹，姚晓东 译）. 北京：中国轻工业出版社.（Original work published 2005）

目前我国家庭沙盘游戏疗法的研究尚处于探索和起步阶段，2007 年才由徐洁和张日昇对沙盘游戏疗法应用于家庭治疗进行了理论介绍，此后，陆续有学者对家庭沙盘游戏疗法进行了实证研究，包括家庭共同参与的团体沙盘和只有父母一方参与的亲子沙盘。结果表明，家庭沙盘游戏疗法可以有效改善消极家庭养育方式（申璎，谢光平，2022；杨申，2011；刘伟，2011；张振，2011）和不安全的依恋类型（魏明丽，2009），并对儿童行为问题（倪波等，2022；张利滨等，2018）和特殊儿童（余智荣，陈创鑫，林泽鹏，2019；苏程等，2013）具有显著的干预效果。

四、沙盘游戏疗法的优势

1. 投射内心世界

沙盘游戏疗法可以理解为儿童的幻想游戏。皮亚杰（Piaget）提出游戏是学龄前儿童发展最主要的动力来源。荣格表示"幻想"（fantasy）是所有可能性之母。因为在幻想中，内心和外在的世界就像所有的心理对立面一样，被结合在一个鲜活的联合体之内。在幻想游戏中，沙子和水是十分特别且有力量的工具，不仅仅是儿童，成人也可以通过沙盘游戏来释放创造力、内在感觉和记忆，并将它们带到外在现实中。而对于儿童来说，他们很容易就被沙盘游戏吸引，继而进行自然的表达。一般进入咨询室的儿童会立刻被沙盘和沙具"钩住"，并开始自发性的游戏，部分成年人也会对沙盘好奇。一旦开启沙盘游戏，便创造出一条通向儿童（童年）内心世界的通道，因为在沙中玩游戏的方法、方式不涉及对错、好坏，沙中世界是在没有干扰的情况下自发生成创造的，连接到来访者过去的经历，真实地反映了创作者的内心世界。

游戏的力量让心理工作者尝试将其与其他疗法相结合。沙盘游戏疗法与其他游戏疗法最大的区别在于它让来访者无意识中看不见、摸不着的内在想法和感受具体化、客观化，具体来说就是允许来访者创造一个可以看见、可以触摸、可以体验、可以改变还能被讨论的"沙世界"，也就是通过实物的形式来重现过去。沙盘游戏疗法通过投射来访者的内心世界进行分析和疗愈，这是因为在荣格看来，一个无法靠认知方法理解或化解的情绪体验，通常可以通过赋予它一个可见的形状而得到处理。

2. 将无意识内容意识化

当来访者运用沙子、沙具、水和双手创造沙世界的时候，来访者会感到顿悟和惊喜——随着一个被整合的实体呈现在沙盘之上，困扰来访者的问题似乎也在无意识中得到了解决。也许来访者并不知道这一切是如何发生的，但当无意识的内容通过沙盘游戏意识化以后，疗愈便悄然开始。

对儿童而言，游戏就是生活，沙盘游戏中无意识内容的客观呈现会让无意识与现实实现整合。而对成人而言，当来访者对正在感受的东西迷惑不解时，或者无法通过其他治疗方式解决自己的问题时，抑或想知道自己为什么会用某种方式行动时，这种能被摸到、看到、听到、闻到的沙世界就可能为他们提供答案，使之通过沙盘游戏在生理、情绪、心理和精神上感受到。这是因为沙子和水不但是物质的、有形的，也是人类与地球连接的自然原型象征物。沙子和水把个体的心灵与身体、精神与物质连接在一起，为精神和肉体在意识和无意识上的互相影响提供了机会。汤普森（Thompson）也提到，来访者创造了一座从无意识到意识、从内在心灵到外在世界、从精神灵性到物质，以及从非语言到语言的桥梁。而这个过程也会反过来进行，因为无意识一旦被客观化为意象，便可以充当内在心灵改变的催化剂，意识和无意识之间的直接连接就实现了①。

3. 运用象征性和非语言的方式减少阻抗

低年龄段的儿童通常无法确切说出发生在他们身上的事情，成人有时也无法用精准的词汇描绘出自己的感受。沙盘游戏为来访者提供了一个表达最内在想法和感觉的途径。沙盘中的一切材料，如沙子、沙具和水都具有象征意义，且沙子和水可以开发前语言期的意识，因此在理解心灵的表述时，沙盘游戏中的语言技巧不再必要，仅通过象征性的语言和非言语的方式便可与来访者互动。

另一方面，语言过多或过少都会阻碍咨询进展。对于通过赘述或者超理智逃避问题实质的滔滔不绝的来访者，沙盘游戏会阻断他们理性的心智，让无意识来说出他们的故事，同时让他们回归此时此地。对于沉默的来访者，沙盘游戏可以弱化防御、减少阻抗，无需任何语言，来访的问题就会自然呈现在沙盘上。因此，沙盘游戏允许非语言的表达，心灵深处的体验可以被象征性地传达给来访者本人和咨询师。这些体验的分享拉近了咨访双方的关系，而这往往是难以用语言的方式建立起来的。

4. 推动咨询进展，突破瓶颈

沙盘游戏疗法作为一种咨询技术，并不局限于荣格学派，它在多种心理咨询

---

① 博伊科（Boik, B. L.），古德温（Goodwin, E. A.）．（2006）．*沙游治疗完全指导手册：理论，实务与案例*（田宝伟 译）．北京：中国水利水电出版社．（Original work published 2000）

流派中也发挥了独特的作用，特别是当传统的治疗手段无法全面揭示个体内在精神体验的复杂性时，沙盘游戏可以以其多层次和三维空间的象征性，为来访者提供一种全新的表达方式。如对于以认知行为取向为主的咨询师来说，沙盘可以成为重塑思维模式的有力平台，而无需完全转换咨询师的理论取向。咨询师可以将沙盘游戏融入自己熟悉的咨询取向或者技术中，如完形疗法、心理剧等，以丰富咨询手段。

5. 激活自我疗愈的力量

沙盘游戏中沙子和水作为基本元素，引导来访者深入探索需要疗愈的心灵层面的内容。咨询师以非评判性的态度支持来访者，为他们提供一个自由表达的空间，激发个体内在的自我疗愈能力，并促进来访者的角色从"受伤者"或者被动的"经历者"转变为主动的"创造者"。这种转变不仅映射了他们内心的世界，而且促进了对个人经历的深入反思和整合。这一过程同时赋予了来访者权力，使他们能够激活内在的康复力量，主导自己的疗愈旅程。

此外，咨询师尊重来访者对其沙盘世界的个人解释，不强加自己的解读，让来访者在沙盘游戏中拥有自主性，这种自主性确保了只有他们准备好面对的问题才会被提升到意识层面，从而保证来访者的独特体验和领悟得到认可和尊重，自我理解和自尊得以提升。

6. 减少咨询师的耗竭

一方面，沙盘游戏是处理生活事件的强有力工具，涵盖创伤、人际关系问题、个人成长、灵性自我整合和转化等多个方面。这种多维度的咨询方法让咨访双方都能从中获益。另一方面，沙盘游戏为咨询师提供了处理专业挑战的有效手段。琳达·坎宁安（Linda Cunningham）认为相较于其他疗法，使用沙盘游戏疗法的咨询师会感到更少的能力耗竭。这是因为可以将沙盘看作荣格所说的神秘参与（participation mystique）和克莱因（Klein）所说的投射性认同（projective identification）的容器，这让来访者本来投向咨询师的许多投射都映现在了沙盘中，使得咨询师处理移情（transference）所需的能量相应减少。

7. 儿童工作的优势

沙盘游戏疗法为儿童提供了一种独特的表达方式，尤其适合那些语言和抽象思维能力尚未完全发展的孩子。通过沙盘，儿童可以不依赖语言而直接展现他们内心深处的意识和无意识的想法及观念，且与成人不同，儿童可能直到沙盘游戏结束也不知道内在发生了什么，也不知道游戏的意义，更可能选择不去谈论它——他们只是去体验。即便这样，转化也悄然发生。沙盘游戏作为一种强有力的媒介，能够让儿童的无意识问题得到物质化表达，从而促进问题的快速解决，并在儿童的行为上产生积极的影响。

第三节 何为共情

一、共情的界定

共情（empathy）是一种感受和理解他人情绪的能力，一种感受自身之外情绪的能力，也是一种关心他人处于困境中的能力，在社会联系的形成和维持中占中心地位。因此，共情被认为是促进对他人需求的适应性反应以及促进彼此间合作的一种社会性情绪（Decety et al., 2012）。随着研究的深入，共情的内涵不断扩展，学界对其概念界定也存在一定分歧。有学者认为共情的定义几乎与该领域的研究者一样多（Singer & Lamm, 2009），也有学者通过实证研究整合了来自506份公开发表的研究报告中的146个定义，提出了具有九个维度的共情元概念（meta-definition of empathy）（Guthridge & Giummarra, 2021）。辛格（Singer, 2006）认为共情包含以下四个特征：①产生共情的人处于一种情绪状态下；②这种情绪与另一个人的情绪是同形的；③这种情绪是通过观察或者模仿另一个人的情绪而产生的；④产生共情的人能意识到自己当前情绪产生的原因在于他人而非自身。另一些研究者认为共情是一个复杂的伞概念（umbrella term），它可能包含了不止一种涉及人际情绪交流的心理加工过程（de Waal & Preston, 2017；Zaki, 2017）。目前学界较为认可格莱德斯坦（Gladstein）于1983年提出的共情两成分理论（崔芳，南云，罗跃嘉，2008；丁凤琴，陆朝晖，2016）。研究者们认为共情包含两个维度，即认知共情（cognitive empathy）和情感或情绪共情（affective/emotional empathy），前者指的是对他人目的、企图、信仰的理解，后者指对他人情绪状态的感受（Gladstein, 1983）。情感共情在个体发展中出现较早，是认知共情的基础（Meltzoff & Moore, 1983）；另一方面，情感共情是对情绪状态判断推理后所产生的感同身受的情绪反应，也可以看作认知共情的深入（丁凤琴，陆朝晖，2016）。情感共情和认知共情相互独立，又紧密联系，二者的有机结合增强了个体的社会交往能力。情感共情可以压制暴力行为，产生利他行为的动机，认知共情则可以帮助我们选择最合适的办法去帮助别人（Smith, 2006）。

两者的融合在社会环境下是非常重要的，某一方面的失调会造成社会交往的障碍或问题（崔芳，南云，罗跃嘉，2008）。也有研究者提出共情和行为反应密切相连，因此共情应该划分为三个维度：认知共情（cognitive empathy）、情感共情（affective empathy）和行为共情（behavioral empathy）（Su，2017；刘聪慧等，2009；Schulte-Rüther et al.，2008），一些研究也证实了这三个维度在不同文化下稳定存在（Liu et al.，2018；Zhang et al.，2014），但共情的三维理论仍需要进一步论证。本书中的共情分析均基于共情的两成分理论。

二、共情的影响因素

国内外对于共情发展的影响研究主要集中在人格、依恋与教养方式等与家庭密切相关的因素上（刘俊升，周颖，2008），有学者从幼儿发展视角归纳儿童共情的影响因素，认为儿童的共情主要受性别、认知、年龄、情绪情感、人际交往、亲子关系和教育训练的影响（张荣臻，曹晓君，2018）。

1. 人格与共情

维多利亚·德·巴赫（Victoria del Barrio）等人使用大五人格问卷研究人格与共情的关系，结果表明宜人性、开放性、尽责性与共情存在显著正相关，与神经质和外倾性没有相关性（Victoria & Luis，2004）。而婴儿气质类型与共情的追踪研究发现（Shari & Carolyn，1999），婴儿在4个月时，其低度唤醒（underarousal）可以预测其2岁时的共情水平，即高唤醒水平的婴儿在2岁时比低唤醒婴儿有更多的共情反应。在儿童的努力控制和共情反应的研究中，研究者发现，高努力控制的儿童会表现出更多的共情反应（Eisenberg & Okun，1996）。

2. 依恋与共情

鲍尔比的理论认为，儿童与主要养育者的依恋关系将指导儿童未来的人际交往。共情属于人际交往的一部分，因此好的依恋关系有助于共情的产生和发展。有学者的研究验证了这一假设，研究发现安全型依恋的儿童更善于表达自己的情绪（Cassidy，1994），且安全型依恋的儿童无论在实验情境还是现实情境中，都表现出更多的共情反应（Ingrid & Marian，2002）。而在成人的依恋与共情的研究当中，学者们发现安全型依恋与共情关心（empathy concern）和观点采择（perspective taking）存在显著正相关关系（Joireman，Needham & Cummings，2001）。

3. 家庭教养方式与共情

家庭教养方式指父母较为固定的观念、态度和行为，而这些观念、态度和行为是在对子女进行教与养的过程当中所形成的（张晓霞，2021；左占伟，2003；关颖，刘春芬，1994）。研究发现，父母的情感表现力（parents' expressivity）、反应敏感性、表达方式和父母温暖（parental warmth）等都与共情相关（Eisenberg et al.，1998；Vreeke，Mark，2003）。莫雷诺（Moreno）和巴内特（Barnett）的研究发现，母亲的敏感性可以调节家庭教养预期对儿童共情发展的预测（Kiang，Moreno & Robinson，2004）。而艾森伯格（Eisenberg）等人（2002）的研究发现，父母情感表现力在父母温暖与儿童共情之间起调节作用。此外，积极的教养方式，如情感温暖和鼓励可以促进儿童认知、共情的发展和亲社会行为的产生（Farrant et al.，2012；Motta et al.，2006）；而消极的教养方式，如惩罚和强制行为不利于儿童共情的发展（Knafo，2006）。

第四节 从"心盲"理论到"双重共情问题"：有关孤独症共情的研究及干预进展

一、孤独症共情的理论进展

目前研究普遍认可孤独症的共情存在缺损，其中有关孤独症共情的经典理论解释包括：①心盲理论。该理论认为孤独症患者共情缺损是由于他们缺乏阅读他人脑海中发生的事情的能力，而这种能力是非孤独症患者天然具备的（Baron-Cohen，2003）。②极端男性脑理论。巴伦-科恩提出了适用于所有人群的共情-系统化理论，他通过大数据研究发现女性的共情水平略高于系统化水平，而男性的共情水平较系统化水平略低，但普通人的大脑虽有这一性别特征却不极端，孤独症患者个体的共情缺损实际上是他们加工方式的表现，对应系统化水平极高而共情水平极低，也是男性脑的极端性表现（Baron-Cohen，2010）。③碎镜理论。该理论认为孤独症个体镜像神经元系统（MNS）存在明显的功能异常，从认知神经层面解释了孤独症患者在动作模仿、心理理论、共情以及语言方面的缺陷（Williams et al.，2001；Iacoboni & Dapretto，2006；Ramachandran & Oberman，2006）。

然而随着神经多样性运动的发展，高功能孤独症患者并不认同以上理论观点，他们认为"共情缺损说"忽视了孤独症谱系障碍患者的多样性（Sinclair，

1993），并将孤独症患者与非孤独症患者彻底区分开来。米尔顿（Milton，2012）作为高功能孤独症患者身份的孤独症研究者，提出了双重共情问题（double empathy problem，DEP）的理论假说，认为孤独症的社交障碍并不在于他们本身，而在于孤独症患者与神经典型性个体在社会学和神经学上的差异导致的双向共情失败。双重共情问题假说的主要观点包括：①孤独症患者和非孤独症患者都缺乏对另一个群体思想、文化甚至社会规范的洞察力，他们对世界的体验和感知的不匹配导致了相互理解和沟通的困难；②强调人际环境在塑造互动双方彼此理解和互动结果方面的作用；③群体之间的相似性可能导致更积极的互动。米尔顿的理论得到了高功能孤独症患者的普遍支持，并通过后续学者的实证研究得到验证（Milton et al.，2022）。

然而十分遗憾的是，以上理论均无法解释孤独症共情的特点以及各维度之间的相互关系。但双重共情问题假说的提出让人们意识到孤独症患者并非他们表现出来的那般"冷漠"和"无情"，高功能孤独症患者的呼吁以及神经多样性运动的推进也让我们认识到研究者需要走进孤独症患者的心灵深处，只有心灵层面的理解和共情才能真正帮助他们。

二、孤独症患者共情发展的研究

共情一直是幼儿社会性和情感发展领域的一个核心概念。共情既是个体亲社会行为的重要动机源，又是个体社会认知高度发展的产物，更是个体维持积极的社会关系以及个体间内心世界相互沟通的桥梁。不管是作为社会技能还是心理能力，它的发展对幼儿社会性、认知以及情感的发展都起着重要的促进作用，所以幼儿共情一直都是儿童发展心理学家密切关注的领域，也是教育工作者们关注的儿童发展重要目标之一（刘秀丽，苏金莲，李月，2013）。情感共情在个体的发展中出现比较早，研究表明对他人情绪的感受很早就出现了，是个体进行社会性交往的第一个工具。14个月大的婴儿会对其他婴儿的哭泣做出类似的哭泣反应（Meltzoff & Moore，1983）。情感共情出现的时间和与情绪相关脑区发育的时间是一致的，比如边缘系统、杏仁核等。认知共情的发展相比于情感共情出现较晚，采用"失言"任务（让被试阅读一个失言的故事，问被试几个问题，比如：故事里有人说了不应该说的话吗？谁说了？为什么不应该说？这项任务要求被试具有一定的认知共情能力）进行测试发现：在3—4岁时，儿童开始能够了解到他人具有与自己不同的情绪和想法；到了6岁，儿童的观点采择能力初步形成；到了11岁左右，儿童才具备了比较完善的观点采择能力（Stone, Baron – Cohen & Knight, 1998）。这一点和与高级认知相关的顶额叶脑区发展是相一致的。

有关ASD共情能力发展的研究，学者们在ASD患者的认知共情方面结论一致，即ASD患者存在认知共情缺陷，主要表现为面部表情识别障碍和情绪状态理解障碍。然而在情感共情方面，研究者通过实验法或量表测量法对被试的情绪情感反应和模仿能力进行测量时得出了三种不同的结论——情感共情发展正常、发展不足和发展过度（Lang, Bradley & Cuthbert, 2008; McIntosh et al., 2010; Groen et al., 2015），这种情况可能与所采用的研究方法、个体的差异以及研究被试量等因素有关。从已有研究来看，鲜有学者对ASD患者的共情发展影响因素进行探究，有关ASD患者共情发展的影响因素研究主要集中在脑神经、遗传和环境因素、年龄、性别、智力水平等方面（颜志强，苏金龙，苏彦捷，2018）。

三、孤独症患者的共情干预

ASD患者核心症状干预方式十分多样，有相当一部分干预结果都报告了ASD患者社交功能在干预后有所提高，但针对共情的干预较为有限。有学者将干预方法总结为"补短"和"扬长"（王芳，杨广学，2017；霍超，李祚山，孟景，2021）两大类："补短"法认为ASD个体的共情能力存在缺陷，应对ASD个体的共情缺陷进行直接干预；"扬长"法则利用ASD个体的系统化能力优势，比如机械记忆能力、艺术能力、视觉学习能力激发他们的兴趣、动机，从而达到共情干预的效果。这两类方法也可辅以音乐、虚拟现实技术、社交机器人等，以达到更好的干预效果。对共情能力的专项干预主要有"运输车"干预方案和心理理论训练，其他方式有社会认知与技能训练。ASD儿童的沙盘游戏干预也是近年来较为常用的方式，具体的内容将在第五章第四节进行介绍。

1. 情绪认知与理解训练——"运输车"干预方案

该干预方法基于巴伦–科恩提出的共情–系统化理论，主要利用ASD儿童系统化能力的优势来弥补共情能力的缺陷。英国剑桥大学孤独症研究中心开发了一套针对学龄前3—6岁ASD儿童的干预系统，根据其特点取名为"运输车"（The Transporters）DVD动画干预材料。该系统将15种关键情绪做成三维动画片段，在片段中，先创设出有利于ASD儿童学习的情境，如儿童卧室的游戏角，然后将高度系统化的交通运输工具拟人化，如在车头附着真实的人脸、创设动画情境等，ASD儿童通过运输车的互动和故事学习情绪并识别表情。每一个情绪动画片段结束后都会有对应的不同难度的练习，儿童通过动画学习和交互式的练习来提高共情能力。

戈兰（Golan）等人在 2009 年对"运输车"进行了验证性研究，证明了"运输车"干预系统可以显著改善孤独症儿童的情绪识别能力。本书作者在 2016 年对"运输车"的跨文化有效性进行了探索性研究，结果发现，"运输车"显著提高了 ASD 儿童的共情能力和情绪识别能力，其跨文化有效性在中国得到了验证。然而该研究也存在局限——研究中考察共情能力的任务测试主要是情绪词和情境-表情匹配任务，得到的结果更多为共情的认知成分，并没有测量情感共情（严宇虹，2016），因此还需要进一步分析研究接受干预的 ASD 儿童共情能力的情感成分。

2. 心理理论训练

心理理论与共情存在着紧密联系，研究者也从对 ASD 个体心理理论干预的角度来改善其共情缺损。贝格尔（Begeer）等人采用了为期 16 周、每周 1.5 个小时的心理理论干预训练，该训练包括 53 个由易到难循序渐进的结构化训练阶段。从训练被试打招呼等低级心理理论技巧开始，再训练被试熟悉社交情境、辨认他人情感等初级心理理论技巧，接下来训练被试体会他人的心情，最后训练被试从另一个人的角度去想象第三个人的想法和情感。干预结束后对 ASD 儿童和正常发展儿童进行心理理论测评，发现 ASD 儿童在心理理论的概念理解上有显著进步，但是在日常应用中并没有提高（Begeer & Gevers, 2011）。这也说明在对儿童进行心理理论的干预时，应该在真实的生活情境中进行。

3. 社会认知与技能训练

对于孤独症谱系障碍儿童的社会认知与技能训练有很多种方法，包括传统社会技能训练、认知行为方向的社会技能训练和包含父母参与的社会技能训练，以及同伴介入法、录像示范法、社会故事法、社交游戏、助学伙伴策略、计算机辅助策略、应用辅助沟通系统等，这些均是对 ASD 个体进行教学和重复训练，从而改善其人际交往、理解与沟通，使其获得社会技能的方法（刘艳丽，陆桂芝，2016）。

第五节　我国长三角地区孤独症儿童共情现状调查

ASD 儿童共情的缺损已经得到学界的普遍认可，但对于共情不同维度的发展结论不一而足。为了更好地认识中国文化背景下 ASD 儿童的共情发展现状，本书作者向长三角地区 3—16 岁 ASD 儿童和正常发育（typical development，TD）儿童的家长发放了格里菲斯共情测验父母版问卷（Griffith Empathy Measure Parent Ratings，GEM – PR），调查了我国长三角地区 ASD 儿童共情发展水平现状，并探讨了 ASD 儿童共情发展水平与 TD 儿童的差异。

一、调查对象

本次调查 TD 组问卷全部通过问卷星在网络发放，共回收 754 份。ASD 组被试主要来自江苏和安徽两个省份的孤独症干预机构及 ASD 家长互助群，研究者通过纸质问卷和问卷星向干预机构及 ASD 家长互助群 3—16 岁 ASD 儿童家长发放问卷，回收纸质问卷及网络在线问卷共 161 份。剔除不符合要求的问卷（儿童小于 3 周岁、大于 16 周岁），并通过测伪题甄别，共筛选出 TD 组有效问卷 514 份，ASD 组有效问卷 156 份[①]。TD 儿童平均年龄为 96.45 ± 40.88 月，最大 188 个月，最小 38 个月；ASD 儿童平均年龄为 83.23 ± 35.95 月，最大 185 个月，最小 33 个月。具体信息见表 1 – 3，其中 TD 儿童在性别和是否为独生子女上无显著差异（$p > 0.5$）。

表 1 – 3　ASD 组和 TD 组儿童基本信息

题目	名称	儿童类型		总计
		ASD 组	TD 组	
孩子性别	男	124（79.49%）	278（54.09%）	402（60.00%）
	女	32（20.51%）	236（45.91%）	268（40.00%）
	总计	156	514	670

---

① 考虑到 ASD 被试的问卷较难收集，故保留了一份 33 个月大儿童的有效问卷。

续表

题目	名称	儿童类型		总计
		ASD 组	TD 组	
孩子是否为独生子女	是	95（60.90%）	263（51.17%）	358（53.43%）
	不是	61（39.10%）	251（48.83%）	312（46.57%）
总计		156	514	670
孩子就读学校类型及学段	幼儿园及以下	88（56.41%）	255（49.61%）	343（51.19%）
	小学	31（19.87%）	217（42.22%）	248（37.01%）
	初中	5（3.21%）	42（8.17%）	47（7.01%）
	特殊学校（包括康复机构）	22（14.10%）	0（0.00%）	22（3.28%）
	未入学	10（6.41%）	0（0.00%）	10（1.49%）
总计		156	514	670

二、调查工具

1. 人口学变量

本研究对3—16岁儿童家庭情况进行了人口学资料的收集，主要包括三个部分：①填表人信息，如填表人是父母或祖父母；②儿童信息，包括儿童的性别、年龄、就读学校类型及学段（幼儿园及以下、小学、初中、特殊学校、未入学）、是否为独生子女；③家庭信息，包括儿童的主要照顾者、是否为离异或重组家庭、父母学历、家庭年收入。

2. 格里菲斯共情测验父母版（Griffith Empathy Measure Parent Ratings，GEM - PR）

GEM - PR 是达德（Dadds，2008）在布赖恩特（Bryant，1982）的自评量表（选项均为"是""否"）基础上修订的他评量表，由肖运华在2015年进行汉化，用于评定儿童和青少年共情能力，由家长填写，可用于健康人群和 ASD 群体。该量表共有23个条目，分为认知共情和情感共情两个维度，采用李克特九级评分（-4—4）。其中认知共情维度有6题，情感共情维度有9题。

三、数据处理

使用 SPSS 26.0 对数据进行处理，采用描述性统计、独立样本 t 检验、方差分析、相关分析等统计方法进行数据分析。此外，本调查采用 SPSSAU 在线分析软件进行验证性因子分析。

四、调查结果

1. GEM-PR 在不同儿童群体中的信度和效度检验结果

根据达德和肖运华研究模型的维度划分，将 GEM-PR 分为认知共情和情感共情两个维度，分别对总表和子维度题项进行信度检验，不同组儿童的 Cronbach α 系数见表 1-4。

表 1-4　不同组儿童在 GEM-PR 问卷中的 Cronbach α 系数

维度	被试	项数	样本量	Cronbach α 系数
GEM-PR 总表	TD 组	23	514	0.733
	ASD 组	23	156	0.867
认知共情维度	TD 组	6	514	0.626
	ASD 组	6	156	0.646
情感共情维度	TD 组	9	514	0.755
	ASD 组	9	156	0.845

由表可见，GEM-PR 总表和分量表中不同群体的 Cronbach α 系数均大于 0.6，其中 GEM-PR 总表和情感共情维度 α 系数大于 0.7，且 ASD 群体 α 系数均高于 TD 群体。结果显示 GEM-PR 在不同群体中具有较好信度（吴明隆，2003）。

对总表和子维度题项进行效度分析，不同群体 KMO 均大于 0.7，$Bartlett$ 球形度检验 p 全部小于 0.001。具体结果见表 1-5。

表1-5　不同组别在 GEM-PR 问卷中的 *KMO* 和 *Bartlett* 球形度检验结果

维度	项目值		TD 组	ASD 组
GEM-PR 总表	*KMO* 值		0.852	0.87
	Bartlett 球形度检验	近似卡方	2730.544	1434.827
		df	253	253
		p 值	0.000	0.000
认知共情维度	*KMO* 值		0.745	0.751
	Bartlett 球形度检验	近似卡方	335.354	144.317
		df	15	15
		p 值	0.000	0.000
情感共情维度	*KMO* 值		0.817	0.876
	Bartlett 球形度检验	近似卡方	967.939	527.224
		df	36	36
		p 值	0.000	0.000

以达德和肖运华研究模型的维度划分为理论基础，进行验证性因子分析，结果显示 TD 组结果拟合良好（卡方自由度比 $\chi2/df$ = 4.12，RMSEA = 0.08，90% CI [0.07, 0.09]，SRMR = 0.08，GFI = 0.91），ASD 组结果拟合良好（卡方自由度比 $\chi2/df$ = 2.15，RMSEA = 0.09，90% CI [0.07, 0.10]，SRMR = 0.10，GFI = 0.86）。

对所有题项进行项目分析，求和后以 27% 和 73% 分位数为界分成高分组和低分组，并用 t 检验进行差异分析。结果显示，ASD 组所有题项均呈现 0.05 水平显著性（p_6 = 0.01，p_{17} = 0.04，p_{21} = 0.02，p_{23} = 0.02，其余题项 p = 0.00），具有良好区分度。TD 组中，第 3 题区分度差（p = 0.52 > 0.05），其余题项均有良好的区分度，呈现 0.01 水平显著性（p_6 = 0.01，$p_{其他}$ = 0.00）。

2. 人口学特征及统计结果

人口学特征主要分为三个部分，即儿童信息、填表人信息和家庭信息。其中填表人信息见表1-6，家庭信息见表1-7。

表1-6　不同组别填表人信息

题目	名称	孩子所在分组		总计
		ASD 组	TD 组	
填表人身份	爸爸	29（18.59%）	95（18.48%）	124（18.51%）
	妈妈	119（76.28%）	419（81.52%）	538（80.30%）
	爷爷	2（1.28%）	0（0.00%）	2（0.30%）
	奶奶	5（3.21%）	0（0.00%）	5（0.75%）
	外婆	1（0.64%）	0（0.00%）	1（0.15%）
总计		156	514	670
填表人性别	男	31（19.87%）	95（18.48%）	126（18.81%）
	女	125（80.13%）	419（81.52%）	544（81.19%）
总计		156	514	670

表1-7　不同组别家庭信息

题目	名称	孩子所在分组		总计
		ASD 组	TD 组	
主要照顾者	父母	62（39.74%）	350（68.09%）	412（61.49%）
	祖父母/外祖父母	26（16.67%）	34（6.61%）	60（8.96%）
	父母+祖父母/外祖父母	63（40.38%）	123（23.93%）	186（27.76%）
	父母+保姆/其他亲人	3（1.92%）	5（0.97%）	8（1.19%）
	其他情况	2（1.28%）	2（0.39%）	4（0.60%）
总计		156	514	670
是否离异或重组家庭	是	10（6.41%）	11（2.14%）	21（3.13%）
	不是	146（93.59%）	503（97.86%）	649（96.87%）
总计		156	514	670

续表

题目	名称	孩子所在分组		总计
		ASD 组	TD 组	
所在家庭年收入	20k 以下	4（2.56%）	18（3.50%）	22（3.28%）
	20k—50k	21（13.46%）	33（6.42%）	54（8.06%）
	50k—80k	29（18.59%）	44（8.56%）	73（10.90%）
	80k—100k	19（12.18%）	44（8.56%）	63（9.40%）
	100k—150k	31（19.87%）	52（10.12%）	83（12.39%）
	150k—200k	21（13.46%）	100（19.46%）	121（18.06%）
	200k—300k	13（8.33%）	95（18.48%）	108（16.12%）
	300k 以上	18（11.54%）	128（24.90%）	146（21.79%）
	总计	156	514	670
父亲学历	小学或小学以下	1（0.64%）	9（1.75%）	10（1.49%）
	初中（含初中肄业）	19（12.18%）	53（10.31%）	72（10.75%）
	高中或中专（含高中肄业）	25（16.03%）	56（10.89%）	81（12.09%）
	大专(含夜大、电大)	31（19.87%）	112（21.79%）	143（21.34%）
	本科	58（37.18%）	207（40.27%）	265（39.55%）
	硕士或博士研究生	22（14.10%）	77（14.98%）	99（14.78%）
	总计	156	514	670
母亲学历	小学或小学以下	2（1.28%）	16（3.11%）	18（2.69%）
	初中（含初中肄业）	26（16.67%）	59（11.48%）	85（12.69%）
	高中或中专（含高中肄业）	21（13.46%）	46（8.95%）	67（10.00%）
	大专(含夜大、电大)	43（27.56%）	118（22.96%）	161（24.03%）
	本科	44（28.21%）	221（43.00%）	265（39.55%）
	硕士或博士研究生	20（12.82%）	54（10.51%）	74（11.04%）
	总计	156	514	670

3. TD 儿童共情得分情况及统计结果

(1) 临界值划分

由表 1-8 可得，TD 组共情总分为 28.89 ± 20.22，认知共情得分为 6.46 ± 8.80，情感共情得分为 11.01 ± 11.63，得分差距较大。

表 1-8 TD 组共情得分情况

名称	样本量	最小值	最大值	平均值	标准差	中位数
认知共情	514	-19.00	24.00	6.46	8.80	7.00
情感共情	514	-28.00	36.00	11.01	11.63	12.00
共情	514	-36.00	84.00	28.89	20.22	29.00

以 TD 样本数据中的共情总分进行排序，以 27% 和 73% 分位数为界，将样本分为低分组、常规组和高分组，其中低分组临界值为 16 分，高分组临界值为 42 分。对三组成绩进行方差分析（见表 1-9），差异显著（$F_{总} = 1041.20$, $F_{认知} = 34.81$, $F_{情绪} = 263.20$, $p < 0.001$）。事后多重比较显示，高分组得分 > 常规组得分 > 低分组得分，符合分组规律。

表 1-9 TD 组得分方差分析及事后多重比较

	得分情况分组（平均值 ± 标准差）			F	p	事后比较
	低分组 ($n=142$)	常规组 ($n=232$)	高分组 ($n=140$)			
认知共情	4.82 ±8.66	4.47 ±8.67	11.44 ±7.09	34.9	0.00***	高>常规>低
情感共情	-0.77 ±9.09	11.92 ±7.97	21.44 ±7.54	262.34	0.00***	高>常规>低
共情	4.71 ±10.57	28.82 ±7.37	53.55 ±9.73	1035.44	0.00***	高>常规>低

*$p<0.05$ **$p<0.01$ ***$p<0.001$

(2) TD 组差异分析结果

由表 1-10 可知，填表人身份在共情总分和情感共情得分上没有表现出显著性差异，而认知共情得分差异显著（$p<0.001$），母亲填写的问卷中认知共情得分显著高于父亲所填得分。

表 1-10　填表人身份与 TD 儿童共情得分差异分析

	组别（平均值 ± 标准差）		F	p
	父亲（$n=95$）	母亲（$n=419$）		
认知共情	3.57 ± 8.89	7.12 ± 8.65	12.89	0.00***
情感共情	11.43 ± 12.25	10.91 ± 11.49	0.15	0.69
总分	26.47 ± 19.92	29.44 ± 20.26	1.67	0.20

*$p<0.05$　**$p<0.01$　***$p<0.001$

由表 1-11 可知，TD 儿童性别在认知共情得分上没有表现出显著性差异，而情感共情和共情总分差异显著（$p<0.001$），女生得分显著高于男生得分。

表 1-11　不同性别 TD 儿童共情得分差异分析

	孩子的性别（平均值 ± 标准差）		F	p
	男（$n=278$）	女（$n=236$）		
认知共情	5.85 ± 8.77	7.18 ± 8.79	2.94	0.09
情感共情	9.14 + 11.93	13.21 ± 10.87	16.15	0.00***
总分	25.34 ± 20.63	33.08 ± 18.91	19.38	0.00***

*$p<0.05$　**$p<0.01$　***$p<0.001$

孩子是否为独生子女对于总分和情感共情得分没有表现出显著性差异，对于认知共情得分呈现出 0.05 水平显著性（$F=5.592, p=0.018$），且独生子女得分（7.35）明显高于非独生子女（5.53）的得分。

家庭年收入对于认知共情、情感共情得分没有表现出显著性差异，但对于认知共情得分呈现出 0.05 水平显著性（$F=2.112, p=0.041$），事后多重比较可得，家庭年收入 30 万元以上家庭 TD 儿童共情得分大于家庭年收入 2 万—5 万元的儿童，也大于年收入 8 万—10 万元和 20 万—30 万元的家庭的儿童。具体见图 1-1。

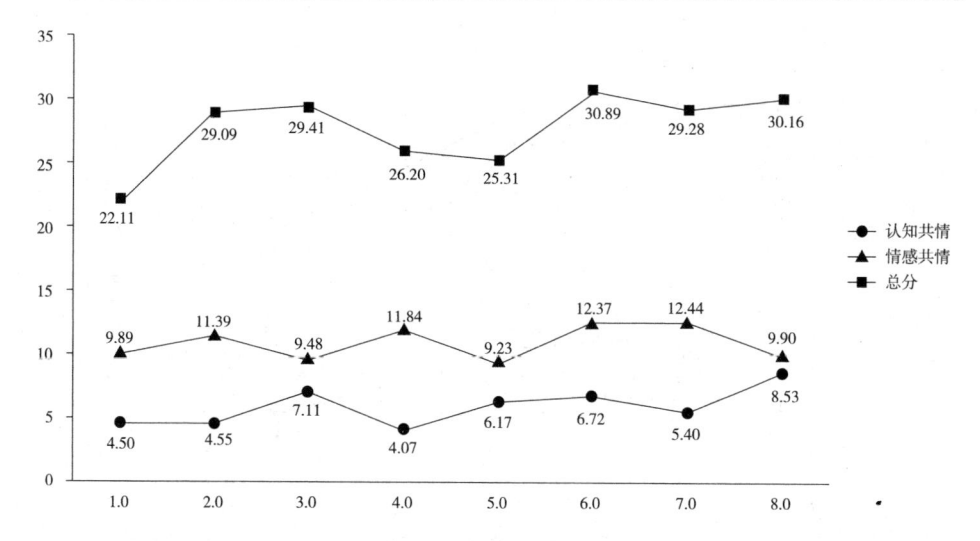

X 轴为家庭年收入等级，其中 1.0 = 20k 以下，2.0 = 20k—50k，3.0 = 50k—80k，4.0 = 80k—100k，5.0 = 100k—150k，6.0 = 150k—200k，7.0 = 200k—300k，8.0 = 300k 以上；

Y 轴为平均分。

图 1-1　家庭年收入与 TD 儿童共情各个维度得分的方差分析对比折线图

儿童就读学校类型和学段对于认知共情得分差异不显著，而对于情感共情得分呈现出 0.01 水平显著性（$F = 7.052, p = 0.001$），事后检验可得，幼儿园及以下 TD 儿童认知共情得分 > 初中儿童得分，小学儿童得分 > 初中儿童得分。

儿童就读学校类型和学段对于总分呈现出 0.01 水平显著性（$F = 4.841, p = 0.008$），事后检验可得，幼儿园及以下 TD 儿童共情得分 > 初中儿童得分，小学儿童得分 > 初中儿童得分。具体见图 1-2。其余人口学变量在共情各维度得分上差异不显著（$p > 0.5$）。

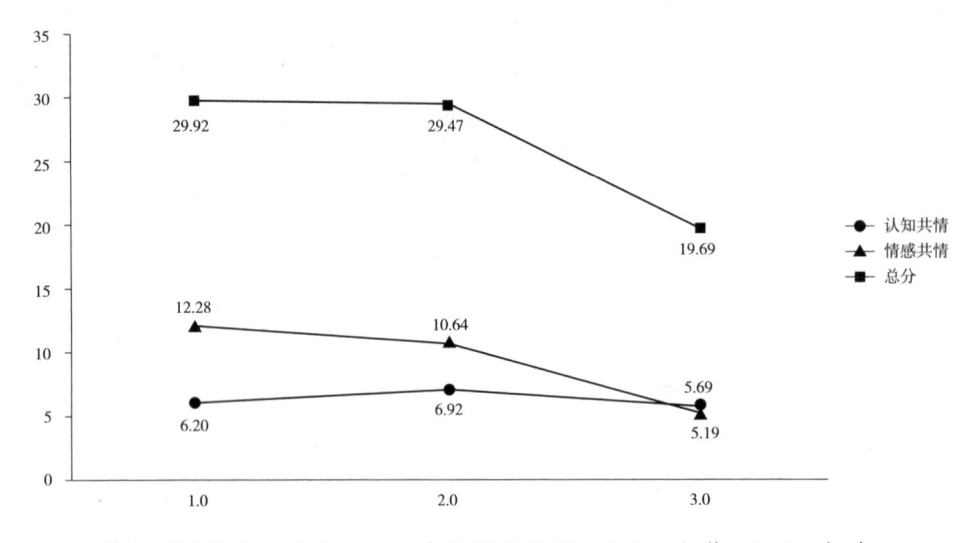

X 轴为不同学段，其中 1.0 = 幼儿园及以下，2.0 = 小学，3.0 = 初中；Y 轴为平均分。

图 1-2　不同学段 TD 儿童共情各个维度得分的方差分析对比折线图

4. ASD 儿童共情得分情况及统计结果

（1）描述性统计及分组情况

由表 1-12 可得，ASD 组共情总分为 -2.97±27.78，认知共情得分为 -0.64±8.75，情感共情得分为 1.88±14.45，得分差距较大。

表 1-12　ASD 组共情得分情况

名称	样本量	最小值	最大值	平均值	标准差	中位数
认知共情	156	-17.00	24.00	-0.64	8.75	-0.50
情感共情	156	-36.00	32.00	1.88	14.45	4.50
共情	156	-81.00	58.00	-2.97	27.78	-0.50

由表 1-13 可知，根据 TD 项目分析的分组情况，ASD 高分组、低分组和常规组对于共情总分和认知共情、情感共情两个维度分均呈 0.01 水平显著性（$F_{总}=67.27$，$F_{认知}=14.24$，$F_{情感}=43.99$，$p=0.000$），事后检验可得，共情总分和认知共情得分高分组 > 常规组 > 低分组，情感共情得分高分组 > 低分组，常规组 > 低分组。

表 1-13　ASD 组得分方差分析及事后多重比较

	得分情况分组（平均值 ± 标准差）			F	p	事后比较
	低分组 ($n=117$)	常规组 ($n=34$)	高分组 ($n=5$)			
认知共情	-2.10 ±8.46	1.94 ±6.86	16.00 ±5.96	14.24	0.00***	高＞常规＞低
情感共情	-3.14 ±12.83	16.50 ±6.52	19.80 ±3.63	43.99	0.00***	常规＞低；高＞低
共情	-13.71 ±23.14	26.53 ±6.52	47.80 ±6.10	67.27	0.00***	高＞常规＞低

*$p<0.05$　**$p<0.01$　***$p<0.001$

（2）ASD 组差异分析结果

由表 1-14 可知，ASD 儿童是否为独生子女对于共情总分和情感共情得分没有表现出显著性差异，但对于认知共情得分呈现出 0.01 水平显著性（$F=7.265, p=0.008$），而独生子女认知共情得分（0.84）显著高于非独生子女得分（-2.95）。

表 1-14　是否为独生子女与 ASD 儿童共情得分差异分析

	是否为独生子女（平均值 ± 标准差）		F	p
	是（$n=95$）	否（$n=61$）		
认知共情	0.84 ± 8.78	-2.95 ± 8.25	7.27	0.01**
情感共情	0.26 ± 13.38	4.39 ± 15.76	3.08	0.08
总分	-4.31 ± 26.83	-0.89 ± 29.30	0.56	0.45

*$p<0.05$　**$p<0.01$　***$p<0.001$

父亲的学历对于 ASD 儿童的认知共情和共情总分没有表现出显著性差异，但对于情感共情得分呈现出 0.05 水平显著性（$F=2.329, p=0.045$），事后多重比较可得，父亲初中学历的 ASD 儿童情感共情得分＞父亲为高中或中专学历儿童得分（见图 1-3）。

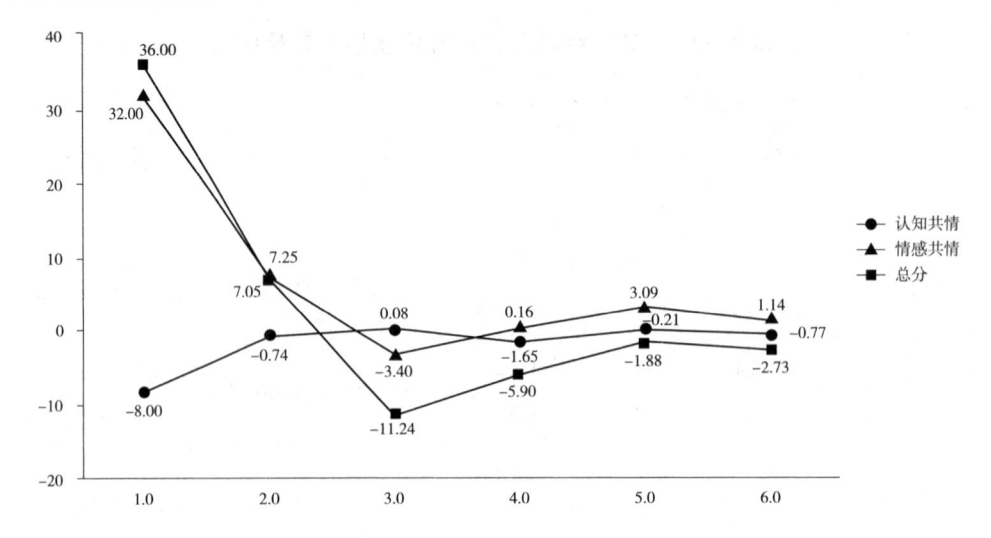

X 轴为学历分类，其中 1.0 = 小学或小学以下，2.0 = 初中（含初中肄业），3.0 = 高中或中专（含高中肄业），4.0 = 大专（含夜大、电大），5.0 = 本科，6.0 = 硕士或博士研究生；

Y 轴为共情平均分。

图 1-3　父亲学历与 ASD 儿童共情各个维度得分的方差分析对比折线图

儿童就读学校类型和学段对于 ASD 儿童情感共情得分差异不显著，而对于认知共情得分呈现出 0.01 水平显著性（$F = 4.377$，$p = 0.002$），事后多重比较可得，就读普通幼儿园和小学儿童认知共情得分 > 特殊学校或康复机构儿童得分。

儿童就读学校类型和学段对于共情总分呈现出 0.01 水平显著性（$F = 3.665$，$p = 0.007$），事后多重比较可得，在普通学校就读幼儿园和初中的 ASD 儿童得分 > 特殊学校或康复机构儿童得分，在普通学校就读 ASD 儿童（幼儿园、小学、初中）得分均高于未入学儿童得分。具体见表 1-15。

表 1-15　ASD 儿童就读学校类型和学段与共情得分差异分析

	就读学校类型和学段（平均值±标准差）					F	p	事后比较
	1.0 ($n=88$)	2.0 ($n=31$)	3.0 ($n=5$)	4.0 ($n=22$)	5.0 ($n=10$)			
认知共情	0.81 ±8.56	0.74 ±8.31	-2.00 ±7.42	-7.18 ±7.84	-2.60 ±8.68	4.38	0.00**	1.0>4.0；2.0>4.0
情感共情	3.69 ±13.81	0.87 ±13.81	10.00 ±12.19	-1.95 ±16.18	-6.60 ±15.90	2.08	0.09	
总分	1.43 ±27.03	-2.97 ±26.77	13.80 ±14.13	-14.91 ±28.05	-23.80 ±27.15	3.67	0.01**	1.0>4.0；1.0>5.0；2.0>5.0；3.0>4.0；3.0>5.0

*$p<0.05$　**$p<0.01$　***$p<0.001$

注：其中 1.0=幼儿园及以下，2.0=小学，3.0=初中，4.0=特殊学校（包括康复机构），5.0=未入学。

5. ASD 儿童与 TD 儿童共情的差异比较结果

对两组儿童的得分分组情况进行分类汇总可知，75% 的 ASD 儿童都在低分组，仅有 3% 在高分组，其余 21.79% 都在常规组（见图 1-4）。

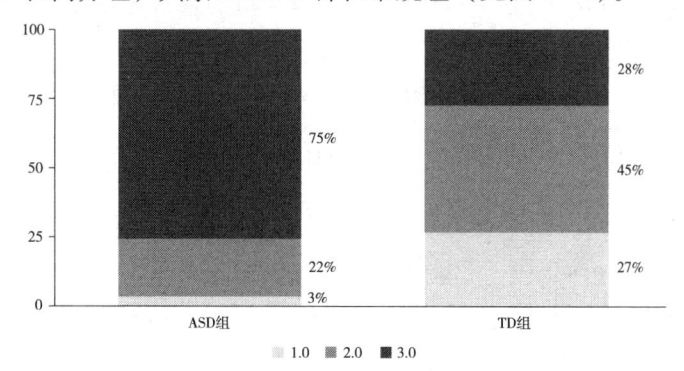

X 轴为儿童组别，Y 轴为百分比。

其中 1.0=低分组，2.0=常规组，3.0=高分组。

图 1-4　TD 组和 ASD 组儿童得分情况占比图

对 GEM-PR 数据进行正态性检验和方差齐性检验。根据 K-S 检验结果，可得 ASD 组共情总分和认知共情得分呈正态分布（$p > 0.05$），TD 组共情总分呈正态分布（$p > 0.05$）。具体见表 1-16。

表 1-16　TD 组和 ASD 组儿童共情数据正态性检验结果

	组别	样本量	平均值	标准差	偏度	峰度	Kolmogorov-Smirnov 检验	
							统计量 D 值	p 值
认知共情	ASD 组	156	-0.64	8.75	0.27	-0.11	0.07	0.06
	TD 组	514	6.46	8.8	-0.26	-0.39	0.06	0.00
情感共情	ASD 组	156	1.88	14.45	-0.47	-0.39	0.11	0.00
	TD 组	514	11.01	11.63	-0.45	0.18	0.06	0.00
共情	ASD 组	156	-2.97	27.78	-0.57	0.13	0.07	0.09
	TD 组	514	28.89	20.22	-0.05	-0.04	0.04	0.16

运用莱文统计进行方差齐性检验，TD 组和 ASD 组对于认知共情得分没有表现出显著性差异（$p > 0.05$），方差齐；而两组儿童对于情感共情和共情总分 Sig 值 < 0.05，不具有方差齐性。根据以上结果，对两组儿童的共情总分进行独立样本 t 检验，对认知共情和情感共情得分进行非参数检验。

根据表 1-17 可知，TD 组儿童和 ASD 组儿童对于共情总分呈现出 0.001 水平显著性（$t = -13.297, p = 0.000$），且 ASD 组的共情总得分（-2.97）显著低于 TD 组共情总得分（28.89）。

表 1-17　两组儿童共情总分 t 检验结果

	ASD 组（$n = 156$）	TD 组（$n = 514$）	t	p
共情	-2.97 ± 27.78	28.89 ± 20.22	-13.30	0.00***

*$p < 0.05$　**$p < 0.01$　***$p < 0.001$

使用 Mann Whitney 检验统计量进行分析（见表 1-18），TD 组和 ASD 组对于认知共情得分呈现出 0.001 水平显著性（$p = 0.000 < 0.001$），且 ASD 组得分的中位数（-0.5）显著低于 TD 组的中位数（7）。

在情感共情得分上，两个组呈现出 0.001 水平显著性（$p = 0.000 < 0.001$）。具体对比中位数差异可知，ASD 组得分的中位数（4.5）显著低于 TD 组的中位数（12）。具体见图 1-5。

表 1-18　两组儿童共情维度分非参数检验结果

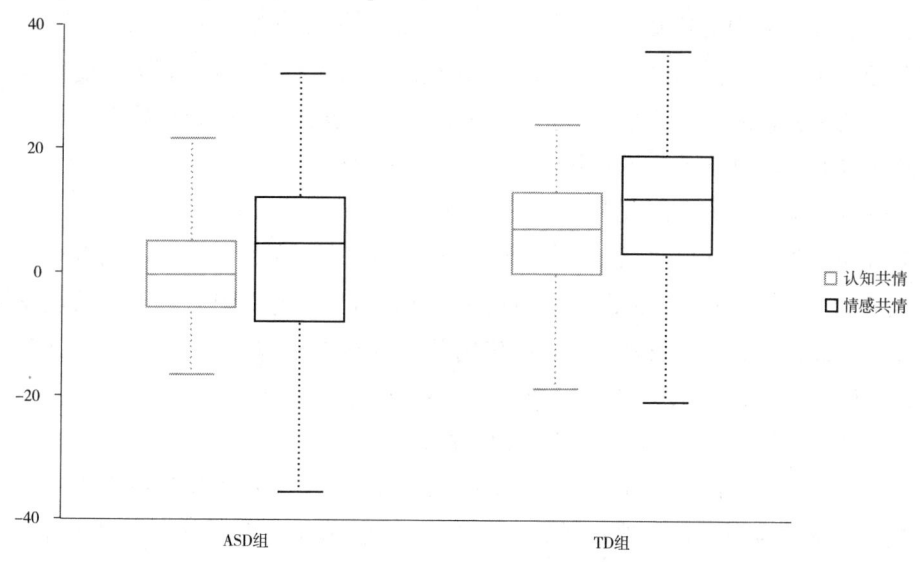

儿童组别（中位数）		Mann Whitney 检验统计量 U 值	Mann Whitney 检验统计量 z 值	p
ASD 组 (n=156)	TD 组 (n=514)			
认知共情 -0.50	7.00	22479.00	-8.32	0.00***
情感共情 4.50	12.00	25632.00	-6.83	0.00***

*$p<0.05$　**$p<0.01$　***$p<0.001$

X 轴为儿童组别，Y 轴为共情维度分数。

图 1-5　两组儿童共情维度分箱线图

五、讨　论

1. GEM-PR 信度和效度分析

本调查中 GEM-PR 及其不同维度在 TD 组和 ASD 组均有较好的信度，其中 ASD 组的信度高于 TD 组，这与中文版的修订以 ASD 群体为主体有关（肖运华，2015）。而在效度分析中，*KMO* 和 *Bartlett* 球形度检验结果较好，但验证性因子分析显示拟合度尚可，这与肖运华的研究结果有一定差异，可能与 TD 被试的选取来源有关。肖运华的 TD 研究被试全部来自同一所小学，且年龄较为集中（肖运华等，2016），而本调查 TD 被试来源更广，对于结果有一定的影响。

通过项目分析可知，在 TD 组中，第 3 题区分度差，这与张（Zhang，2014）的研究数据一致，可能由于第 3 题的题项和翻译在中国文化情境下不好区分（"当我的孩子看到人们在公共场合亲吻和拥抱时会反应很糟糕"）。然而 ASD 组所有题目均具有良好的区分度，该结果与肖运华的研究一致（肖运华等，2016）。考虑到与原始研究的一致性，并未删除第 3 题。

2. TD 组和 ASD 组儿童人口学资料分析

两组被试中，TD 组为随机抽样，而 ASD 组主要为方便抽样。在两组被试当中，TD 组性别和是否为独生子女差异不显著，而 ASD 组被试男女比例约为 4:1，这符合现实生活中男性患病比例约为女性 4 倍的情况（Matthew et al.，2021）。ASD 组独生子女比例也高于非独生子女，这主要与家长在一胎 ASD 儿童养育过程中花费了大量的时间和精力，而孤独症家庭二胎也有一定的患病概率有关，因此相关家庭不愿意（或者没有机会）再要一个孩子。

在两组儿童的主要照顾者中，TD 儿童主要照顾者为父母（占 68.09%），而 ASD 儿童父母和祖父母（或外祖父母）共同养育的情况占 40.38%，比直接由父母抚养（占 39.74%）的情况占比还稍多一些，这可能与 ASD 儿童核心特质及他们属于特殊群体有关，特殊群体在家庭内部会得到更多的关注（王芳，杨广学，2017；Posar & Visconti，2019；霍超，李柞山，孟景，2021）。

3. TD 组和 ASD 组儿童共情得分情况分析

在得分均值方面，TD 组得分均为正数，ASD 组认知共情和共情平均分都为负数，情感共情均分为 1.88（$SD = 14.45$），接近 0 分，且普遍低于 TD 组，但两组得分 SD 值都较大，说明共情的个体差异较为突出。研究结果符合 ASD 共情缺损的规律，也与国内外的研究结果一致（Auyeung et al.，2009；Deschamps，Been & Matthys，2014；肖运华等，2016）。下一章将进一步探讨 ASD 个体共情差异的影响因素。

本调查以 TD 组儿童共情总分为常模数据，划分高分组、常规组和低分组，其中高分组临界值为 42 分，低分组临界值为 16 分，三组差异显著，且组间差异符合分组规律。ASD 组共 156 个被试，有 117 人（75%）得分位于低分组，高分组、低分组、常规组对于共情各个维度均分差异显著（$p = 0.000$），在认知共情和共情总分方面，高分组＞常规组＞低分组，但情感共情得分高分组＞低分组，常规组＞低分组，而高分组和常规组差异不显著。这可能由于情感共情的缺陷不如认知共情和共情总特质明显，但具体原因仍需扩大样本量进一步探索。

4. TD 组和 ASD 组儿童共情得分比较分析

通过数据分析可知，ASD 组共情及其两个维度得分均与 TD 组儿童得分差异显著，且 ASD 组得分显著低于 TD 组。研究结果再次验证了 ASD 儿童共情缺损和认知共情缺陷，而本调查中的情感共情结果显示，ASD 儿童情感共情发展也显著落后于 TD 组，与麦金托什（McIntosh）等人 2010 年的研究结果一致。

母亲填写的问卷中 TD 儿童认知共情得分显著高于父亲所填得分，女生得分显著高于男生得分，这符合巴伦-科恩 2002 年提出的男性脑理论，他根据个体共情（E）和系统化（S）水平的均衡情况划分了 5 种"脑型"，并通过研究证明女性共情水平高于男性。ASD 组在这两个问题上差异不显著，这与 ASD 共情缺损的特质有关，巴伦-科恩同时认为 ASD 群体属于极端男性脑，但仍需要进一步扩大样本进行验证（Baron-Cohen，2002）。

TD 组和 ASD 组儿童是否为独生子女均在认知共情上存在差异，且都是独生子女得分高于非独生子女。可以认为父母等直系亲属在独生子女身上投入更多精力，尤其是认知层面的言传身教，在认知共情维度有所体现。家庭年收入 30 万元以上家庭的 TD 儿童共情得分高于家庭年收入 2 万—5 万元的儿童，也高于年收入 8 万—10 万元和 20 万—30 万元的家庭的儿童，但在 ASD 儿童组却没有显著差异。有学者认为共情与环境因素有关，高收入家庭可以给 TD 儿童创造更优越的环境，从而更好地发展儿童的共情（刘俊升，周颖，2008；张晓霞，2020）。

两组儿童共情在学校类型和学段上也存在差异。小学和幼儿园阶段 TD 儿童认知共情得分和共情总分高于初中儿童，也就是说 12 岁左右是共情得分的临界点，这与前人的研究一致，即 11 岁以下儿童的共情分数普遍高于 11 岁儿童（颜志强，苏彦捷，2018）。这可能与我国应试教育对思维和情感的限制有关，儿童的注意力普遍集中在学业和考学，对人的关注越来越少。在普通学校（幼儿园和小学）就读的 ASD 组儿童共情得分普遍高于在特殊学校或康复机构的儿童和未入学儿童。本调查中未入学儿童包括未达到年龄、学校不收或被退学或老师送教上门等情况，由此可见能进入普通学校求学的 ASD 儿童功能相对较高，情绪也相对稳定，而普通学校的社交环境又可以进一步促进共情的发展。

六、由孤独症儿童共情调查引发的思考

本次调查得出以下结论：①GEM-PR 是测量 ASD 儿童和 TD 儿童共情水平较为良好的工具；②ASD 儿童共情总分、认知共情分和情感共情分普遍低于 TD 儿童，且差异显著（$p<0.001$）。研究结果论证了我国 3—16 岁 ASD 儿童共情全面低于 TD 儿童，因此为了让 ASD 儿童更好地融入社会，对这一群体共情的专

项干预十分急迫。尽管通过测量得出 ASD 儿童共情的两个维度的发展水平都低于 TD 儿童，但先发展起来的情感共情与认知共情的相互关系以及发育受损的原因并没有相关理论说明，而现有相关研究也低估甚至忽略 ASD 群体心灵的需要。另一方面，家庭是 ASD 群体的主要支持力量，在孤独症干预中家庭的配合也可以帮助 ASD 儿童巩固、提升个人能力。通过人口学资料的调查，我们发现家庭情况对孤独症儿童共情存在一定的影响，但具体的影响路径尚不清晰，且目前家庭系统对孤独症干预的作用机制和科学干预模式并未形成体系。

  本书主要内容为沙盘游戏疗法对 ASD 儿童共情的理论与实践，第二章将具体介绍沙盘游戏疗法的技术。基于上述思考，本书将分别从哲学、生物学、心理学三个层面阐述沙盘游戏疗法干预孤独症共情的理论基础，并在第六章聚焦心理分析和中国文化视角下 ASD 患者的共情问题，在第七章分析 ASD 儿童的初始沙盘，挖掘这一群体共情的特征和线索。最后，在理论和实证研究的基础上，第八章将通过个案干预的实践研究，评估亲子沙盘游戏对 ASD 儿童共情和核心症状的干预效果，同时探索亲子沙盘游戏对 ASD 儿童心灵共情的治愈因素。

第二章 沙盘游戏疗法的技术

工欲善其事，必先利其器。为了更好地与孤独症儿童沟通交流，掌握好沙盘游戏技术便是我们的"利器"。本章将从沙盘游戏咨询的前期准备，到沙盘游戏的具体实施，再到沙盘游戏咨询师的角色，全面细致地介绍沙盘游戏疗法的工作流程。为了应对不同孤独症儿童在沙盘游戏中可能出现的情况，本章还将详细介绍儿童沙盘游戏的特点。

第一节 沙盘游戏疗法的前期准备

沙盘游戏疗法的前期准备是系统而细致的，要求咨询师在物理层面和精神层面都做好准备，以确保沙盘游戏成为连接来访者内心与现实世界的桥梁。

一、沙盘游戏咨询室的布置

1. 沙盘游戏咨询室的必备设施

沙盘游戏咨询室的基础设备包括沙盘和沙盘桌、沙具和沙架、沙子和水、相机和钟表，以及其他所需的工具或物品。各种设备都有一定的标准和功能。

（1）沙盘和沙盘桌

在沙盘游戏咨询中，沙盘及沙盘桌是最基本的物理构成要素。一个标准的沙盘长72cm、宽52cm、深7cm，其底部和内壁通常被涂成蓝色，以木头或塑料材质为主。这样的设计旨在提供一个有边界而又安全的空间，让来访者能够自由地表达内心世界。卡尔夫建议为来访者提供干湿两种沙子的选择，因此，咨询室应至少配备两个沙盘，一个用于干沙游戏，另一个用于湿沙游戏。如果沙盘装的是湿沙，可以在沙盘内部放置一个透明的亚克力套子，避免漏水。

沙盘桌作为沙盘的支撑台，其高度通常依据来访者的活动习惯和咨询师的偏好来设定，应考虑到来访者在沙盘游戏过程中可能选择的不同姿势，如来访者是站着玩沙还是坐着玩沙。有的咨询师认为最合适的高度应该既能让孩子舒服地站着，又能让成人舒服地坐在椅子上；而有的咨询师则倾向于选择可调节高度的桌子，以适应不同年龄和身高的来访者。为了方便移动和清洁，有的咨询师会为沙盘桌安装脚轮，使其能够轻松地在咨询室内移动。

（2）沙具和沙架

沙具也叫微缩模型或沙盘游戏素材，是沙盘游戏中重要的治愈因素。它们不仅是物理材料，更是充满象征意义的符号。每一个摆放在沙盘中的沙具都蕴含着丰富的心理信息，能够反映出来访者的内心世界和潜意识。因此，咨询师需要对沙具的象征意义有深刻的理解，以便更好地解读来访者通过沙具表达的心理内容。

沙架是存放沙具的柜子，需要有足够的空间来展示和存储各种沙具。沙架的设计应考虑到实用性和安全性，确保沙具易于被看到和取用，同时避免造成混乱或意外碰撞。沙架通常靠墙放置，高度应考虑来访者的便利性，可能需要配备小凳子或梯子，以便儿童或身高较矮的成年人轻松地拿取架子高层的沙具。标准的沙盘游戏治疗通常需要1200多个沙具，以确保来访者有足够的选择来表达自己。

（3）沙子和水

沙子和水作为自然元素，以物理和象征的方式连接着人类与地球。沙子通常象征土地和物质的现实，它提供了一个坚实的基础，让来访者在创作时有所依托。水则代表着流动性、变化和情感，它能够洗净、溶解，甚至带来重生。在沙盘游戏中，水往往与无意识和情绪相关联，象征着生命的源泉和变化的可能性。

沙盘游戏中的沙子通常选用天然的海沙或者河沙，在具体选择时还要考虑其颗粒大小和颜色。不同粗细的沙子可以引发来访者不同的触觉和情感反应。例如，细沙可能带来宁静感，而粗沙可能给予稳固感。如果有条件，咨询师可以提供两种不同粗细的沙子，以适应不同来访者的需求。此外，沙子的颜色也会影响来访者的感受，从浅色到深褐色，每种颜色都有其独特的象征意义。为确保沙子清洁卫生，咨询师应定期进行洗涤、过滤和筛选。

水在沙盘游戏中扮演着重要的角色，它可以改变沙子的状态，创造出湿沙的效果，为来访者提供更多的创作可能性。咨询室内应准备足够的水源，以便来访者在需要时使用。此外，咨询师可以准备毛巾和容器，以便来访者在沙盘游戏结束后清洁双手。

（4）相机和钟表

沙盘游戏咨询室内建议配备两个小钟表：一个供来访者看时间，另一个让咨询师能够不引人注意地看时间。这样的安排旨在避免来访者感受到时间的压迫感,同时确保咨询师能够掌握会谈的进度。

沙盘游戏咨询室内还应备有相机或照相设备,用于记录来访者创作的沙盘场景。这些图像记录对于督导和分析来访者的咨询过程至关重要,它们不仅记录了来访者在沙盘游戏中的创作,而且反映了他们在咨询过程中的成长和变化。

(5) 其 他

为了增强沙盘游戏的体验感,咨询师还可以根据需要准备以下工具:

小铲子、耙子和勺子:这些工具用于雕刻、挖掘和运输沙子,有的咨询师也将其视为沙盘游戏的一部分。

平整工具:用于修整沙面,可购买专门工具或使用边缘平整的物品。

油画笔和刷子:不同尺寸的扁头油画笔或刷子有助于清扫和整理沙水混合区域。

筛子:大网眼或细密的滤网筛子适合撒沙子或筛沙子。

这些工具不仅能丰富来访者的创作过程,也方便咨询师在咨询结束后清理。当然,咨询师也可以选择准备具有创造性的材料,如为儿童准备玩偶以激发他们的想象力和创造力,准备橡皮泥或绘画工具以提供多样化的表达方式。

2. 沙盘游戏咨询室的布局

时至今日,卡尔夫的沙盘游戏咨询室的布局仍是广大沙盘游戏咨询师们建立工作空间的重要参考。她在玛格丽特·洛温菲尔德(Margaret Lowenfeld, 1890—1973)布局的基础上进行了改进,将沙盘放在可以移动的桌子上,用沙架来摆放各种沙具,保留可供地板游戏的大型玩具、泥塑、绘画等工具与材料。

经过多年的演变,沙盘游戏室的布局共发展出两种类别:一种是将沙盘游戏与心理咨询结合在一个统一的空间内,另一种则是将两者分设于连通但独立的区域。前者要求工作室空间宽敞,能够为来访者提供沙盘游戏和分析两个不同的工作区域;后者则侧重于保持工作区域的单一功能性,以便来访者能够更加集中精力。无论选择哪种布局,沙盘游戏咨询室在来访者到来之前都应准备就绪,创造一个神圣的空间,让来访者能够安全和受尊重地深入探索自己的内心世界。这样的环境不仅有助于来访者与内心深处的自己进行对话,也是咨询过程中不可或缺的一部分。

图 2-1　卡尔夫的沙盘游戏治疗室一角①

二、沙具的收集与陈列

1. 沙具的收集

在沙盘游戏咨询中，沙具的挑选与收集是构建疗愈性沙盘游戏环境的基石。沙具不仅是咨询师工作的工具，更是其内在世界与专业实践的延伸。尽管没有固定的规则指导沙具的收集，咨询师仍应致力于收集能够反映生活和幻想各个方面的沙具。当然，沙具的多样性并不意味着必须海量收集，即使是数量有限的沙具，也能在包容性环境中发挥作用。

咨询师在挑选沙具时，可以根据自己的风格和来访者的需求，选择成套购买或自行创作。沙具的来源不局限于玩具店、跳蚤市场或手工艺品店。咨询师还可以发挥创意，利用橡皮泥、超轻黏土等材料，手工制作独特的沙具，或将自然元素如石头和树枝融入沙具中，赋予其更深的意义。

---

① 图片来自 http://www.isst-society.com/history/。

沙具的尺寸和比例也应根据咨询师的个人偏好来选择。有的咨询师可能喜欢统一大小的沙具，而有的可能倾向于使用不同比例的沙具来强化象征性过程。无论选择哪种方式，沙具的收集都应体现咨询师的个人风格和对沙盘游戏疗法的深刻理解。

2. 沙具的分类

沙具是咨询师与来访者之间沟通的桥梁，能够帮助来访者以一种独特而直观的方式探索内心世界。一个标准的沙盘游戏咨询室需要收集不少于1200个沙具，这样来访者才能够生动地表达自己的生活、心理、原型和象征意义。卡尔夫表示沙具应该涉及现实和想象中的所有东西，但不同咨询师对沙盘游戏中沙具的分类方式不同。

本书以特纳（Turner，2005/2016）的分类为例，她将基本的沙具大致分为以下几类（对于数量比较多的某类沙具，可以只放一两个作为代表)①：

人物：婴儿、儿童、成人，不同民族，国内的、国外的，年轻的、年老的，做出不同动作、姿势的人物，警察、消防员和救援人员

居家装饰物：家具，日常家居用品，食物

建筑物：房子、塔楼、教堂、寺庙、商店，国内的与国外的，古老的与新建的

交通工具：陆地、空中和水中交通工具，旧式的与现代的，救援类车辆，军用交通工具

军事类：现代士兵与武器，古代士兵与装备

动物：陆地、水中、空中的动物，野生的与家养的

想象中的生物：独角兽、珀伽索斯（Pegasus，希腊神话中的飞马）、龙，原型马匹（纯白色、蓝色）

想象中的人物：魔法师、仙女、巫师，童话故事和卡通动画中的人物，超级英雄和恶棍

远古生物：恐龙

原型沙具：神话人物，人物——国王、王后、王子、公主，形状——立方体、方形、圆形、金字塔、太阳、月亮、星星，珠宝——玻璃球、珠子、金色手链、财宝箱、礼物盒

---

① 特纳（Turner，B. A.）.（2016）.*沙盘游戏疗法手册*(陈莹，姚晓东 译). 北京：中国轻工业出版社.（Original work published 2005）

与阴影和死亡有关的沙具：骷髅、墓碑、坟墓、骨头、怪兽、阴暗恐怖的沙具

与宗教和灵性有关的沙具：不同宗教的人物和工艺品，传统宗教、东方的与西方的

基本元素：火、冰、风车、水车、井，气球、旗帜、铲子

来自自然的沙具：岩石、贝壳、木块、树枝、灌木丛、花朵、绿植，水果和蔬菜

用于连接和区隔的沙具：栅栏、桥梁、道路和交通指示牌，电话

手工材料：瓷砖、木棍、黏土、纸张、细绳、胶水

3. 沙具的陈列

在沙盘游戏咨询中，沙具的陈列是一门艺术，它不仅能体现咨询师的个人风格，还会对来访者的选择和体验产生影响。咨询师在陈列沙具时，应追求有序且有意义的摆放方式，以减轻来访者的心理负担，使他们更容易找到所需的沙具。

沙具的摆放还应遵循一定的心理发展规律和原型原则，例如可以将战斗类、卡通和童话人物等放在中间区域，方便儿童取用，将代表自然元素的沙具置于底层，将精神和宗教色彩的沙具置于顶层等。当然，咨询师可以根据自己的专业理解和经验来创造性地组织沙具。合适的陈列方法能够展现咨询师独特的咨询风格，为来访者提供一个亲切舒适的咨询环境。

对于共用沙盘游戏咨询室的咨询师，使用带门的储藏柜或可关上门的架子、储存箱是恰当的选择，这样可以减轻视觉上的杂乱感，同时方便快速清理和整理。

三、咨询师的准备

由于沙盘游戏咨询是一种深入探索心灵的象征性方法，所以咨询师不仅要有扎实的专业知识基础，还需通过亲身体验来深化对这一疗法的理解。这种准备确保了咨询师能够以包容和接纳的态度，有效响应来访者在沙盘中展现的深层心理动态。因此，咨询师在开启沙盘游戏咨询之旅前，必须接受全面的培训，包括理论学习和个人内在体验，这些都是成功实践沙盘游戏咨询的关键步骤。

1. 专业知识的学习

在正式开始沙盘游戏咨询之前，专业知识的学习必不可少，这包括两个部分，分别为理论知识和实践技术的学习，以及沙具象征含义的学习。

（1）理论知识和实践技术准备

沙盘游戏咨询师在准备阶段必须掌握专业的理论知识和可以运用的沙盘游戏实践技术。理论学习包括心理学基础、沙盘游戏的历史、卡尔夫及荣格的理论、象征意义等诸多领域知识。咨询师需通过阅读专业书籍或参加课程深化理解。在实践技术方面，咨询师要学会设置沙盘环境、选择素材、观察和分析来访者行为，并通过实践提升技能。此外，咨询师应具备人文关怀，创造安全的咨询空间，促进来访者的自我探索和成长。沙盘游戏咨询师的专业素养和内在素质同样重要，需深刻理解象征意义，以开放和包容的态度，为来访者提供心灵上的陪伴和引导。

（2）沙具象征含义学习

我们通过前文叙述了解到沙具不仅仅是一种工具，也是连接来访者内心世界与咨询师的桥梁。沙盘和沙具是表达与探索无意识心灵的有效媒介，尤其是那些难以用语言表达的情感和思想。通过沙盘，来访者的内心世界得以具象化，沙盘为咨询师提供了洞察来访者深层心理状态的窗口。

沙盘游戏咨询师必须深入理解沙盘中每一件沙具的象征意义。然而在实际咨询过程中，咨询师应基于心理分析原则灵活解读沙具对来访者的个人意义，避免生硬地使用象征理论。这要求咨询师保持开放和敏感的态度，细致地观察来访者与沙盘的互动，从而揭示和理解那些表层之下深层的心理动态。通过这种方式，咨询师能够引导来访者在沙盘的世界中进行自我探索，促进心灵的治愈和成长。

2. 个人体验与自我成长

沙盘游戏咨询师学习专业知识可以为其临床实践奠定坚实的基础，而个人体验与自我成长则有助于咨询师深化自我理解，提升对来访者心灵作品的敏感度和接纳能力，进而在实际咨询中与来访者产生更深层次的共情并提供更有效的疗愈。

（1）咨询师的个人沙盘体验

在沙盘游戏咨询的准备过程中，咨询师通过亲身体验沙盘游戏来促进个人成长和自我理解。这种体验不仅有助于咨询师探索和表达自己的无意识内容，而且能增强他们对来访者体验的同理心和理解力。定期进行个人沙盘体验，咨询师能够解决问题、获得新的体悟，并在忙碌的日常生活中找到心灵的宁静。

个人沙盘体验是一种强大的自我治愈工具，它允许咨询师在安全而被支持的环境中，通过非语言的形式与自己的内在世界进行对话。在体验过程中，咨询师可以是自己唯一的观察者，也可以有信任的人陪同。重要的是，体验过程中的安全感和支持感，让咨询师能够自由地探索自我。

博伊科（Boik）和古德温（Goodwin）（2000/2006）介绍了可以自己建造、体验、处理自己沙世界的方法：

首先，努力清空你的思绪。可以尝试闭上眼睛，深呼吸帮助自己放松。当你感到放松时，想象每次呼气都带走了杂念，直到心灵一片宁静。在这份宁静中，给自己一些时间和无限的关爱，告诉你的"内在儿童"（inner child），探索和游戏是安全的，无需担心对错，你会始终支持Ta，不会有任何评判。面对需要解决的问题或寻求答案时，让你的无意识为你引路。

放下头脑中的评判和分析，选择一个沙盘，不论是干盘还是湿盘，并根据你的喜好选择沙粒和颜色。如果你想在沙子上创造一个场景，现在就开始塑形，挑选沙具，构建你的沙世界。如果你发现自己容易回到咨询师的角色，尽量快速行动，减少思考。之后，花时间充分体验你的沙世界。如果愿意，在体验结束后，可以重新配置场景。然后，将注意力转向内在，记录下创造和体验过程中的任何情绪和想法，让它们进入你的意识。允许自己完全感受这些情绪。

在咨询阶段，带领自己或观察者游览你的沙世界。大声说出你的想法，无论你是独自一人还是有人陪伴，这样做可以帮助你更清晰地听见自己的声音，促进更深的领悟。如果是独自一人，可以使用录音设备记录下你的游览过程，这不仅能为你提供听众，还能让你反复聆听自己的分享。在游览沙世界时，像对待来访者一样向自己提出问题，不要过度思考，立刻回答。这样，你的无意识就能为你提供答案，就像在梦中一样。如果对答案感到困惑，记得认识到这些沙具对你有着重要的意义，因为它们是你身体和情绪体验的反映。继续探索，说出任何出现在脑海中的想法，即使它们看起来不重要或不相关。记录下任何回忆，为沙盘中的沙具或场景编织故事。如果沙具的意义仍不清晰，继续在你的沙世界中探索，看看它如何与场景的其他部分相联系。有时，只有将沙具与整个沙世界联系起来，其深层含义才会显现。

在游览过程中，记录你的身体感受和情绪。当它们出现时，拥抱并接纳它们，必要时进行处理，或者选择之后再处理。游览结束后，花时间回顾整个过程。这时，你可能会清楚地看到沙盘中哪些部分存在问题。沙盘可能成为你力量和内在平静喜悦的源泉。如果是这样，充分体验这些感受，并尝试将它们融入日常生活。如果愿意，可以拍摄照片。如果可能，保持场景原样，直到你准备好进行下一次创作，这样你就可以随时回来复习。

（2）沙盘游戏咨询的实践与督导

沙盘游戏咨询的实践与督导是沙盘游戏咨询师在准备过程中不可或缺的环节。咨询师必须在完成理论学习和个人体验后，通过实际操作练习，积累临床经验。而沙盘游戏咨询的实操必须在有经验的督导师的指导下进行，督导形式包括个体督导和团体督导。根据国际沙盘游戏治疗学会（International Society for Sandplay Therapy, ISST）的标准，咨询师需在专业人士的督导下完成至少 80 小时的督导时长，其中包括至少 30 小时的个人督导和最多 50 小时的小组督导。只有这样，咨询师才能参与真实的咨询过程，将理论与实践结合，并逐步掌握沙盘游戏咨询的核心理念和技巧。

第二节　沙盘游戏疗法的实施

卡尔夫将沙盘游戏疗法的实施过程分为创作阶段和来访者对作品进行描述阶段。但随着沙盘游戏疗法的发展和咨询师们的实践探索，这一过程又扩展出咨询师与来访者之间的对话和咨询师对作品的理解两个部分。本节将从沙盘游戏的开始到结束详细解读咨询师在面对儿童来访者时要做些什么以及该怎么做。

一、如何开始沙盘游戏

1. 引入沙盘游戏的不同方式

在沙盘游戏咨询中，引入沙盘游戏通常有三种方式：咨询师在初始访谈中结合理论取向引入沙盘游戏疗法、咨询师观察到来访者的兴趣并适时介绍沙盘游戏、在咨询过程中通过启发和观察引导来访者表达内心世界。

（1）初始访谈中的介绍

初次访谈时，即使来访者未直接询问有关沙盘游戏的内容，咨询师也可以在完成首次心理咨询后向来访者介绍沙盘游戏疗法。咨询师可以在介绍自己的理论取向后提出将沙盘游戏作为一种可能的咨询方式。随后，咨询师可向来访者介绍沙盘游戏的背景和特点，包括卡尔夫提出的"自由而受保护"的空间、沙盘游戏"非言语"和"非指导"的特征等。咨询师还可以根据来访者的个人情况，适当介绍无意识水平的工作、象征性的分析原理及感应的转化机制。接着，咨询师可进一步介绍沙盘游戏的材料，或让来访者接触沙盘。

如果来访者表现出兴趣，便可以开始沙盘游戏；若时间不够，则可以与来访者商定在下一次正式咨询时体验沙盘游戏。

（2）来访者的自发兴趣

有些来访者一进入沙盘游戏咨询室便会被沙盘或沙具吸引，他们的兴趣给咨询师提供了自然介绍沙盘游戏疗法的机会。咨询师可以先介绍沙具和沙盘，与此同时，咨询师可以用手示范性地拨开沙子，露出沙盘蓝色的底面，也可以邀请来访者触摸沙子，并谈谈感受。随后，咨询师可以介绍沙盘游戏疗法的背景，并告知来访者如果愿意，可以一起制作并讨论沙盘。

（3）心理咨询过程中的启迪

沙盘游戏是在无意识层面上的工作。如果来访者尚未准备好，可能不会明确表示想做沙盘游戏。此时，咨询师可以采用其他心理咨询流派的方法。随着咨询的深入，特别是咨访关系的建立，来访者可能会重新产生做沙盘游戏的兴趣。

也有一种情况，是来访者在咨询过程中可能因看到某个沙具而产生兴趣，或在咨询师的启发下选择一个沙具来表达梦境或童年记忆。来访者一旦开始沙盘游戏，通常会将其作为首选的咨询方式，但咨询师应避免刻意引导或强迫来访者进行沙盘游戏咨询。

通过以上方法，咨询师可以灵活地将沙盘游戏引入咨询过程中，同时尊重来访者的节奏和选择。

2. 向儿童及其父母介绍沙盘游戏疗法

当来访者是儿童时，咨询师不可避免要与家长打交道。如果咨询师与儿童来访者沟通的模式就是沙盘游戏的话，儿童通常会在进入咨询室后便直奔主题，但儿童的父母却往往想要了解沙盘游戏之所以重要的原因以及它与普通游戏的区别。对咨询师而言，如何介绍沙盘游戏疗法也是"容纳"的重要因素，这会严重影响咨询的整个历程。因此我们需要建立好儿童及其父母对沙盘游戏疗法的第一印象。

（1）向父母介绍沙盘游戏疗法

在针对儿童的咨询过程中，与父母建立咨询联盟是至关重要的，因为儿童的心灵需要足够的时间来完成心理内容的整合。因此，在儿童进行沙盘游戏咨询之前，与父母先行会面是一种常规做法，这不仅有助于收集孩子的背景资料，而且有助于建立与父母的良好合作关系，让父母对咨询有参与感，增强他们对咨询师的信任。当孩子对咨询师产生依赖，或者当孩子经历变化而父母对这些变化感到困惑时，这种信任可以帮助父母克服内心的不安。

在与父母的首次会谈中，咨询师通常要介绍沙盘游戏咨询的基本概念，包括咨询师将与孩子一起进行的活动，如画画、做游戏等。咨询师要向父母说明，由于儿童的年龄和大脑发育水平不及成人，他们的心理表达往往通过想象和象征性的方式进行。儿童通过沙盘作品与咨询师交流，尽管看起来他们只是在玩游戏，但实际上他们已经深度触碰到自己内在的心理活动。

咨询师在与父母再次会谈时，需要在遵守伦理的前提下分享对孩子目前心理需求的整体临床判断。一般来说应在与孩子做过2—3次沙盘游戏后再向父母反馈，因为此时咨询师能够获得孩子的创伤、长处以及咨询方向的信息，可以对儿童进行更准确的评估。咨询师对咨询历程的清晰理解和对孩子所发生一切的深刻洞察，也有助于加强父母对自己的信任。

（2）向儿童介绍沙盘游戏

向儿童介绍沙盘游戏是一个相对直接的过程。通常在正式介绍之前，孩子们就已经被沙盘吸引并开始自发地玩耍。即便如此，咨询师仍需向他们说明沙盘游戏的基本要素，以培养他们对沙盘游戏咨询的基本理解。咨询师会向儿童介绍沙盘游戏中的沙子分干沙和湿沙，并带他们体验两种沙子的不同触感。

沙盘的底部通常为蓝色，这为创造湖泊或其他设计提供了视觉基础。儿童被鼓励使用各种玩具在沙上进行创作，仿佛在创造他们自己的世界。在咨询过程中，儿童有时可能会参与咨询师安排的画画、游戏等活动，有时则可以根据自己的喜好选择活动，但任何时候他们都可以选择进行沙盘游戏。咨询师可以与儿童约定沙盘游戏中的规则，如不得将沙子撒向别人等。制定规则可以在给予儿童探索的自由的同时，为他们建立活动的边界。

3. 指导语

在沙盘游戏咨询中，并没有一种固定的"引导语"模板。咨询师应根据具体情况和来访者的不同需求，调整引导语的内容和方式。

可以这样对如何进行沙盘游戏进行简要介绍："如果愿意，你可以自由选择沙架上的任何小玩具，将它们放在干沙盘或湿沙盘上，并创作出你想要表达的任何场景。"

更详细的指导语则可以涉及沙盘内部的颜色、沙子的不同处理方法以及沙盘游戏素材的使用等。咨询师可以通过示范来帮助来访者理解操作过程，例如：

"让我向你展示如何做沙盘吧。这是我们的沙盘，（扒开沙子）底部呈现蓝色，你可以通过拨开沙子来制作河流、湖泊或进行其他创意设计。沙子可以按照你的需要被塑形，湿沙易于成型，而干沙更加松散。你可以从沙架上选择任何吸引你的玩具，并将它们放置在沙盘中，创造一个场景或一个小型世界。这个过程不是艺术竞赛，而是一种表达我们内心深层信息的方式。"

咨询师还会向来访者说明，在沙盘游戏过程中，他们会安静地进行记录。完成沙盘创作后，咨询师将与来访者一起探讨创作过程中的想法和感受以及作品可能代表的含义。

对于那些虽然渴望尝试沙盘游戏却不知从何开始的来访者，咨询师会建议他们先花时间与沙子建立联系，通过触摸沙子来激发感受，并根据这些感受挑选适合的沙具。咨询师也可以鼓励来访者从沙架开始探索，感受不同的沙具，并选择最能引起共鸣的那一个开始创作。通过这些细致的引导，咨询师帮助来访者了解沙盘游戏的过程，并鼓励他们自由地表达内心世界。

二、咨询师在沙盘游戏过程中要做些什么

一次沙盘游戏咨询的时间与一节咨询一致，都是 50 分钟，来访者完成一个沙盘的时间通常要 15—40 分钟不等。接下来我们就谈一谈，当来访者在制作沙盘时，咨询师需要做些什么。

1. 在场与平静

当来访者进行沙盘游戏创作时，咨询师的态度对于创建一个有利于来访者表达和探索的环境十分关键。特纳（2005/2016）将其概括为在场与平静，申荷永与高岚（2012）则认为当咨询师保有高质量陪伴、参与性观察和陪同性探索的态度时，沙盘游戏便可以促使象征发生，激发治愈和转化的力量。

咨询师在这个过程中需要在场见证，同时保持平静。这种平静并非保持沉默——咨询师可以偶尔与来访者轻声交流，但更多的是一种积极的、全神贯注的陪伴，这种陪伴有助于建立信任，让来访者能够在沙盘游戏中自由地表达内心世界。

在场与平静要求咨询师成为一个容器，不仅保持内外一致的平和，还要承载来访者的整个存在。内外一致的和谐是沙盘游戏疗法分析性氛围的基础，而咨询师作为心理容器，其大小则决定了陪伴的质量和治愈的效果。

在场与平静还要求咨询师通过参与性观察与来访者建立共鸣，更好地理解来

访者的心理和行为。这种观察不只是对来访者行为的记录，更是对咨询师自身反应的觉察。沙盘游戏的过程也是来访者自我探索的过程，咨询师的陪同性探索不仅为来访者提供了支持，还促进了感应的出现和发展。在这一过程中，咨询师始终与来访者同在，来访者无论是在面对压力和创伤时，还是在展现潜力和智慧时，都能获得咨询师的支持和力量。

最后，咨询师在沙盘游戏过程中应避免将自己的解释强加于来访者，他们应是静默的见证者，不对来访者的作品进行过度分析或评价。

2. 全面记录沙盘游戏制作过程

在沙盘游戏咨询中，咨询师需要记录来访者与沙盘互动的每个细节。这不仅包括玩具的选择、摆放、移动，还包括作品的修改以及与咨询师的交流。记录这些信息对于理解来访者的内心世界和促进疗愈极其宝贵。

（1）为什么要记录

记录的目的在于加深咨询师对来访者沙盘游戏过程的理解，提升咨询的质量和效果。这有助于咨询师集中注意力，引导咨询方向，积累研究资料，并增加咨询过程的可信度。此外，记录确保了沙盘游戏的每个细节都能被准确回顾和分析，从而更好地理解来访者的心理状态和需求。

（2）记录什么

记录的内容应涵盖来访者在沙盘游戏中的所有活动，包括但不限于：

①来访者对沙具的挑选、摆放顺序和位置。

②沙具的朝向和相互间的空间关系。

③沙子的处理方式，如加水、拨开或堆积。

④来访者对沙盘作品的任何修改。

⑤来访者在创作过程中的情绪和非言语表达，如微笑、皱眉或叹息。

⑥来访者的肢体动作、语言表达以及咨询师的感受和想法。

（3）记录的内容

咨询师可以通过沙盘游戏记录表对来访者的创作过程进行记录。记录表没有固定的格式，只要便于快速记录和后续分析即可。咨询师可以根据自己的习惯和风格制作属于自己的沙盘游戏记录表，也可以采用速记法或开发自己的速记系统，以确保记录的效率和准确性。要知道，全面记录沙盘游戏制作过程是咨询师"容纳"技术的关键部分，有助于咨询师更好地理解来访者的内心世界，提升沙盘游戏咨询的有效性。本书中使用的个体沙盘记录表可参见附录三。

3. 与儿童的互动

在与儿童来访者工作时，咨询师会发现有的儿童在创作沙盘过程中会主动与咨询师说话，或者邀请咨询师互动，如进行假装游戏。此时，咨询师的语言和参与程度需根据具体情况灵活调整。是否积极参与儿童的游戏或提供言语反馈，应基于儿童的行为和反应做出判断。

对于幼儿，沙盘可能被用作做饭、搅拌和倾倒的场所，这些"烹饪行为"是儿童发展早期关爱、分享和任务完成能力的重要表现。咨询师在被邀请时，可以参与这些游戏，以促进与儿童之间的深层联系。然而，随着儿童的发展，他们可能不再邀请咨询师参与，而是通过言语或行动表明他们正在探索新的方向。

对于已经开始以更具有象征性的方式使用沙盘的儿童，咨询师应着重于提供一个自由游戏的空间，通常不需要与儿童一起在沙盘中进行互动游戏。儿童可能因习惯于关注成人需求或高度社会化而邀请咨询师参与，但我们必须意识到，即使再微小的参与也可能影响儿童游戏的方向。

咨询师应始终记住，为儿童提供一个"自由与受保护"的空间是至关重要的，这让他们能够以自己的方式开始自我疗愈和转化。在与儿童的互动中，咨询师有时可以对儿童游戏中的某个内容进行言语反馈，但这应根据是否促进或阻碍了整个创作过程来决定。

因此，与儿童互动的总原则应以促进儿童的自我表达和探索为目标，同时维护一个安全和支持的环境，让儿童能够自由地通过沙盘游戏来表达和发展。

三、沙盘制作完成后要做什么

1. 完成沙盘制作

当来访者完成沙盘游戏时，咨询师首先应该提供一个安静的空间，让来访者体验自己的内心世界，随后与来访者针对沙盘进行理解和对话。

（1）体验阶段

在来访者完成沙盘游戏之后，咨询师应引导其进入体验作品的阶段。这一阶段要求咨询师给予来访者足够的时间和空间，安静地体验自己的内心世界。来访者可能在创作时并没有明确的意图，只是随意摆放，但体验的过程为他们提供了全面审视自己作品的机会。咨询师可以这样引导："这是你自己的世界，请你用一些时间在自己的世界里神游一番，尽可能详细地体会这个世界的一切，不仅仅用眼睛，还要用心去理解自己的这个世界。"

在体验阶段，咨询师应保持一种有意义的沉默，将注意力集中于来访者的内心世界，从而促进更深刻的理解。咨询师应以尊重和欣赏的态度对待来访者的作品，无论其外观如何，都应认识到这是来访者精神世界的体现。

有时来访者可能会在体验过程中表达自己的想法，如果咨询师感觉其体验不够深入，可以建议其保持沉默，深思后再分享。例如，如果来访者说"这个小人放在这里真有意思"，咨询师可以用反应性言语如"嗯"或"是吗"来回应。在短暂的沉默后，来访者可能表现出明显的情绪，如深吸一口气后长长地呼出，此时，咨询师便可以就这个点进行更深入的工作了。

在体验作品的阶段，咨询师应关注来访者的视线轨迹和非言语线索，如注视时长、叹息或微笑等，这些都是理解来访者心理状态的重要信息。体验作品的时间一般建议为3—5分钟，如果来访者很快结束体验，咨询师可以鼓励其更深入地体验。

(2) 理解和对话阶段

对话是理解来访者作品的关键环节。通过来访者对作品的具体解释，咨询师可以获得更准确的理解，并传达自己的共情反馈。

咨询师应鼓励来访者详细解释作品的内容、场景和活动。例如，咨询师可以询问："这边是什么？"或"那边是什么？"来访者可能会像讲故事一样详细地介绍，也可能会简单地描述。咨询师应以共情性的倾听态度回应，并及时做出反应性回馈，以表明关注和理解。

在来访者解释作品后，咨询师应询问作品的主题。来访者对作品主题确定得越细致，其心理内容的表现就越清晰。例如，咨询师可以提示："就像平时写作文一样，给你的作品起一个题目吧。"如果来访者说"我的家"，咨询师可以进一步询问："是什么样的家？"来访者的回答可以反映他们对当前心理状态的满意度，如他们可能会回答"温馨的"或"幸福的"。

咨询师还应询问来访者对自己作品最满意的部分、意义最大的沙具，以及它们在作品中的位置。例如，咨询师可以问："你在哪里？"来访者的回答可能揭示他们对自我的态度和当下的心理状态。在对话过程中，咨询师应注意语气和非言语线索，避免过多地提问使来访者感到厌烦。对话应体现咨访双方的良性互动和促进关系。

总之，沙盘游戏疗法中的体验、理解和对话阶段是来访者与自己内心世界对话的过程，咨询师需要提供一个安全、受保护的空间，引导来访者深入体验和理解自己的作品，并在对话中促进来访者的自我发现和心理成长。

2. 作品拍照

除了文字记录，对来访者完成的作品进行拍照记录也是咨询过程中的重要环节。这不仅能为咨询师提供工作中的重要资料，也可以为来访者留下沙盘游戏心路历程中的宝贵纪念。要记录来访者创作和观察时的视角，然后从咨询师视角和其他角度分别拍照记录，最后可以从沙盘正上方拍摄一张全景图。咨询师也可以让来访者自己选择理想角度拍照，这种做法可以让来访者的作品给他自己留下深刻印象。对于难以在照片中呈现的重要细节，咨询师应拍摄特写近景进行补充。若有些模型被隐藏或掩埋，咨询师应在拆除沙盘过程中挖掘并记录它们的位置，确保每个细节都被记录下来。

3. 拆除与复位

在沙盘游戏咨询结束后，对沙盘的拆除与复位是一个需要谨慎处理的环节，它不仅是对来访者作品的物理清理，更是对来访者心理空间的一种尊重和维护。根据荣格理论取向的沙盘游戏咨询原则，咨询师绝不应在来访者面前拆除沙盘，而应该维护其象征性内容的完整性。沙盘作为来访者内在世界的象征性外化，其三维立体的展现形式被共同见证，推动着来访者心灵的深层次变化。咨询师让来访者的作品在咨询室中保持原状，不仅是对来访者的一种尊重，更是对其作为独立个体的独特性和内在价值的肯定。

拆除沙盘及沙具是一个仪式化的过程，标志着一次沙盘游戏咨询的结束。这个过程有助于将咨询的能量空间恢复到中立状态，为下一位来访者做好准备。对于成年来访者而言，保留沙盘作品通常不成问题，但对儿童来说则可能需要特别的解释和处理。在这种情况下，咨询师可以向儿童解释说，在沙盘游戏中，他们不需要自己清理"战场"，这样的解释往往能让孩子们感到高兴。通过照片保留他们的作品，尤其是那些对儿童而言非常重要的个性化内容，对他们的心理发展具有重要的积极意义。

4. 与父母沟通

定期与父母进行访谈有助于了解孩子在家中的情况以及他们行为的变化，同时也让父母积极参与到孩子的咨询过程中。通过询问父母家中的近况，咨询师能够评估孩子的进步和变化，并探讨亲子关系和教养方式。

父母的参与被视为疗愈过程中的一个积极因素。儿童的成长和咨询需要父母的持续支持。父母对孩子沙盘作品的反应可以揭示家庭中的亲子关系状态，有适当边界感的父母可能会表现出兴趣和赞赏，而那些缺乏界限感的父母可能会试图解释沙盘中的内容或对孩子的创作进行否定。

总体而言，与来访儿童的父母沟通，不仅有助于父母了解孩子在咨询中的进展，还为咨询师提供了一个机会，以促进亲子关系的理解和改善教养策略。通过这种沟通，可以增加父母对孩子内心世界的认识和对孩子成长的支持。

5. 案例记录与整理

在完成沙盘制作、记录、拍照、拆除以后，咨询师需要对来访者的案例进行记录、存储和归档。而在这一切结束后，咨询师的内心仍继续承载着来访者的沙盘游戏历程。为了激活这些象征性转化，咨询师必须持续地解读沙盘游戏过程中的各种信息。这不仅包括对理论和心灵过程的深入学习，还涉及对自我内心世界的不懈探索，以及对生命中自性意义的不断追寻。因此，案例的记录与整理不仅有助于咨询师对来访者的心理状态进行深入分析和评价，还会为咨询师自身的专业成长和学习提供宝贵的资源。

四、如何结束沙盘游戏咨询

1. 沙盘游戏的过程

沙盘游戏过程是包含多重心理历程的复杂体验。根据温瑞卜（Weinrib）的见解，这一过程主要分为两个部分：疗愈（healing）和意识扩充（expansion of consciousness）。疗愈是指修复个体因创伤而受损的自然功能，而意识扩充则关乎个体自我觉察能力的提升，使个体能够更自由地做出选择和采取行动。

茹思·安曼（Ruth Ammann）进一步细化了这两个历程，将其描述为疗愈历程和个人世界观的转化（transformation）。疗愈历程有助于个体建立健康的信任感，通过深入探索童年经验，促进心灵健康发展和人格结构重建。转化历程则更多地关注那些拥有健康自我但世界观受限的个体，通过沙盘游戏咨询，他们能够实现对阴影（shadow）的整合，并提升自我价值感。

与安曼的观点相对照，乔尔·里斯-梅纽因（Joel Ryce-Menuhin）认为沙盘游戏咨询本质上是疗愈性的，强调在咨询过程中自我与内在心理内涵的接触所带来的疗愈效果。他将疗愈视为一种由自我（ego）带入的转化过程。

凯·布拉德韦（Kay Bradway）认同温瑞卜和安曼的观点，认为沙盘游戏咨询包含疗愈和成长两个历程。她强调，在适当的咨询气氛下，无论是通过口语分析还是沙盘游戏，都能同时激发疗愈和成长的活力。她认为，这种气氛包括自由、空间、保护和同理。

沙盘游戏咨询的这两个历程相互重叠，疗愈为成长创造了条件，而成长又深化了疗愈的效果。正如荣格所说，生命就像一棵植物，其真正的生命往往隐藏在根茎中不易被察觉。就像大自然中的树苗，个体在沙盘游戏咨询过程中也需要适当的保护和滋养，以实现内在的疗愈和成长。

在结束沙盘游戏咨询时，咨询师应综合考虑来访者在整个过程中的表现，包括言语和非言语行为以及作品的象征性意义，以评估来访者的疗愈和成长进程。这一过程不仅能促进来访者的心理康复，也会支持他们的心理发展和自我实现。

2. 一次咨询的结束

通常一次标准的沙盘游戏咨询持续 50 分钟，多数来访者能在 15—30 分钟内完成沙盘创作，使用湿沙的来访者可能需要更多时间。沙盘游戏的结束可以分为"自然结束"和"非自然结束"。

（1）自然结束

在自然结束的情况下，来访者通常会通过言语或非言语的方式表明他们完成了沙盘创作。例如，他们可能会说"嗯，好了"或"好吧，就这样吧"。此时，咨询师要与来访者一同细致地"阅读"沙盘，体验和感受其中的含义，而不是急于询问、解释或评价。

尽管沙盘游戏咨询是非言语的，但言语交流在自然结束时仍然发挥着重要作用。来访者可能会分享他们的感受，讲述沙盘中的故事，或询问咨询师对某些象征或意义的看法。有时来访者会想让咨询师分析或者评价自己的沙盘，面对来访者的问题，咨询师可以以引导的方式，鼓励来访者进行自我探索，而不是直接给出自己的解释。

（2）非自然结束

非自然结束通常由时间限制或来访者在沙盘游戏中的过激反应引起。如果来访者在咨询结束前 5 分钟仍未完成，咨询师需要提醒他们时间即将结束。如果来访者过度激动或触发未准备好处理的创伤，咨询师也可能需要提前结束沙盘游戏。

非自然结束可能会让来访者受挫，因此咨询师需要更加细致和敏感地处理这种情况。例如，如果延迟是由来访者对咨询师的移情引起的，咨询师可以在适当时机针对这种移情进行分析。对于出现过激反应的来访者，咨询师可能需要加强咨询关系，增强来访者的现实感和意识承受力。

3. 沙盘游戏历程的终结

确定沙盘游戏历程终结是一个细致且具有挑战性的过程，涉及对来访者在沙盘游戏中的发展和变化的深入理解。虽然每个来访者的疗愈历程都是独一无二的，但有几个关键指标可以帮助咨询师和来访者共同判断咨询历程的终点。

（1）作品的变化

评估作品的变化可以判断沙盘游戏历程进展到了哪一阶段。作品从初期的消极、割裂、单调转变为后来的积极、统合、丰富和流畅,就表明沙盘游戏疗法已起到预期效果。

(2) 自我像的出现

在沙盘游戏中,自我像的出现以及更加全面、辩证地评价自我也是评估咨询进展的重要指标。随着来访者对自己的认识和接纳,他们的作品可能从缺少自我像转变成清晰地表现出积极的自我形象。

(3) 从封闭到开放

来访者作品的开放性也是评估咨询进展的关键指标。如果作品从初期的封闭、孤立、静止状态转变为后期的开放、共处和动态状态,这可能表明来访者的心理状态有了显著改善。

(4) 制作大地、山

当沙盘游戏历程接近尾声时,来访者可能会在沙盘中制作山,并在上面放置象征自己的人物或动物,这可能表示他们的自我已得到确立。

终结沙盘游戏历程的决定应基于来访者心理问题的解决程度、症状的缓解程度以及与他人(包括咨询师)关系的良性变化程度。沙盘游戏的终结不应过于突然,以避免让来访者感到不安。终结沙盘游戏咨询的方法包括预告法、周期延长法和一时中断法,具体做法应根据来访者的具体情况而定。

总之,沙盘游戏历程的终结是一个个性化的过程,需要咨询师细致地评估来访者在沙盘游戏中的表现和心理变化。通过观察作品的变化、自我像的发展以及来访者的整体心理状态,咨询师可以与来访者共同决定何时结束沙盘游戏咨询。

第三节　沙盘游戏疗法中咨询师的角色

我们已在本章前两节详细阐述了沙盘游戏的预备工作和实施步骤。虽然这些实践操作很关键,但咨询师在沙盘游戏咨询过程中的无形的工作才是核心要素。可以说咨询师本身就是沙盘游戏室中最关键的"工具"。那么沙盘游戏咨询师到底要扮演什么样的角色才能发挥沙盘游戏疗法中治愈和转化的力量呢?本书将沙盘游戏咨询师的角色概括为稳定的心理容器、象征性过程的催化剂和具有胜任力的心理工作者。

一、稳定的心理容器

在沙盘游戏咨询中，咨询师的核心角色是一个稳定的心理容器（psychological container），为来访者提供一个安全、受保护的空间，以促进其心灵的探索和疗愈。这一角色要求咨询师具备特殊的能力和素质，从而确保整个沙盘游戏过程的效果。

作为稳定的心理容器，咨询师首先要以观察者的身份参与沙盘游戏，把握沙盘和咨询室内发生的一切，为来访者创造一个安全的环境。在此环境中，来访者能够自由地表达内在声音，咨询师则通过无评价的观察和倾听，帮助来访者理解和整合他们的沙盘作品。

作为稳定的心理容器，咨询师还要以共同探索者的身份陪伴来访者游历其内心世界，耐心地跟随来访者的步伐，提出疑问的同时保持对来访者叙述的尊重和信任。这种身份对于增强来访者的安全感至关重要。咨询师应避免催促来访者，而是在适当的时机进行延后回顾，使来访者深刻领悟沙盘历程。

咨询师应维护与来访者之间的保密性，避免与来访者有关的人会谈，除非出于对来访者福祉的考量，如与儿童来访者的家长会谈。这也是咨询师作为稳定的心理容器的一部分。沙盘游戏的疗愈力量来自咨询师为来访者提供自由、保护、同理、信任的环境。

二、象征性过程的催化剂

卡尔夫强调，除了心理学的基础和训练，咨询师必须深刻理解象征性，并能营造一个自由且受保护的空间，这对沙盘游戏至关重要。因此在沙盘游戏咨询中，咨询师还是象征性过程的催化剂，促进来访者内心世界的探索和疗愈。

咨询师需要能够从象征层面理解来访者的沙盘创作，包括沙具的摆放、操作过程和故事讲述。这种理解有助于在个体乃至集体无意识层面上与来访者建立更深的联系。因此，咨询师应具备丰富的关于象征的知识，涵盖宗教（神话）、文学（童话）和艺术等领域。这种理解不仅限于理论，更需要通过个人体验（如荣格取向的心理分析或个人的沙盘游戏体验）来实现。只有这样咨询师才能更有效地陪伴来访者共同探索象征性语言。

当咨询师和来访者共同参与象征性过程时，咨询师需要在意识层面上理解来访者的象征性活动，并承受由来访者作品引发的自身无意识信息，而共情是这一过程的核心。咨询师需要时刻注意与来访者的共情表现，并理解自己在这一过程中的影响。

三、具有胜任力的心理工作者

在沙盘游戏咨询中，咨询师的胜任力至关重要，而它是通过持续的专业成长和案例督导来培养的。沙盘游戏过程的复杂性和深度要求咨询师参与持续的督导，以确保为来访者提供高质量的服务。督导师与咨询师一起构成了一个更大的"容器"，共同容纳和理解来访者的沙盘作品。孤立无援地进行沙盘游戏咨询却不寻求督导支持，可能会对来访者和咨询师自身都构成风险。

具有胜任力的沙盘游戏咨询师是致力于持续学习和专业成长、积极参与案例督导的专业人士。通过这种持续的专业发展，咨询师能够提升自己的技能，为来访者提供更深层次的心理支持和疗愈。

第四节 儿童沙盘游戏的特点

了解儿童沙盘游戏的特点有助于我们应对孤独症儿童沙盘游戏中可能出现的各种状况。但沙盘游戏疗法也不是万能的，尤其对于特殊儿童来访者，我们在使用这一技术时需要慎之又慎。本节最后一部分将讨论沙盘游戏在儿童工作中的特殊事项，并探讨作为心理工作者，我们应该以一种什么样的专业态度去面对孤独症儿童来访者。

一、儿童沙盘游戏特点概述

与成人相比，儿童的沙盘游戏形式更加多样化，这通常受到孩子们的想象力、创造力以及咨询师引导的影响。儿童沙盘游戏过程与成人的基本一致，但儿童的创作过程往往是动态的场景，他们极有可能邀请咨询师参与其中。相较于成人来访者，儿童来访者更倾向于自发地使用多个沙盘，并主动在游戏中制定个性化的规则。

低年龄的儿童来访者，他们的自我力量可能较弱，防御机制尚未成熟。因此，在与他们进行沙盘游戏咨询时，要比与成人工作时更少使用面质，以减少他们焦虑和抵触的情绪。对此，咨询师可以采用第三人称的方式与他们探讨可能引起不安的话题。例如，咨询师可能会说："许多孩子对于讨论他们所经历的事件感到不舒服。"而不是直接指出："你似乎不想谈及发生在你身上的那些事。"在沙盘游戏中，儿童很少将沙具与自己或他人联系起来，这一点与成人不同，但青少年可能更愿意探索自己创造的"沙世界"及其含义。不过重要的是让儿童自然地发现这种联系，无意识心智将自行完成这一过程。另一方面，除非儿童主动提起，否则不应强迫儿童对沙盘进行语言解释。

儿童在沙盘游戏中可能使用大量沙具、多个沙盘和过多的水，也可能在多次会谈中重复相同的行为，再加上他们的领悟能力和语言表达能力有限，可能会让咨询师感到挑战，并对咨询效果产生自我怀疑。对此，为儿童设立和执行规则变得尤为重要，尤其是对于发展不成熟、冲动或特别顽皮的儿童。游戏疗法要求咨询师在儿童的水平上进行互动，这需要咨询师对儿童的心理发展有深刻理解，并能够灵活运用沙盘游戏疗法来满足儿童的特殊需求。

二、儿童在沙盘游戏中可能出现的行为

儿童在沙盘游戏中的行为表现具有其独特性，这些行为既包括参与的频率，也涵盖了特有的行为模式以及对沙盘游戏可能出现的抵触。

1. 频率与制作沙盘数量

来访者参与沙盘游戏的频率因人而异，并没有统一的规定。有些青少年来访者可能更倾向于用言语的方式工作，那么他们可能不会每次都进行沙盘游戏，两次沙盘游戏之间可能间隔较长时间。但我们需要知道，无论时间相隔多久，沙盘与沙盘之间通常存在着深刻的转化关系。

大多数儿童都会自发地在每次咨询中进行沙盘游戏，但有时儿童会在一次咨询中制作两个沙盘。有些儿童直接就做了，而有些儿童会问咨询师他们能否做两个沙盘。对此，咨询师应表现出包容性和灵活性，鼓励儿童将内容整合到一个沙盘中，而不是限制他们只能做一个沙盘，如表达"我们尽量把它们放在一个沙盘里"，而不是"我们尽量只做一个沙盘"。

2. 特有行为模式

在沙盘游戏中，儿童可能表现出一系列特有的行为模式，这些行为反映了他们独特的心理状态和需求。

(1) 沙具使用和场景构建

儿童倾向于以更为自由和直观的方式使用沙盘和沙具。他们可能会将大量沙具倒入沙盘中，构建出复杂或混乱的场景，尤其是那些心理或生理发展较不成熟的儿童。这种行为可能源于他们的冲动控制能力较弱，或是因为他们需要释放强烈的情绪。咨询师应允许此类行为在一定次数的会谈中持续，以便观察其背后的目的和变化。

(2) 重复和变化

儿童常会重复特定的沙盘模式，直到这种模式不再满足他们的需求。随着需求的变化，他们的行为也会发生改变。在必要时，咨询师可以为儿童设定外在限制，如限制沙具数量，以引导他们探索新的行为模式。

(3) 移情性的行为

儿童和青少年可能会在沙盘中展现移情问题，尤其是在他们认为咨询师是来控制或拯救他们时。这种行为可能表现为在沙盘中创造权力和控制的场景。

①注水行为

有些儿童可能会将沙盘注满水，咨询师需要决定是否能够容忍这种行为。如果必要，可以提供空沙盘或其他容器，让儿童自由地进行与水相关的活动。

②控制和破坏

儿童可能会通过反复填满和倒空容器来感受控制和权力。他们也可能在沙盘中进行建造和破坏活动，这反映了他们对权力的需求和愤怒的释放。

③掩埋和隐藏沙具

儿童可能会在沙盘中掩埋或隐藏沙具，这可能表示他们在探索客观恒常性或隐藏某些不愿面对的问题。

(4) 特有沙具选择

儿童倾向于选择与成人不同的沙具，如童话形象、史前动物、牛仔和印第安人等，并在沙盘中建造逼真的场景。儿童也可能会在沙盘中放置代表权力或权威的沙具，这反映了他们在生活中对权力和控制的内在及外在斗争。

(5) 避免使用沙盘

在某些情况下，儿童的行为可能表明他们尚未准备好进行沙盘游戏，如到处投撒沙子或试图爬进沙盘。在这种情况下，咨询师可以尝试选择其他的咨询形式。

3. 对沙盘游戏的抵触

儿童对沙盘游戏的抵触通常指向了其发展过程中的中断性问题，这些问题妨碍了儿童自由参与游戏的能力。在大多数情况下，通过了解儿童的背景和过往史，可以预测他们是否具备参与沙盘游戏的行为能力。一般而言，3岁是儿童开始能够有意义地参与沙盘游戏的最小年龄。然而，这一能力的发展在不同儿童之间存在差异。

儿童可能因为早期创伤或当前经历的严重创伤而丧失游戏的能力，导致他们无法自然而然地参与沙盘游戏。在这种情况下，儿童需要的是针对早期依恋和感官体验的心理咨询，而非直接参与沙盘游戏。有时，儿童可能已经具备游戏能力，但因为某些未知的恐惧而突然产生抵触心理和行为，此时咨询师需要耐心地建立信任关系，并通过共情和理解来探索儿童恐惧的根源。如儿童因为严重的焦虑失调或家庭环境中的恐怖内容而无法参与游戏时，咨询师通过与儿童建立信任逐步引导他们接触沙子和沙具，最终儿童在鼓励下重新开始沙盘游戏。

在引导害怕的儿童参与沙盘游戏时，咨询师可以温柔地与儿童分享沙具的信息，并在多次咨询过程中逐渐将沙具放置在沙盘上，以此提醒儿童游戏是安全的。咨询师的耐心和包容能够修复儿童受损的游戏能力，使他们重新投入沙盘游戏的创作中。通常来说，儿童对沙盘游戏的抵触是一个重要的信号，它提示咨询师需要更多地了解儿童的发展状况和内心世界。通过细致的观察、耐心的引导和充满爱意的包容，咨询师可以帮助儿童克服抵触，逐步参与沙盘游戏这一创造性的表达过程。

三、儿童在沙盘游戏中的不同模式

在沙盘游戏过程中，儿童来访者与成人来访者有较大差异，尤其在年龄、性别和玩沙方式上都存在不同的模式，因此面对儿童，咨询师仅仅记录最终的沙盘是远远不够的，还要结合不同的模式对过程进行记录。

1. 年龄模式

不同年龄阶段的儿童会在沙盘作品中展现出可预测的发展性差异。对于年纪较小的儿童，特别是4岁的孩子，互动游戏在沙盘创作中扮演着重要角色。他们的语言技能和想象力正在发展，因此他们经常转换沙具的角色，并在沙盘中进行各种动作。大约发展到6—7岁时，儿童便能够创作出更具代表性的沙盘游戏场景，这与他们认知能力的成熟有关。在这个年龄段，儿童开始能够在沙盘上摆放沙具，形成具体的场景和行为关系。由于儿童在沙盘游戏中的行为是动态和互动的，因此为了更充分地理解儿童的沙盘游戏，咨询师不仅要对最终作品进行拍照记录，还要对他们的玩沙过程进行记录。

苏格兰心理学家劳拉·茹思·鲍耶（Laura Ruth Bowyer）是探索儿童沙盘游戏发展性差异的先驱。她系统地研究了沙盘游戏的历史与应用，发现随着儿童正常发展，他们的沙盘内容和制作过程会呈现相应的变化。鲍耶总结了儿童在不同年龄阶段的沙盘作品特征，并提出了一个发展范式。具体内容如下：

2—4 岁儿童

- 只使用沙盘的部分空间
- 把沙具戳进沙子里或者散乱地扔在沙子上
- 混乱无序的场景
- 使用动物沙具而不是人物沙具
- 不同儿童所创造的作品具有较大的相似性
- 沙盘周围会散落沙具
- 倾倒沙子或掩埋
- 重击沙子

5—7 岁儿童

- 有秩序的岛屿
- 逐渐增加对沙盘空间的使用
- 主要使用动物沙具
- 表演与自发的游戏
- 食物与抚育的主题
- 开始出现有围栏和边界的场景
- 向人与沙具上倒沙子
- 开始出现战斗场景（7 岁）

8—10 岁儿童

- 继续出现战斗场景
- 围栏与边界场景的出现在 10 岁时达到顶峰
- 越来越多的现实场景
- 主题的发展
- 对沙子的使用更具有建设性

11 岁及以上儿童

- 所有内容形成了一个场景
- 内容具有组织性，各部分之间相互依存

- 人们日常生活的场景
- 对小镇或村庄的概念性和象征性呈现
- 丛林动物再次出现，更具有现实意义（11岁）

鲍耶的研究至今仍具有重要的文献价值，并得到了如彭宁顿（Pennington, 1996）等人当代研究的支持。虽然鲍耶的工作主要集中在将沙盘游戏作为临床诊断工具，但她的发展范式为沙盘游戏咨询师提供了宝贵的指导。

2. 性别模式

在探讨儿童沙盘游戏的发展性差异时，性别模式是一个重要方面。它涉及儿童如何与自我和外部世界建立关系，以及性别在这一过程中的作用。

卡尔夫（1988）将儿童自我发展的第二阶段称为战斗阶段，它通常出现在7—9岁儿童中。她观察到，在这一阶段，男孩和女孩的沙盘作品表现出明显的差异。男孩的沙盘通常以战斗和攻击为主题，而女孩则更多地展现滋养和抚育的场景。卡尔夫的观点得到了当代学者伯克（V. J. Burke, 1996）和科恩（D. P. Cohn, 2000）的研究支持。伯克发现，在7—11岁儿童的沙盘中，男孩倾向于展现攻击性互动，女孩则更多地表现成双成对或家庭关系的主题。科恩则发现，在战斗阶段的儿童中，男孩在沙盘制作中表现出攻击和冲突的主题，而女孩则展现好奇、探索和想象的内容。

埃里克·诺伊曼（Erich Neumann, 1973）的理论指出，在原始关系阶段，女孩与母亲形成认同，而男孩由于性别差异，与母亲的关系本质上具有对抗性。这种差异可能解释了卡尔夫观察到的沙盘中的性别差异。而从建立关系的角度来看，沙盘中的性别差异可能反映了男性与女性在建立关系方面的内在心理构成。男性和女性的沙盘作品中象征性内容的差异，体现了与内外世界建立关系的本质性不同。女性倾向于以合作和抚育的方式与世界互动，男性则可能更注重竞争和权力。

3. 玩沙模式

儿童常见的三种玩沙模式分别为自发性静态沙盘、自发性动态沙盘和互动性沙盘。

（1）自发性静态沙盘

在沙盘游戏咨询中，儿童有时会创造自发性静态沙盘，这些沙盘代表了一个没有动态活动的静止场景或沙世界。儿童的这种创造过程与成人的类似，但有其独特的参与方式。

通常，儿童进入咨询室时会立刻被沙盘和沙具吸引，并可能立即开始在沙中游戏。咨询师应鼓励儿童自由地探索和创造，因为游戏是儿童自然发展的一部分。在儿童沙盘游戏中，信任的建立不是通过直接的面质，而是通过支持和尊重他们的创造性表达来实现的。随着儿童感受到被尊重和理解，信任感会逐渐增强。向青少年介绍沙盘游戏时，咨询师可以表达："许多成年人也发现沙盘游戏对于解决生活中的问题很有帮助。"这有助于打破青少年可能认为沙盘游戏只适合儿童的刻板印象。

在儿童开始沙盘游戏之前，咨询师应向他们明确游戏没有对错之分，并介绍咨询室的游戏规则。首要规则是确保儿童不会伤害自己或他人，同时允许他们自由地使用沙子和沙具。对于年龄较大的儿童和青少年，沙盘游戏咨询通常是50分钟；对于年幼的儿童，如果他们难以长时间集中注意力，会谈可以缩短至30或40分钟。

当儿童完成沙盘后，咨询师可以引导他们体验和探索自己的沙世界，可以邀请儿童："这个图画就如同一个世界。它是个特别的地方。暂且假设你就生活在这里。如果乐意的话，你可以站起来围沙盘转转，从不同的侧面来观察这个'世界'。"如果儿童愿意谈论他们的沙盘，咨询师应鼓励他们成为向导，分享沙盘中的故事和事件。咨询师可以询问："你可以告诉我关于这个'世界'的一切事情和哪儿正发生着什么吗？"对于年龄较大的儿童和青少年，咨询师可以探讨他们的沙盘游戏体验与现实生活的联系，可以问："建造这个'世界'感觉怎样？"或"沙盘有时在哪个方面像你的生活吗？"

通过以上步骤，咨询师可以有效地引导儿童借由自发性静态沙盘表达自己，并在沙盘游戏中找到成长和疗愈的机会。

（2）自发性动态沙盘

自发性动态沙盘是儿童在沙盘游戏咨询中经常自发创造的一种沙世界，它呈现为一个充满活力和变化的舞台，儿童在其中演出自创的剧目。这种动态沙盘与年龄较大的儿童和青少年所建造的自发性静态沙盘不同，它更多地涉及年幼儿童和那些需要释放能量的儿童。格思拉·德·多美尼科提出男孩比女孩更经常建造动态沙世界，并且认为儿童的动态沙盘其实是由一个接一个彼此关联的静态沙盘构成的，建构这个世界的儿童最感兴趣的是沙世界间的转变过程，而不是最终的结果。

在动态沙盘中，儿童不仅创造场景，还通过不断的创造和破坏过程，展现他们的故事和情感。这些故事通常充满了能量，并且随着时间的推移而演变。儿童可能会邀请咨询师参与游戏，共同探索沙世界间的关系和转变。基于动态沙盘的流动性，咨询师应避免打断儿童的游戏来提问，而是通过评论或重复儿童的言行来帮助他们关注和理解自己的游戏过程。

咨询师可以通过提问引导儿童进行反思，帮助他们理解沙盘中的事件和情感。例如，咨询师可以询问儿童沙盘中的人物在特定情境下的感受，或者让儿童在沙盘外重新展现某个场景。要知道咨询师的支持性参与对于儿童在游戏中取得进展至关重要。提供一个安全和接纳的环境，咨询师可以帮助儿童通过动态沙盘来解决内在的问题。在儿童离开后，咨询师要记录下沙盘游戏过程中的重要事件和模式，这对理解儿童的内心世界和促进他们的疗愈过程也十分重要。

(3) 互动性沙盘

在沙盘游戏咨询中，儿童常常邀请咨询师参与他们的沙盘游戏，这种互动性沙盘是儿童咨询过程中的常见模式，特别是8岁以下的儿童。3—5岁的儿童经常会进行互动游戏（interactive play），这是一种自发的游戏状态，儿童会用沙具呈现出主题与场景。在这一阶段，儿童经常希望咨询师参与他们的游戏，有时青少年也会提出这样的要求。

对于互动性沙盘的原因，可以通过发展心理学家海因茨·维尔纳（Heinz Werner）在20世纪40年代初提出的童年"相面期"（physiognomic period）来理解。这一概念描述了3—6岁儿童如何通过运动和情感体验世界。维尔纳认为，在这一时期，儿童的心理体验是人与物、主体与客体的高度融合，他们将所有事物感知为有生命的。如维尔纳发现，儿童的绘画不仅仅是视觉表达，也是对所画客体相面感知的浓缩。随着儿童的发展，他们的游戏逐渐从相面认知转变为拟人化游戏。维尔纳的研究表明，儿童对客体的相面体验与他们的心理需求相结合，促进了儿童拟人化能力的发展。在沙盘游戏中，儿童通过与沙具的互动表达情感和内心体验，而随着年龄增长，他们赋予沙具生命和互动游戏的行为就会逐渐减少。

在沙盘游戏中，儿童是沙世界的主导者，一般来说咨询师的参与要遵循儿童的引导。咨询师的参与不仅能够满足儿童的需求，还能增强与儿童之间的治疗关系。但需要注意的是，咨询师在沙盘游戏中的角色应与儿童的发展阶段相协调，避免将自己的价值观强加于游戏之中，并应该提供机会让儿童探索自己的需要，逐渐引导他们走向疗愈。

四、沙盘游戏中的特别事项

尽管沙盘游戏疗法对儿童来说是一种非常有效的疗愈技术,但对于特殊的儿童对象,尤其是孤独症来访者,我们也需要谨慎考量。

1. 特殊儿童来访的注意事项

我们必须认识到并非所有儿童都适合沙盘游戏。以下是一些需要关注的儿童类型及沙盘游戏咨询师的处理建议。

(1) 缺乏咨询动机的儿童

与成人一样,沙盘游戏咨询的效果在很大程度上取决于儿童的咨询动机、自我反省能力和参与意愿。如果儿童缺乏这些条件,咨询效果可能会大打折扣。对于这一类儿童,我们可以进行父母工作,等到儿童有主动玩沙的意愿时再与他们开始沙盘游戏。

(2) 过度刺激反应的儿童

某些儿童可能会因为沙盘中的沙具过多而感到过度刺激,这在注意力不集中或多动的儿童中尤为常见。对于这些儿童,咨询师应考虑减少沙盘内的沙具数量。

(3) 发育阶段不适合的儿童

年龄过小(两岁半以下)或身心不成熟的儿童可能不适合进行沙盘游戏咨询。他们的心智和运动技能尚未发展到能够适当地操作沙盘和沙具的阶段。

(4) 行为问题儿童

一些儿童可能会在沙盘游戏中表现出推倒沙具、乱扔沙子、吃沙子或试图爬入沙盘等行为。这些行为表明儿童可能需要其他形式的干预,直到他们能够掌握沙盘游戏的技巧并遵守规则。

(5) 需要更大空间的儿童

如果儿童在创作沙世界时需要更大的空间,或者喜欢扔沙子,咨询师可以考虑让他们在地板上或较大的纤维板上进行创作。

(6) 情绪状态不稳定的儿童

情绪高涨或精力过旺的儿童可能需要一个更大的空间和更多的活动来释放情绪。在这种情况下,咨询师可以创造性地提供其他形式的心理咨询,如使用拳击袋、飞镖板或黏土等。

(7) 自我力量不足的儿童

对于自我力量较弱的儿童,如患有精神分裂症、边缘化人格障碍或严重人格分离的儿童，沙盘游戏咨询对他们来说可能是破坏性的，根据我国精神卫生法及心理咨询的伦理要求，咨询师不可以开展这类儿童的咨询工作，他们需要在医院等可控的环境中进行心理治疗①。

对于具有边缘性人格特质的儿童，他们在沙盘游戏中可能会因为无意识的"淹没"而感到脆弱，一旦自我控制受到限制，就会立即感受到威胁。咨询师必须谨慎使用沙盘游戏，并考虑使用更意识化和实际的方法。

(8) 其他特殊情况

德·多美尼科认为，对于发展障碍儿童，直接进行沙盘游戏疗法是无效的。她认为，儿童在进行一段时间的替代性游戏后，才可能更有效地进行沙盘游戏。

综上所述，咨询师在决定是否让儿童参与沙盘游戏咨询时，必须根据每个儿童的具体情况做出判断。尽管大多数儿童能够从中受益，但咨询师仍需谨慎评估每个来访者的适应性。

2. 关于孤独症来访者

作为一种复杂的神经发育状况，孤独症谱系障碍既是一种疾病，也代表了一种神经多样性。尽管本书主要讲的就是沙盘游戏疗法在 ASD 儿童中的应用，并且沙盘游戏疗法作为一种心理干预手段，在孤独症干预中展现出了独特的价值，但在探讨如何将沙盘游戏疗法应用于 ASD 儿童干预时，我们仍须采取更全面、更谨慎的方法和态度。

首先我们必须明确一点，沙盘游戏疗法是一种有潜力的干预手段，但它并不是适用于所有 ASD 儿童的万能钥匙。沙盘游戏可以提供一个非语言的表达和沟通平台，帮助儿童探索和表达他们的内心世界。然而，这种干预需要谨慎进行，尤其对于低龄或中重度的 ASD 儿童。孤独症干预不应仅仅关注症状的消除，而且应是一个多层面的过程，包括消除症状、发挥优势和接受生命的解码。这一过程需要家庭、教育者和专业人士的共同努力，以支持 ASD 儿童的发展。对于低龄和中重度的 ASD 儿童，及早进行高频次的行为干预（如 ABA 干预法）才是最好的干预措施，当他们的基本能力水平接近典型发育儿童后，再进行沙盘游戏的干预，以疗愈心灵、促进成长。当然，此时的沙盘游戏疗法也不能孤立使用，而是要与言语疗法等其他方法相结合，形成互补的干预体系。

作为心理工作者，我们不能将沙盘游戏神化，期望它解决所有问题；也不能

---

① 这一部分内容请参考《中华人民共和国精神卫生法》和《中国心理学会临床与咨询心理学工作伦理守则》（第二版）。

将沙盘游戏简化，仅用作评估工具或宣泄手段。实际上，沙盘游戏的价值在于其能够促进儿童的内在疗愈过程。因此，在面对ASD儿童来访者时，我们需要进行以下工作：①对ASD儿童进行全面评估，了解其感官特点、认知水平、语言能力、社交技能及家庭环境，以制定个性化的干预方案；②考虑到ASD儿童的感官敏感性，应选择柔和的灯光，避免刺激性强的颜色，控制室内噪音，创造一个安全、舒适的环境；③在咨询初期，给予儿童足够的自由探索空间，随着游戏的深入，逐步加入适度的引导和结构；④不要急于求成，尊重儿童的节奏及其在沙盘中的选择，让孩子感受到自主权；⑤密切观察儿童的反应，灵活调整游戏策略，必要时及时停止并找出原因；⑥与其他专业人士如语言治疗师、职业治疗师、特殊教育老师等合作，形成整合的干预方案；⑦咨询师需持续学习孤独症领域的新知识，接受专业督导，提升临床敏感性和应变能力；⑧注意自我照顾，调节情绪，必要时寻求同侪支持。

沙盘游戏疗法对于ASD儿童的疗愈性意义在于：①沙盘、沙子、水和沙具是沙盘游戏的基本元素，它们共同构成了一种象征性的语言，允许儿童以非言语的方式与咨询师沟通。这种沟通方式对于ASD儿童尤其有价值，因为它绕过了他们可能面临的社交和沟通障碍。②沙盘游戏可以帮助来访者认识那些"不可认识之物"，即那些超出日常认知范畴的无意识内容。它通过提供一个安全的空间，让ASD儿童能够自由地探索和表达自己，从而促进他们的心理发展。③咨询师在沙盘游戏咨询中扮演着守护者的角色，作为一个稳定的心理容器，让儿童能够以自己的节奏探索和成长。咨询师还会与家长建立信任关系，共同支持儿童的发展。④沙盘游戏为ASD儿童提供一个内在的空间，帮助他们找到适合自己的表达方式，并增进人们对他们的理解。

3. 与其他疗法的结合

在儿童心理咨询实践中，为了满足儿童多样化的咨询需求，沙盘游戏咨询往往要与其他咨询手段相结合。

儿童在咨询过程中可能对沙盘游戏产生兴趣减退，此时咨询师应考虑儿童的个性化需求。例如，当儿童表达出想要进行其他活动（如绘画）的愿望时，咨询师应顺应其需求，因为儿童的自我疗愈倾向同样适用于其他的游戏活动——沙盘游戏是儿童创造的核心，但并非唯一途径，儿童在适当的时机会自然回归沙盘游戏。比起成年人，儿童在咨询过程中的意识和潜意识分离较少，他们倾向于直接使用现实和神话中的象征性符号，因此，儿童在沙盘游戏中的表现与其他活动中的表现差异不大。咨询师可以仔细观察儿童的游戏和绘画，记录他们的偏好，并反思这些活动与沙盘内容之间的联系。

对于认知与思维发展较好的儿童，尤其是青少年，咨询师可以尝试用成人的方式，将沙盘游戏疗法与释梦、言语分析和积极想象等其他疗法相结合。当这两者相结合时，它们通常作为两个平行的过程进行——以语言为主的疗法更多地涉及意识层面的问题，而沙盘游戏疗法则处理来访者当时可能并未意识到的内容。这种差异要求咨询师能够同时容纳来访者心灵历程的这两个层面。

咨询师在整合沙盘游戏咨询与其他疗法时，应采取灵活的策略，根据儿童的具体需求和反应进行调整。重要的是要认识到，沙盘游戏疗法可以作为儿童和成人咨询过程中的一个组成部分，而非全部。

第三章　沙盘游戏疗法
干预孤独症共情的哲学基础

本章将深入探讨沙盘游戏疗法干预孤独症共情的哲学基础，首先从儒家文化的角度出发，探讨共情的哲学内涵；然后探讨具身哲学视角的共情观，并从具身角度出发，分析孤独症患者在社会互动和学习中所面临的挑战；最后探讨沙盘游戏疗法里的中国哲学思想。通过深入理解这些哲学基础，我们可以更全面地认识孤独症患者的共情障碍，并探索更有效的干预策略。

第一节　儒家文化里的共情观[①]

儒家文化作为中国传统文化的精髓，不仅塑造了中国人的道德观念和行为模式，也蕴含着丰富的心理学思想。其中共情作为一种理解他人内心世界的能力，在儒家文化中有着深刻的体现。

一、情绪共情：恻隐之心与一体之仁

恻隐之心是孟子提出的一个重要概念，指的是人在看到他人遭受不幸时自然产生的同情心，这种同情心是内在的、本能的，与共情的情绪共享机制相吻合。例如，《孟子·公孙丑上》中提到，当看到小孩即将掉入井中，人们会本能地感到惊恐和同情，这种反应并非出于对与小孩父母的关系或社会声誉的考量，而是对小孩不幸遭遇的自然反应。

一体之仁由王阳明提出，强调人与万物的内在联系和情感共鸣。他认为，人

[①] 李玮，王振东，蔡宝鸿，杨晓峰，申荷永. (2017). 儒家文化中的共情观. 心理学探新, 37 (06), 483–488.

之所以会产生恻隐之心，是因为我们能够体验到其他生命的情感，这种体验是仁爱的重要表现形式。

二、认知共情：忠恕之道与絜矩之道

忠恕之道是孔子提出的处理人际关系的重要准则，要求人们根据自己的内心体验来推想他人的心理感受。"己欲立而立人，己欲达而达人"为忠，"己所不欲，勿施于人"为恕。这些原则要求个体在行为上考虑他人的感受，体现了认知共情的推理过程。

絜矩之道则是基于自我反思的原则，要求个体在行为上考虑他人的感受。这种推己及人的原则，体现了认知共情自上而下的推理过程。

三、共情的心理学意义

儒家文化中的共情观念不仅是道德伦理的体现，也是个体社会化过程中的重要因素。这些观念促进了个体与他人之间的情感连接，增强了社会的凝聚力。例如，孟子的"四端学说"将恻隐之心视为仁的起点，强调了共情在道德发展中的基础作用。

未来的研究可以进一步探讨儒家文化中的共情思想与现代心理学的联系。采用实证研究，如编制儒式共情心理问卷，可以更深入地了解儒家共情观对个体心理健康、人格、人际关系等方面的影响。通过这些研究，我们可以更好地理解儒家文化在当代社会中的作用，以及它如何影响个体的心理发展和社会行为。

第二节　孤独症共情里的具身哲学

具身认知（embodied cognition）或具身心智（embodied mind）是认知科学中的重要概念，它强调认知过程是身体与环境互动的结果。具身认知理论的发展经历了从哲学到认知神经科学的转变。哲学家如尼采、梅洛-庞蒂等人对心物二元论进行了反思，推动了具身认知理论的形成。随后，这一理论被引入心理学领域，并逐渐成为认知科学中的一股新兴研究思潮。具身认知理论为理解ASD儿童的社会互动困难提供了新的视角。将认知置于环境和身体的整体背景中，可以更好地解释 ASD 儿童在社交互动中所面临的挑战。

一、具身认知的哲学观[①]

自古希腊时代起,身体在哲学中就往往被视为理性和灵魂的对立面。柏拉图认为,肉体的感性和浅薄阻碍了灵魂接近知识和真理。基督教哲学进一步将身体视为罪恶和污秽的象征,从而排斥身体。笛卡尔的二元论将身体和心灵、物质与精神划分为独立的实体,虽然不再将身体视为真理的障碍,却将其视为灵魂的寄宿之地(叶浩生,杨文登,2013)。

尼采对这种传统观念提出了挑战,他认为理性思维和道德伦理实际上根植于人的肉体本能,是生命力量的体现。他批评了基督教神学对肉体的否定,强调身体的真实性和重要性,将身体提升到哲学研究的显著位置。

海德格尔的"此在"(being in the world)概念进一步强调了心智、身体和环境的统一性,认为人的存在是"在世界中的存在",与身体和世界的关系不是空间上的,而是本质上的融合。

梅洛-庞蒂的现象学则将身体视为知觉和认识的主体,认为身体不仅是物质的,也是精神的,是"客体-主体",能够体验世界。他的理论突破了传统哲学的局限,为后来的认知科学和语言学提供了新的视角。

实用主义哲学家如詹姆斯和杜威也强调了心智的具身性。詹姆斯认为心智是进化的产物,是适应环境的结果,与身体和环境紧密相连。杜威则提出了"连续原则",认为心智活动与生物和物理操作之间是连续的,不存在根本的断裂。

这些哲学观点为具身心智的概念提供了丰富的理论基础,强调了身体在认知过程中的核心作用,对现代认知科学产生了深远的影响。

二、具身认知视角下的共情[②]

共情,作为人类进化过程中形成的一种能力,使我们能够感受和理解他人的

[①] 叶浩生,杨文登. (2013). 具身心智:从哲学到认知神经科学. 自然辩证法研究, 29(03), 3-8.

[②] 孙亚斌,王锦琰,罗非. (2014). 共情中的具身模拟现象与神经机制. 中国临床心理学杂志, 22(01), 53-57.

情感。研究表明，模拟是共情发生的关键机制。在观察他人情绪时，我们的大脑会自动激活自身相关情绪的加工区域，引发生理唤醒、面部表情的自动模拟以及身体动作的匹配等具身现象。

模拟是共情过程中自我与他人不同层次的重叠，包括主观体验的个人报告，这是当前研究界定共情的主要指标，通常被视为因变量。而生理唤醒和肌肉动作的自我与他人交叠（人己交叠），则与具身认知理念相符，即具身模拟（embodied simulation）（孙亚斌，王锦琰，罗非，2014）。

尽管先前研究对共情的称呼不一，涉及情绪共情、认知共情、情绪心理理论、情绪传染（emotional contagion）、共情准确性、同情等概念，但普雷斯顿（Preston）和德瓦尔（de Waal）认为这些泛共情现象在加工机制上是一致的，都依赖于知觉和动作的耦合。

共情涉及自下而上（bottom – up）和自上而下（top – down）两种信息加工模式。自下而上的加工模式是指通过感觉通道传递环境信息至大脑相应区域，实现对外界的感知和认识。相反，自上而下的加工模式则首先启动高级认知活动，然后向外周输出指令，调节知觉。他人的情绪信号会自动激活相应的脑区，引起无意识的模拟，让我们能够分享和理解他人的情绪感受，这体现了共情的自下而上的加工机制。

然而，共情过程中的模拟并非不受限制，它受到高级认知机制的调控。研究表明，共情是人类特有的，涉及自我意识、心理灵活性、执行控制等认知成分，这些由前额叶的执行控制功能所调节。公正感、亲密关系、群体归属、对他人情绪处境的归因等因素都能调节模拟的程度，进而影响后续行为。

共情包括认知和情感两种成分，前者主要涉及自上而下的加工，而后者与两种加工机制都有关。人类共情中的模拟与动物情绪传染的相似性表明，它们在社会情绪加工的进化谱系上是连贯的。这种能力使得群居生活成为可能，自动模拟他人的情绪处境有助于个体对潜在危险做出快速反应，提高存活率。在日常生活中，自动模拟促进了人际互动的流畅性，增强了个体间的相互喜爱。以自动模拟为基础的模仿学习赋予了人类强大的学习能力，使我们能够适应复杂的社会生活。总之，模拟是人类神经系统的古老功能，在社会生活和个体发展中具有重要意义。

三、具身认知视角下孤独症患者的社会互动[①]

传统的认知理论认为，ASD 儿童的社会互动困难源于他们的认知功能紊乱，导致无法准确理解社会情境和他人意图。然而，近年来具身认知理论提出了不同的观点，强调身体经验在社会互动中的作用，并指出 ASD 儿童在感觉运动和情感加工信息整合方面的困难，影响了他们与世界的接触和互动方式，进而影响了社会互动的灵活性。

1. 通过具身认知理论理解 ASD 儿童社交缺陷的优势

在探讨 ASD 儿童的社交互动困难时，传统的认知理论提供了重要的视角。心理理论强调儿童在理解自己与他人心理状态方面的挑战，弗里思等人提出的弱中央统合模型指出 ASD 儿童在整合环境信息方面的障碍，执行功能理论（EF）关注认知执行功能的损害如何影响社交适应性。尽管这些理论各自从不同侧面解释了 ASD 的发展障碍，但它们都基于认知心理学的传统观点，认为 ASD 个体的社会互动问题主要由认知功能紊乱引起，集中于认知层面的分析。

近年来具身认知理论的兴起则为理解 ASD 儿童的社交缺陷提供了新的理论支持。具身认知理论的核心观点是，认知是包括大脑在内的身体的认知，是在知觉和行动的过程中，身体与世界互动塑造出来的。这一理论反对将认知视为孤立于身体之外的过程，强调认知的实现与个体的身体构造、感觉以及与环境的互动紧密相关。具身认知理论认为，认知不仅是大脑的功能，而且是整个身体与世界互动的结果。这种观点超越了传统认知科学，为我们提供了一个更全面的理解框架。当代研究已经证明 ASD 儿童在感觉运动和情感方面的障碍，而根据具身认知理论，ASD 儿童的感觉运动障碍和情感障碍影响了他们体验和理解世界的方式，进而影响了他们的社交行为。这意味着，为了全面理解并干预 ASD 儿童的社会互动困难，我们必须考虑到他们的身体感知和运动方式以及他们与环境的互动模式。

2. 具身认知视角下 ASD 儿童感统与共情的特点及其对社会互动的影响

从具身认知的角度来看，认知过程是身体与环境互动的产物。接下来，我们将从具身认知的角度分析 ASD 儿童在感统和共情方面的特征，以及这些特征如

[①] 陈颖，杨文登，叶浩生. (2019). 具身认知视角下自闭症谱系障碍儿童的社会互动及干预策略. 中国特殊教育，(11)，30-35.

何影响他们的社交能力。

(1) ASD 儿童感统与共情的特点

在探讨 ASD 儿童的社交互动挑战时，感觉统合（感统）和共情能力的特点显得尤为重要。利里（Leary）和希尔（Hill）在他们的综述中提出，感觉运动障碍可能是 ASD 的核心特征，为社交障碍提供了基础。ASD 儿童在处理感觉输入时常常遇到困难，可能对新衣服的触感或突然的声音产生异常反应。他们的运动障碍可能表现为肌肉无力、动作不协调，以及对运动器官传来的感觉信息反应迟钝，如走路时身体前倾或冲撞。玛丽（Mari）等人的研究也表明，ASD 儿童在运动规划和执行上面临挑战，且运动能力的损害与情绪、沟通障碍、行为障碍之间存在显著的正相关关系。

在情感系统的共情方面，ASD 儿童表现出明显的困难。他们在识别情绪的任务中，能力显著低于正常儿童，难以通过面部表情和声音韵律来识别不同的情绪状态。研究表明，ASD 儿童在面孔识别时可能更多依赖于口腔区域的信息，这可能与他们在信息提取上的差异有关。这种共情能力的缺失可能导致 ASD 儿童在理解他人情绪和动作意图上遇到困难，影响他们与他人共享快乐和兴趣，进而阻碍他们社交互动能力的发展。

(2) 具身认知视角下 ASD 儿童感统与共情对社会互动的影响

人们通常能够通过直接感知他人的行为来理解其意图，而无需复杂的逻辑推理。这种能力在简单的社交行为中尤为明显，例如握手时能够通过对方的反应（如出汗、颤抖）获得信息，这种信息交换有助于促进人与人之间的互动。人际协调涉及不同层次的行为同步，对于建立和维护共享的社会和情感空间至关重要。在社交互动中，个体通过身体和环境的互动来协调感知、动作和情感。例如，纳伊姆（Naeem）等人发现，在观察同伴的动作时，参与者的感觉运动脑区活跃度增加，这有助于他们更好地完成人际协调任务。类似地，动作观察时运动系统参与程度更高的儿童在同伴合作任务中表现得更成功。ASD 儿童在社交互动中可能表现出明显的笨拙。与正常发展的儿童相比，他们可能因为运动障碍而失去与他人互动的机会，这可能导致社交技能的延迟学习和长期的社会互动困难。汉纳（Hanne）指出，ASD 儿童的感觉运动障碍可能会改变他们感知或应对世界的方式。这种差异可能影响他们与世界的互动模式。

人际同步被认为是社会互动成功的关键组成部分，它包括共同注意、模仿、话轮转换、非言语交流、情感分享和参与等活动。身体姿势的操纵可以改变个体的感知和情绪，甚至影响生理层面。因此，个体的运动方式可能会影响他们的社会判断和与他人的联系。ASD 儿童在与他人互动时可能会因为感知信息的差异和无法与对方同步而打乱互动的同步性。特雷瓦森（Trevarthen）和丹尼尔（Daniel）通过对 ASD 儿童的研究发现，与他们的兄弟姐妹相比，ASD 儿童在注意力、运动协调、沟通主动性和情绪方面存在显著差异。这些差异可能导致在社交活动中的不同步，增加了父母与孩子互动的困难。

因此，ASD 儿童在感知信息方面的差异可能会导致他们在人际互动中的协调能力受损，并影响互动的同步性。尽管个体在互动中所感知的信息存在差异，但具有相似能力、经验和文化背景的个体通常会在社会互动中感知到类似的信息，并在相似的社会环境中表现出相似的行为模式。然而，ASD 儿童在生理和社交环境方面与一般儿童存在显著差异，这导致他们在与他人互动时表现出不同的行为模式，并可能遇到不同程度的社交挑战。

四、具身认知视角下孤独症患者的学习[①]

近年来，研究者们逐渐认识到孤独症谱系障碍与学习障碍之间的紧密联系。ASD 儿童的学习体验可能因其障碍而呈现出独特的模式。例如，一些 ASD 儿童可能在处理数字计算等任务时表现出色，而在语言学习上遇到重大障碍；另一些可能在记忆长串无关联信息方面表现出惊人的能力，却难以理解句子在特定情境下的含义。

在探讨 ASD 儿童的学习时，具身认知理论提供了一个有益的视角。具身认知强调身体及其活动在认知过程中的作用，主张身体结构、活动方式和感觉运动经验对个体的知觉、社会交往和智力形成具有决定性影响。这一理论对于理解 ASD 儿童的学习障碍具有潜在价值，因为它强调了身体经验在认知发展中的重要性。

ASD 儿童在感觉运动系统方面的损伤可能影响他们的行为表现。这些损伤包括运动功能问题、无目标定向运动、行动协调性以及随意运动方面的障碍。研究表明，ASD 儿童在规划和执行学习任务时可能面临挑战，这可能与他们在知觉－运动方面的损伤有关。此外，ASD 儿童的共情能力异常，这在他们的学习过程中也有着重大影响。他们在情绪识别和动作意图理解方面可能存在困难，这限制了

---

① 何静. (2016). 现象学视野下自闭症谱系儿童的具身学习观. 西北师大学报（社会科学版），53（03），94－100.

他们与他人共享快乐和兴趣的能力,进而影响他们的社会互动和学习能力。

在社会层面上,ASD 儿童可能在与他人共享体验和想法方面遇到挑战,这影响了他们的学习体验。然而,研究表明,ASD 儿童拥有最低限度的自我意识,并能在一定程度上参与互动。而在智力层面,ASD 儿童的隐性学习能力可能并未受损,这意味着他们有能力通过非显性的方式学习。这表明,ASD 儿童的学习能力可能不完全依赖于传统的智力因素。

第三节 沙盘游戏疗法里的中国哲学思想[①]

沙盘游戏疗法基于荣格心理学原理,由多拉·卡尔夫创立,并深受中国文化的影响。可以说,中国文化和中国哲学思想是沙盘游戏疗法最重要的哲学基础和方法论基础之一。

一、沙盘游戏疗法与中国文化

沙盘游戏疗法创始人卡尔夫的开创性著作《沙盘游戏:治愈心灵的途径》,开篇"沙盘游戏:心灵之路"("Sandplay:A Pathway to the Psyche")便体现了中国文化和中国哲学的深远影响。卡尔夫对沙盘游戏疗法理论框架的建构,正是基于她对中国文化和周敦颐哲学思想的深入研究。

卡尔夫自幼便对中文有着浓厚的兴趣,她在成长过程中不仅精读《易经》和道家哲学经典,还深入研究周敦颐的哲学体系,并将这些东方智慧融入沙盘游戏疗法的核心理念之中。在卡尔夫的著作中,我们可以看到她是如何巧妙地运用《易经》和《道德经》中的哲学思想来阐释沙盘游戏疗法在心灵治愈过程中的作用的。对于卡尔夫而言,中国文化不仅指导了她的沙盘游戏疗法实践,更是她个人心理分析和自性化发展的重要指引。

卡尔夫对汉语的学习以及对东方文化的兴趣,特别是对道家哲学的研究,贯穿了她的一生。她致力于将东西方心理学精华整合在一起,尤其是在沙盘游戏疗法的实践中,充分发挥了东方哲学的作用。周敦颐太极哲学、《易经》思想、阴阳五行理论等,都被卡尔夫巧妙地融入沙盘游戏疗法的体系之中。同时,我们还

---

① 高岚,申荷永. (2012). *沙盘游戏疗法*. 北京:中国人民大学出版社.

能发现藏传佛教和日本禅宗也对她和她思想的发展产生了重要影响。

沙盘游戏疗法的技术以荣格心理学原理为基础，而事实上，中国文化和哲学思想也是荣格分析心理学的重要基石。荣格自视为中国文化的忠实学生、庄子的信徒。在他的传记中，荣格将自己的一生描述为无意识自我实现的旅程，这一旅程以庄子的梦蝶故事为起点，以老子的"恍惚"概念为终点。此外，荣格在与卫礼贤合著的《金花的秘密》中，通过借鉴中国文化和哲学，进一步发展了其"积极想象"的概念和"自性化"的思想。

二、沙盘游戏与周敦颐的《太极图说》

在探讨沙盘游戏疗法与周敦颐《太极图说》的关联时，我们首先要认识到《太极图说》在宋代理学中的重要地位。周敦颐的这部著作不仅开宋代理学之先河，而且影响深远，这不仅因为太极图本身神秘深邃，还因为周敦颐对太极图的阐释十分精妙。

周敦颐在《太极图说》中提出了"无极而太极。太极动而生阳，动极而静，静而生阴。静极复动。一动一静，互为其根；分阴分阳，两仪立焉。阳变阴合而生水火木金土，五气顺布，四时行焉。五行，一阴阳也；阴阳，一太极也。太极本无极也。五行之生也，各一其性。无极之真，二五之精，妙合而凝。乾道成男，坤道成女，二气交感，化生万物，万物生生而变化无穷焉"的哲学思想。卡尔夫将这一思想与荣格和诺伊曼的自性发展理论相结合，构建了她对儿童心理发展的独特见解。

朱熹等人认为太极图是周敦颐的作品，并称赞其为"濂溪自得之妙"。然而，朱震和黄宗炎等学者认为太极图的起源可以追溯到陈抟，甚至更早的河上公，显示出道家思想的深刻影响。魏伯阳的《周易参同契》和吕洞宾的内丹术等都受到了太极图的启发。

太极图（见图3-1）不仅描述了从上至下的生成过程，也包含了从下至上的逆向修炼之道。在道家看来，太极图的最下圈象征着"玄牝之门"，第四圈的"乾道成男，坤道成女"则隐喻着"炼精化气，炼气化神"的过程，第三圈的"五行各一性"与"五气朝元"相对应，第二圈的"阳动阴静"则与"取坎填离"相呼应，最初的"无极而太极"则与"炼神还虚，复归无极"的理念相契合。

卡尔夫在她的沙盘游戏疗法实践中，按照周敦颐《太极图说》的顺序，赋予了太极图以心理学意义。她认为太极图的第一个象征无极的圆圈代表出生时的自我；第二个圆圈，阴阳运作产生五行，代表了自我表现的过程，包括意识自我和人格发展的心理能量；第三个圆圈象征着自性化过程的开始；而第四个圆圈则反映了心理分析中的转化，象征着生命的循环。

太极八卦和阴阳五行是卡尔夫沙盘游戏疗法的核心内容，也是其技术方法的内在结构。自我的产生、意识自我与人格的发展、自性化的出现与进程以及转化和自性化的实现，都是荣格分析心理学和沙盘游戏疗法中的关键要素。荣格本人对《易经》和周敦颐的哲学思想进行了深入研究，并在其分析心理学的理论和实践中充分发挥了这些思想。

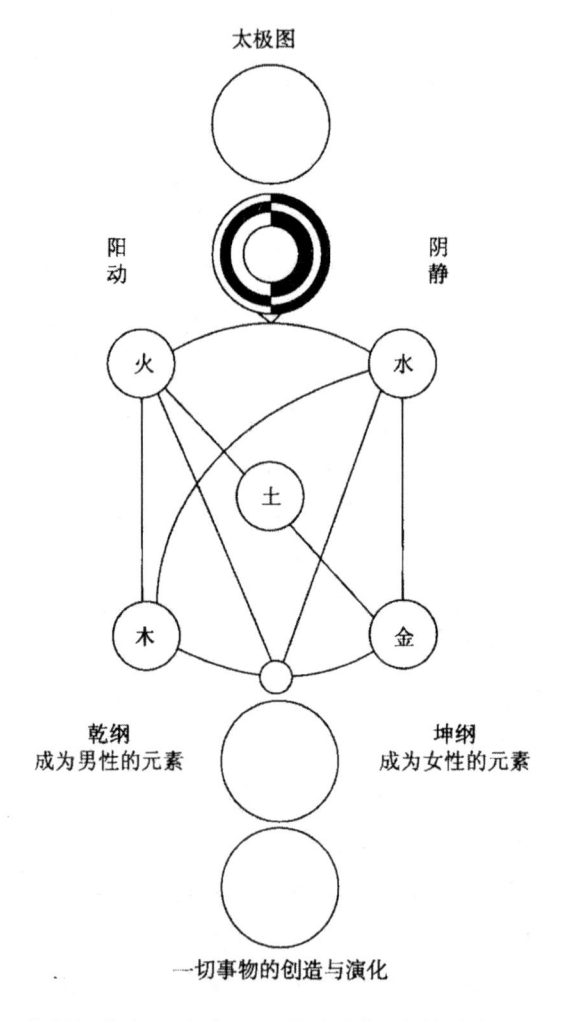

图 3-1 《沙盘游戏：治愈心灵的途径》中的太极图（Kalff, 1980）

三、沙盘游戏疗法与《易经》

在探讨沙盘游戏疗法与《易经》之间的联系时，我们首先应当关注《易经》中"坎卦"的象征意义。坎卦由上下两个坎组成，象征水的流动。卦辞"习坎，有孚，维心亨，行有尚"以及象辞中"水流而不盈，行险而不失其信。'维心亨'，乃以刚中也"的阐释，为卡尔夫提供了深刻的心理发展隐喻。她认为，坎卦中的水象征着心灵的发展过程，而内心的和谐是获得恩赐和完美的关键。

在沙盘游戏疗法中，"天时""地利""人和"的象征意义被巧妙地融入。沙粒中蕴含着时间的流逝，沙盘的空间则如同大地的怀抱，山川河流在其中得以展现。当游戏赋予沙盘生命时，它便成为表现人及人心理意义的舞台。《易经》中的"天""地""人"及其变化是核心内涵。乾卦的自强不息、坤卦的厚德载物以及咸卦的无心之感，都是沙盘游戏重要的寓意与内涵（见图3-2）。

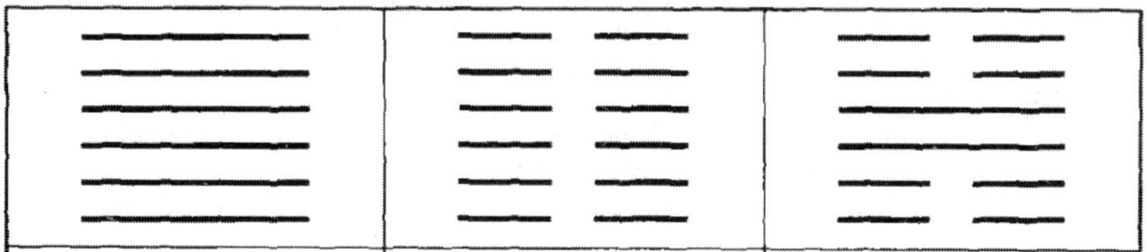

乾	坤	咸
天	地	人
时间	空间	心神
沙	盘	游戏

图3-2 乾、坤、咸卦及其含义[①]

荣格对《易经》的理解是，它包含了中国文化的精神与心灵，是几千年来中国智者智慧的结晶。他将《易经》视为心理学发展的关键"阿基米德点"，认为它能够动摇西方对心理态度的基础。

利策玛博士，一位将《易经》翻译成七种语言的学者，认为《易经》充满了灵性和深刻的心理学意义。他指出，《易经》中包含了荣格所描述的原型力量，这种力量代表着生命的变化及其意义的体验。利策玛博士将《易经》视为一种心理学工具，填补了当代心理学研究的一个重要缺口。

[①] 申荷永，高岚. (2004). *沙盘游戏：理论与实践*. 广州：广东高等教育出版社.

卡尔夫在她的沙盘游戏疗法中采用了周敦颐的太极图思想，将太极、两仪、四象和八卦，配合阴阳五行的运作，作为治疗的理论基础和操作原则。她通过这种方式，将《易经》的卦象、卦名、特性、意象和关系融入沙盘游戏，发挥了重要的启迪作用（见表3-1）。

表3-1 卦象及其释义（英文）[①]

卦象 symbol	卦名 name	特性 attribute	意象 image	家庭关系 family relationship
☰	乾——Qian the Creative	健 strong	天 heaven	父亲 father
☷	坤——Kun the Receptive	顺 yielding	地 earth	母亲 mother
☳	震——Zhen the Arousing	动 movement	雷 thunder	长子 first son
☵	坎——Kan the Abysmal	险 dangerous	水 water	次子 second son
☶	艮——Gen Keeping Still	止 resting	山 mountain	幼子 third son
☴	巽——Xun the Gental	入 penetrating	木 wood 风 wind	长女 first daughter
☲	离——Li the Clinging	明 lighting	火 fire	次女 second daughter
☱	兑——Dui the Joyous	悦 joyful	湖 lake	幼女 third daughter

---

① 申荷永，高岚．(2004)．沙盘游戏：理论与实践．广州：广东高等教育出版社．

第四章 沙盘游戏疗法
干预孤独症共情的生物学基础

本章将详细探讨沙盘游戏疗法在干预孤独症共情方面的生物学基础,揭示孤独症儿童在神经生物学层面所面临的挑战以及沙盘游戏如何促进其共情能力的发展。本章首先介绍共情的神经机制,包括共情的神经回路和与之相关的脑区;接着讨论孤独症患者的大脑结构、功能以及孤独症患者共情的生物学机制,同时分析孤独症谱系障碍的成因;最后讨论沙盘游戏中的神经生物学因素,为孤独症的共情干预提供科学依据和实践指导。

第一节 共情回路

是什么产生了共情?又是什么让不同人的共情水平产生了差异?最直接的回答是人脑中的特定回路,即共情回路。在这一节,我们将介绍共情的不同回路以及与共情相关的脑区。

一、共情的神经机制[①]

共情反应可以通过不同的机制产生,可划分为情感-知觉型(affective-perceptual)共情和认知-评价型(cognitive-evaluative)共情(Fan et al., 2011)。情感-知觉型共情能够通过观察基本情绪信息,如动作、面部表情和简单语音自动触发。这一过程的神经基础是镜像神经系统,包括顶下小叶、额下回和前运动皮层等区域(Molenberghs, Cunnington & Mattingley, 2012),本质上是一种通过

---

① 岳童,黄希庭.(2016).认知神经研究中的积极共情.心理科学进展,24(03),402-409.

身体模仿产生的情感共鸣现象。认知－评价型共情则要求个体将自己置于他人的情境之中，通过想象或评估他人的心理状态来产生共情，其神经基础是心理理论系统，涉及内侧前额叶、楔前叶、颞顶连接处和颞上沟等脑区（Frith & Singer, 2008；van Overwalle & Baetens, 2009），其实质是一种对他人情绪体验的深入理解和加工。个体对于初级情绪信息，如面部表情所表现出的情感共鸣，无论其情绪价值如何，都依赖于镜像神经系统所支持的具身模仿过程。进一步，当涉及更复杂的积极共情反应时，心理理论系统也会参与其中，帮助个体推断他人的心理活动（岳童，黄希庭，2016）。

在情感－知觉型共情中，个体通过观察他人的情绪表达而产生共鸣，这一过程是自动发生的，并且与镜像神经系统的活动密切相关。相比之下，认知－评价型共情需要个体主动地将自己置于他人的情境中，通过思考和评估来理解他人的情绪状态，这一过程涉及更为复杂的心理理论系统。

区分这两种共情模式有助于我们理解共情在不同情境下的工作机制以及它们在个体社会交往中的作用。情感－知觉型共情可能更多地涉及快速、自动的情绪共鸣，认知－评价型共情则可能涉及更为深入和缓慢的情绪理解和加工。这种理解对于心理学研究和临床实践都具有重要意义。

二、与共情相关的脑区[①]

在探讨共情的神经基础时，功能性磁共振成像技术（fMRI）发挥了至关重要的作用，揭示了至少10个与共情相关的脑区。迈克·隆巴尔多绘制了共情回路的各个区域（见图4－1），这些脑区共同构成了共情回路，涉及从自动的情绪共鸣到复杂的社会认知过程（Baron－Cohen, 2012/2018）。

1. 内侧前额叶皮层（MPFC）

内侧前额叶皮层（medial prefrontal cortex, MPFC）是共情回路中的第一个区域。作为社会信息处理的关键枢纽，MPFC 在理解他人情感状态和自我反思中起着核心作用。MPFC 可进一步细分为两个子区域：背内侧前额叶皮层（dMPFC）和腹内侧前额叶皮层（vMPFC）。dMPFC 主要负责推断他人的想法和感受，这一过程常被称为"元表征"，并且它也参与个体对自身内心体验的反思。

---

① 西蒙·巴伦－科恩（Baron－Cohen, S.）．（2018）．恶的科学：论共情与残酷行为的起源（高天羽 译）．桂林：广西师范大学出版社．

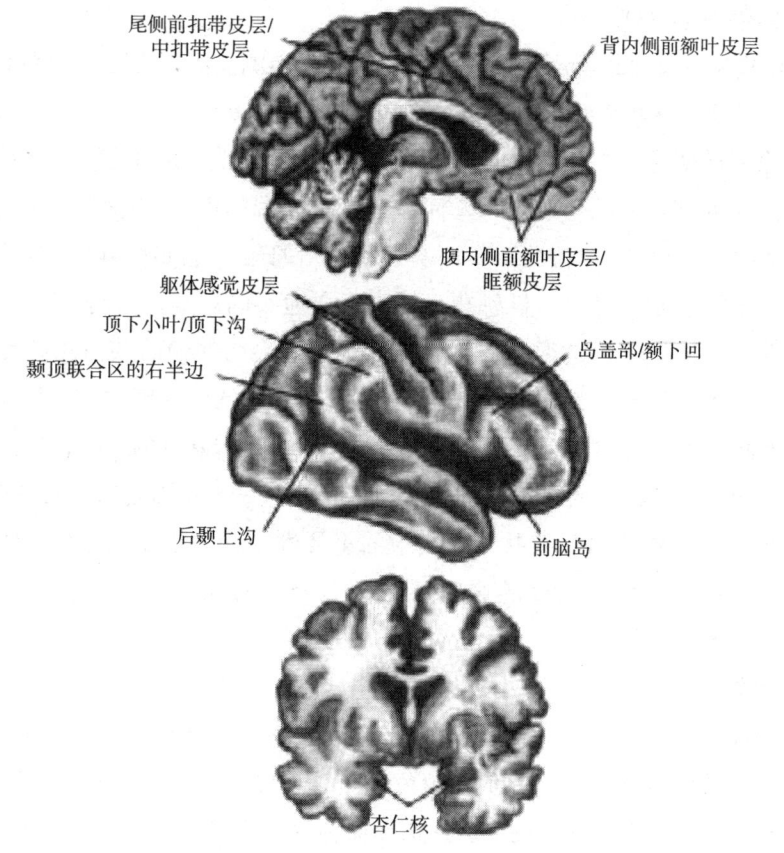

图 4-1　共情回路的各个脑区

与 dMPFC 不同，vMPFC 更多地与个体的内省活动相关，而非推测他人的心理状态。安东尼奥·达马西奥提出，除了内省，vMPFC 可能还负责存储与各种行为相关的情绪效价（emotional valence）信息——如果行为带来奖励，那么这种情绪效价就是正面的；如果行为导致惩罚，则情绪效价就是负面的。达马西奥将这一现象称为"躯体标记"，并认为每个行为都有相应的情绪标记，这些标记指导我们重复那些带有正面效价的行为。证据表明，vMPFC 受损的个体在面对痛苦场景时，其自主反应较弱，如心率变化不大。此外，vMPFC 的刺激能够减少抑郁症患者的消极思维，这进一步证实了 vMPFC 在情绪效价标记中的作用。历史上著名的神经心理学病例，菲尼亚斯·盖奇，为 vMPFC 在共情回路中的作用提供了有力证据。盖奇在一次铁路建设事故中幸存，但铁棒穿透了他的头部，导致他失去了共情能力。事故发生后，他从一个礼貌的人变成了一个粗鲁、缺乏自控力的人。后来的研究显示，铁棒损伤了他的 vMPFC。

2. 眶额皮层（OFC）

眶额皮层（orbital frontal cortex，OFC）与腹内侧前额叶皮层（vMPFC）在大脑中有所重叠，是共情回路的一个关键区域。早在 1994 年，巴伦-科恩及其同事霍华德·林便首次揭示了 OFC 在共情回路中的作用。他们的研究显示，当参与者评估一系列描述心理功能和基本动作的单词时，OFC 区域的活动显著增强，这些单词包括"思考""假装""相信"以及"跳跃""行走"和"进食"。

进一步的研究由巴伦-科恩和瓦莱丽·斯通共同进行，他们发现 OFC 受损的个体在判断某些行为是否失礼时遇到困难，这表明他们的共情能力受到了影响。此外，OFC 的损伤还会导致患者在社交互动中缺乏自控能力，并且损害他们的社会判断能力。有趣的是，当健康人目睹针头刺入未麻醉的手时，他们的 OFC 区域也会被激活，这表明 OFC 参与了评估某些事件是否会引起痛苦的过程。

这些发现强调了 OFC 在共情过程中的重要性，特别是在社会行为的评价和对他人痛苦的感知中。OFC 的这些功能对于个体的社会适应和人际交往至关重要。

3. 岛盖部（FO）

岛盖部（frontal operculum，FO）也被翻译为额叶岛盖，与眶额皮层（OFC）相邻，并在共情回路中扮演着重要角色，同时它也是语言处理的关键区域。FO 的损伤与语言流畅性受损有关，这种状况被称为"布罗卡失语症"。患有布罗卡失语症的个体能够理解他人的语言，但难以用完整的句子表达自己的思想。

FO 与共情之间的联系基于这样一个观察：在猴脑中，存在一个与人类 FO 同源的区域，该区域负责解码其他猴子的行为意图和目标。具体来说，当一只猴子观察到另一只猴子伸手去抓取物品时，其 FO 区域的神经元活动会增强；同样，当猴子自己进行抓取动作时，也会出现类似的神经元活动增强。这一发现表明，FO 区域在理解他人行为和意图方面起着至关重要的作用，这不仅体现在语言的表达上，也体现在共情能力上。因此，FO 区域的损伤可能会影响个体对他人意图的解读，进而影响社会交往和共情能力。

4. 额下回（IFG）

位于岛盖部（FO）下方的是额下回（inferior frontal gyrus，IFG），这一大脑区域对于情绪识别至关重要。IFG 的损伤可能导致个体在识别他人情绪时遇到困难。巴伦-科恩和比斯马德夫·查克拉巴蒂做过一项研究，他们首先让参与者完成共情商量表（empathy quotient，EQ），随后利用 fMRI 扫描仪观察他们观看带有快乐表情的面部照片时的大脑活动（见图 4-2）。该研究证实 IFG 在情绪处理中扮演着关键角色,也揭示了不同基本情绪在大脑中的处理位置:厌恶情绪主要在前脑岛(anterior insula,AI)中处理,快乐情绪在腹侧纹状体(ventral striatum)中处理,愤怒情绪在辅助运动皮层(supplementary motor cortex)中处理,悲伤情绪则涉及多个脑区,包括下丘脑(hypothalamus)。此外,他们还发现IFG的活动与EQ量表得分相关,表明IFG在共情中起着核心作用。简而言之,个体的共情能力越强,他们在观察带有情绪的面孔时IFG区域的活动就越活跃。

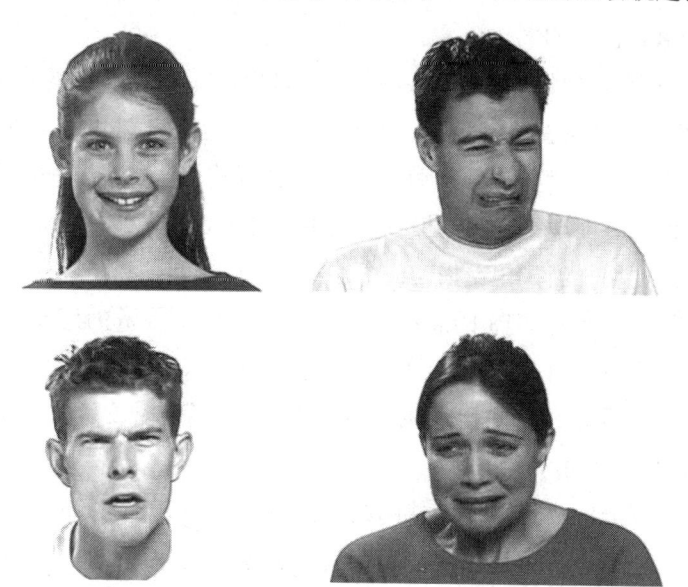

图4-2 研究中使用的情绪面孔(快乐、厌恶、愤怒、悲伤)

5. 尾侧前扣带皮层(cACC)和前脑岛(AI)

深入大脑皮层,我们可以识别出尾侧前扣带皮层(caudal anterior cingulate cortex,cACC)或称中扣带皮层(middle cingulate cortex,MCC),它是共情产生的另一个关键区域。cACC/MCC是所谓的"疼痛矩阵"(pain matrix)的一部分,该区域在自身体验疼痛以及观察他人经历疼痛时都会被激活。此外,前脑岛(AI)也参与其中,它与身体的自我意识相关,这是与共情紧密相连的。

塔尼亚·辛格使用fMRI的研究发现,当个体的手或其伴侣的手受到疼痛刺激时,AI和cACC/MCC区域都会被激活,不论经历疼痛的是个体自己还是其伴侣。研究还发现,当目睹他人的手被门夹时,旁观者的AI和cACC/MCC同样会被激活,激活程度与个体将自己置于他人情境的能力有关。AI区域在个体尝试难吃的食物或看到他人表现出厌恶表情时也会被激活,这表明它在设身处地体验他人情绪状态时发挥作用。辛格的另一项研究要求参与者评估他人在博弈中的行为是否公平,结果显示,当参与者观察到他们认为公平且喜欢的人遭受痛苦时,

cACC/MCC 和 AI 区域会被激活，这一现象在男性和女性中都存在。然而，男性在看到他们认为不公平或不喜欢的人遭受痛苦时，这些区域的活动水平通常低于女性，这可能与男性更容易关闭对某些人痛苦的共情有关。

cACC/MCC 和 AI 区域与情绪体验和识别有关，包括快乐、厌恶和痛苦。这些区域的损伤会影响个体对情绪的识别。因此，cACC/MCC 和 AI 是共情回路中不可或缺的组成部分。

6. 颞顶联合区（TPJ）

研究揭示了颞顶联合区（temporoparietal junction，TPJ）的右颞顶联合区（rTPJ）在共情中扮演着关键角色，特别是在理解他人意图和信念方面。rTPJ 与共情的认知成分密切相关，常被称为"心理理论"或"心智理论"的一部分。正如前文所说，心理理论是我们推测他人想法的能力，它在社会交往和共情中起着至关重要的作用。当 TPJ 受损时，个体不仅难以判断他人的意图，还可能经历灵魂出窍的体验，而对 rTPJ 的刺激则可能引起一种不寻常的感觉，仿佛有人在旁观察，即使个体独自一人时也是如此。这些现象表明 rTPJ 在自我与他人的感知中起着作用，尽管 rTPJ 也可能执行如注意力转移等与社交无关的功能。

7. 颞上沟（STS）

与右颞顶联合区（rTPJ）相邻的结构是后颞上沟（posterior superior temporal sulcus，pSTS），它在共情回路中同样起着至关重要的作用。历史上的研究发现，当动物观察同伴的视线方向时，它们的 STS 区域的神经元会产生反应。在人类中，如果 STS 受到损伤，个体将无法准确判断他人的视线方向。我们注视他人的眼睛，一方面是为了确定他们所关注的对象，另一方面也是为了推测他们对于所视对象的感受。此外，STS 还参与了对生物运动的感知过程。

8. 躯体感觉皮层（SSC）

躯体感觉皮层（somatosensory cortex，SSC）是共情回路的一个关键组成部分，它在处理触觉体验以及观察他人被触摸时的神经活动中起着至关重要的作用。这一区域不仅参与编码个体自身的触觉体验，而且当目睹他人遭受触碰时，躯体感觉皮层同样会被激活。fMRI 揭示了在观察尖锐物体刺入他人手掌时躯体感觉皮层的激活情况。这一现象表明，我们对他人痛苦的共情反应具有感觉化的特性。换言之，我们不仅仅是在想象自己处于相同情境下的感受，而且是在某种程度上真实地体验着他人的感觉，即便这种体验并非出于我们的主观意愿。这种自动的、直接的感觉体验可能是我们在看到他人受伤时不由自主地退缩的原因。然而，并非所有人都会对此类情境产生强烈的共情反应。

如果躯体感觉皮层的功能受损或受到干扰，个体识别和理解他人情绪的能力可能会显著降低。例如，外科医生可能因为缺乏这种情绪反应而更适合他们的工作。这一假设得到了国内研究者郑雅薇的研究支持，她发现在观看人体受针刺的图像时，实施针灸的医生的躯体感觉皮层活动相对较少。

9. 顶下小叶（IPL）和顶间沟（IPS）

顶下小叶（inferior parietal lobule，IPL）与额下回（IFG）相连，这两个区域构成了所谓的"镜像神经元系统"的一部分。这一系统在个体执行动作或观察他人执行相同动作时会被激活。贾科莫·里佐拉蒂及其团队在帕尔马大学首次证明了镜像神经元的存在，他们通过在灵长类动物脑中特定区域植入电极，记录了当动物自身动作或观察其他动物动作时的神经细胞活动。

IFG 是人类镜像神经元系统的一部分，这表明共情可能涉及对他人动作和情绪的内在反映。然而，镜像神经元系统的测量在人类中是具有挑战性的，因为将电极植入健康人脑会有伦理问题。尽管如此，借助 fMRI，科学家们已经发现该系统包括 IFG、IPL 和位于 IPL 后方的顶间沟（intraparietal sulcus，IPS）。某些特定的神经元，如 IPS 中的神经元，会在个体自身或观察他人注视同一方向时被激活。例如，猴子的 IPS 神经元会在它自己注视或看到其他猴子注视相同方向时放电。这提示了镜像神经元系统可能与行为模仿有关，如喂食时婴儿张开嘴导致成年人不自主地模仿，或看到他人打哈欠时的连锁反应。这种模仿通常不需要有意识地考虑他人的情绪状态，这种现象有时被称为"变色龙效应"（the chameleon effect）。情绪感染也被认为与共情有关，如看到他人表现出恐惧时的连锁反应，或婴儿在产科病房中的哭声传染。这些现象表明，共情可能不是简单的模仿或情绪传染，而是包含了更复杂的机制，如自动的镜像系统和有意识地理解他人精神状态的能力。这些系统相互作用，共同构成了共情的复杂性。

10. 杏仁核（amygdala）

在共情回路的构成中，杏仁核（amygdala）扮演着至关重要的角色，它位于大脑皮层下方的边缘系统内（limbic system），主要负责情绪的学习和调节。纽约大学神经科学家约瑟夫·勒杜深入研究了人类如何习得对某些事物的恐惧，并将杏仁核定位为"情绪脑"的核心。勒杜对杏仁核的浓厚兴趣甚至促使他组建了一支名为"类杏仁核"（Amygdaloids）的乐队。

在探究杏仁核于共情系统中的作用方面，巴伦-科恩与勒杜于1999年进行的研究提供了决定性证据。该研究发现，当参与者在 fMRI 扫描下观察他人眼睛的图片并评估情绪状态时，杏仁核区域出现显著激活。另一项证据来自一位名为

SM 的神经疾病患者，她的双侧杏仁核因特定损伤而功能受损，导致她无法识别他人的恐惧表情。SM 案例表明，杏仁核对于眼神交流（eye contact）和识别恐惧表情至关重要。当指导 SM 关注他人眼睛后，她能够重新识别出恐惧表情。这一发现提醒我们，杏仁核在共情过程中对于处理眼部信息和情绪识别发挥着关键作用。

最后，研究还发现，以上梳理的 10 个脑区不仅参与了对经验的自动编码，而且在我们思考自身心灵时，那些负责推测他人心灵的脑区也会变得活跃。这些脑区的活动强度在不同个体中可能存在差异，从而解释了共情的个体差异。

第二节　孤独症患者的脑与孤独症谱系障碍的成因

一、孤独症患者的脑[①]

由于孤独症的异质性，目前尚无一个理论可以解释他们的全部症状。关于脑中哪些通路与孤独症患者的症状相关，不同的理论提出了不同的假设。接下来我们将探讨各种脑区对孤独症个体可能产生的影响。

1. 小　脑

过去几十年的研究表明，小脑在多种心理功能中扮演着重要角色，包括程序化学习、情绪、动机和注意力等，尤其在注意力的转移过程中发挥着作用。小脑接收来自大脑皮层和主要感觉系统的输入，整合这些信息后，再传递给主要的运动神经系统、丘脑和某些感觉皮层。ASD 患者的一些特征，如笨拙和不协调的动作以及语言障碍，提示了小脑可能与 ASD 的发病机制有关。语言可以视为一种序列化的运动，涉及音素序列的同步化，而小脑正是调节有序运动的关键脑区，因此小脑可能与语言运动序列的产生有关。研究发现，小脑参与了语言多个方面的工作，包括语言处理、言语产生、词汇记忆和词语联想。此外，小脑可能参与注意力转移和关联预测，而 ASD 患者在这两个方面存在障碍。注意力转移的困难可能导致联合注意力的缺陷，这是心理理论发展的基础。ASD 的一个核心特征

[①] 郑玉玮，王盛华，崔磊. (2017). 自闭症谱系障碍的理论阐释、神经机制及干预进展. 济南大学学报（自然科学版），31 (05), 452-458.

是重复性和刻板行为，而小脑在注意力转移和运动控制方面的功能障碍，以及从一个活动转换到另一个活动的困难，可能与这些行为有关。奥伯曼（Oberman）等提出，小脑中的镜像神经元可能受损，这支持了镜像神经元系统缺陷与 ASD 相关的理论。

小脑结构和功能缺陷与 ASD 核心症状之间的联系越来越受到关注。丘加尼（Chugani）等的研究表明，ASD 儿童小脑中的 N - 乙酰基 - 冬氨酸酯（N - acetyl - aspartate，NAA）浓度降低，这表明 ASD 儿童的小脑神经元功能和发育能力可能受损。德维托（DeVito）等也发现，ASD 个体的小脑和大脑皮层中 NAA 浓度降低，细胞内谷氨酸减少。艾伦（Allen）等使用 fMRI 技术研究了高功能 ASD 和健康对照组在注意力和运动任务中的大脑活动，发现 ASD 患者的小脑活性降低。卡珀（Carper）等使用磁共振成像（MRI）技术比较了 ASD 男孩和健康对照组的大脑结构，发现 ASD 个体的小脑与额叶神经组织体积呈负相关，即额叶体积较大的 ASD 个体小脑体积较小；此外，ASD 患者的小脑蚓部浦肯野细胞数量减少，这是接收听觉和视觉信息的关键区域。这些解剖学发现可能解释了 ASD 患者额叶和小脑的共同病理生理机制。一方面，可能存在一个共同的畸形因素或遗传因素导致 ASD 患者的额叶和小脑并发功能障碍。研究表明，小脑功能障碍可能在 ASD 患者的运动、注意力、语言和认知功能受损中起作用。另一方面，ASD 患者的小脑功能障碍可能与额叶功能损伤相互作用。鉴于小脑和额叶之间的高度相互连接，一个区域的功能障碍可能加剧甚至导致另一个区域的功能障碍。

2. 额　叶

额叶的多项功能与 ASD 的症状密切相关。前额叶皮层在执行功能中起着关键作用，包括工作记忆、抑制控制、规划、组织、定势转换、认知灵活性、定向和注意力分配等。ASD 患者常表现出这些功能的缺陷。此外，约有 40%—70% 的 ASD 患者存在高阶认知功能障碍，这可能与额叶的执行功能有关。额叶也是语言神经网络的一部分，特别是位于额叶下部的布罗卡区域。ASD 患者普遍存在语言障碍，从口语到书面语都受到影响，这表明额叶可能与 ASD 的语言障碍有关。额下回作为镜像神经元系统的一部分，在模仿、观察动作和理解他人意图时发挥作用。

德维托等通过磁共振血流量扫描（MRS）技术发现，ASD 患者的小脑、额叶、颞叶、枕叶的 NAA 浓度降低，小脑神经元中谷氨酸数量减少，暗示这些区域的神经元功能可能下降。当前研究尚未确定这些功能缺陷的具体影响，但普遍认为 ASD 患者存在额叶功能障碍。

进一步的研究触及与 ASD 患者相关的特定额叶区域。达普雷托（Dapretto）等使用 fMRI 技术研究了高功能 ASD 男孩在观察和模仿情绪表达任务中的大脑活动，发现与健康个体相比，ASD 个体岛盖部的活动减弱，且这一脑区的激活程度与 ASD 症状的严重程度呈负相关，提示镜像神经元系统可能与 ASD 患者的社会和语言障碍有关。哈吉哈尼（Hadjikhani）等的研究也支持镜像神经元系统与 ASD 有关的观点，发现 ASD 患者的额下回、内侧顶叶和颞上沟等区域的皮层变薄，且这些区域的变薄与 ASD 症状的严重程度相关，表明这些脑区的功能障碍可能与 ASD 的社会和情感障碍有关。

奥伯曼等通过脑电图（EEG）研究发现，正常个体在进行动作或观察他人动作时，大脑运动皮层的 Mu 波（频率为 8—13Hz）会出现后续抑制过程，而高功能 ASD 患者在进行这些活动时并未表现出类似的抑制。这表明 ASD 个体可能存在较高的脑电位激活水平，且在刺激较多的环境中其刻板性行为会增加，脑电活动程度与刻板性水平相关。研究还探讨了 ASD 个体的生理唤醒与重复刻板行为及退缩行为的关系，提出 ASD 个体的脑干网状结构可能处于高度激活状态，他们可能通过社交退缩、重复运动等行为来阻断神经性感觉通道，避免过多刺激的输入。

安德森（Anderson）等认为，ASD 个体的自伤行为可能涉及额下回的激活，不正常的镜像神经元系统可能是高功能 ASD 患者的特征。在正常个体中，眶额皮层在社会认知尤其是心理理论中发挥作用，因此眶额皮层可能也与 ASD 患者的社会认知缺陷有关。阿斯温（Ashwin）等发现，在知觉害怕面孔时，高功能 ASD 个体的眶额皮层、杏仁核和颞上沟的活动减弱，这表明该神经网络的缺陷可能与 ASD 患者判断面部表情困难有关。

内侧前额叶皮层可能与 ASD 患者的社会认知缺陷有关。哈佩（Happé）等通过正电子发射断层扫描（PET）技术观察高功能孤独症、阿斯伯格综合征和正常个体在进行心理理论任务时的大脑活动，发现 ASD 个体在进行心理理论任务时，其内侧前额叶皮层的激活程度降低，而在一般问题解决过程中，ASD 个体的内侧前额叶皮层激活程度显著增强。这表明 ASD 儿童在心理理论任务中可能使用了一般问题解决系统，而非专门用于社会认知的大脑区域。额叶功能障碍可能与 ASD 个体在心理理论和镜像神经元功能方面的缺陷有关，包括社会认知、模仿、行为观察、共情、面部处理、语言和心理理论的推论。此外，额叶的缺陷也可能导致 ASD 个体在工作记忆、问题解决、注意力和认知功能方面的困难。

3. 颞　叶

颞叶在多种认知功能中起着关键作用，包括听觉处理、记忆形成和物体识别，这些功能的损害可能与 ASD 有关。颞叶与接受性语言密切相关，因为它是威尔尼克区的一部分。此外，颞叶参与了多项社会认知功能，如联合注意力、行为观察和移情。在面部处理方面，颞叶与梭状回、杏仁核和额叶协同工作。西尔伯维丘斯（Zilbovicius）等提出，ASD 患者的社会认知缺陷可能与颞上沟（STS）的功能障碍有关，个体如果无法有效处理面部信息，将难以参与社会互动。舒尔茨（Schultz）等的研究支持这一观点，表明 STS 可能是 ASD 的关键脑区，与语言和社会认知功能相关。

哈吉哈尼等的研究发现，高功能 ASD 患者的镜像神经元系统的多个区域，包括 STS 的皮层变薄，这些区域在目光转移和解读身体动作意图的任务中被激活。这表明，无法解读这些非言语线索可能与 ASD 患者的移情和社会认知障碍有关。采用磁共振波谱（MRS）技术的研究也发现，ASD 个体的 NAA 浓度以及小脑、颞叶、额叶和枕叶神经元中的谷氨酸浓度均降低。舒尔茨等的 fMRI 研究显示，与健康个体相比，高功能 ASD 个体在被动观看面部刺激时，面部处理区域如 STS 的活动减弱，这进一步证实了 STS 与 ASD 个体的社会认知缺陷有关。阿斯温等的研究也表明，STS 的作用可能更为复杂，高功能 ASD 个体在观察恐惧面孔时，STS 和其他脑区的活动减弱，表明 STS 与理解他人情绪的能力有关。

比格勒（Bigler）等的研究表明，与健康个体相比，ASD 患者的颞上回（superior temporal gyrus，STG）体积与智商分数和语言测试结果之间没有相关性，这表明 ASD 个体的左颞上回功能障碍可能与语言障碍有关，进而影响其社会认知能力。梅雷斯（Meresse）等对 STG 的脑血流量进行的研究也证实了这一点，发现 ASD 患者的脑血流量与症状严重程度呈负相关，这表明 STG 可能涉及社会认知、语言和心理理论的障碍。威廉斯（Williams）等的 fMRI 研究发现，STS 并非颞叶中与 ASD 相关的唯一区域，高功能 ASD 个体在模仿和行为观察任务中，其右颞顶联合区和其他一些脑区的活动减弱。这表明，对视觉、运动和情感信息的整合困难可能导致 ASD 个体的模仿问题，而模仿问题与其镜像神经元功能缺陷有关。基于这些研究，STS 可能与 ASD 个体的目光检测、身体语言和面孔加工有关，而颞顶联合区可能与模仿和行为观察能力的损害有关。

4. 脑的其他区域

研究结果普遍认为小脑、额叶和颞叶的功能障碍与 ASD 的发病机制密切相关。除此之外，其他脑区的异常同样可能与 ASD 有关。例如，部分顶叶可能与 ASD 患者的镜像神经元系统缺陷相关，特别是在模仿动作方面。杏仁核的功能障碍可能影响 ASD 患者对情绪性刺激的模仿。基底神经节的异常可能与 ASD 的重复性和刻板行为有关。海马体、下丘脑、丘脑、脑岛和脑干等大脑区域也与 ASD 有关。这些区域通过不同的神经通路调节多种行为，但需要进一步的研究来明确它们在 ASD 中的具体作用。此外，胼胝体的异常可能导致大脑区域间的连接障碍和异常的偏侧化模式，这也可能影响 ASD 的发生。

二、孤独症谱系障碍的成因

迄今为止，孤独症谱系障碍还没有查出明确的病因，学者们试图从遗传和环境两个方面对 ASD 的形成原因进行探索。

1. 遗传因素[①]

流行病学研究已经确定，遗传因素是孤独症的主要病因。双生子研究的数据显示，孤独症的遗传度高达 80%，这凸显了研究孤独症遗传易感性的重要性，以便为早期干预提供科学依据。

随着基因组测序技术的进步，科学家已经识别出许多与孤独症风险相关的遗传变异，包括罕见和常见的变异。SFARI（Simons Foundation Autism Research Initiative）数据库最新数据显示，已查明有 1176 个基因与孤独症风险相关，其中 412 个被认为是高可信度的风险基因，例如 SHANK3、CHD8、POGZ 和 CSDE1 等。孤独症的遗传异质性非常高，有些患者可能仅因为一个罕见变异而患病，而其他患者可能是多个常见变异累积的结果。在已鉴定的变异中，罕见变异对疾病的贡献较大，而单个常见变异的影响相对较小。在携带有害变异的孤独症患者中，常见变异的负担介于非携带者和对照组之间，这表明罕见和常见变异可能共同参与孤独症的发展。未来的研究将探索这些变异的共同分子机制，为孤独症的诊断和治疗提供新的策略。

孤独症的遗传模式主要分为两大类：主效基因遗传模式和多基因遗传模式。主效基因遗传模式包括三种情况：①高外显率的罕见变异直接导致疾病；②这些罕见变异与其他风险因素共同作用；③少数几个中高外显率的变异共同致病。多基因模式则认为，多个低风险的常见变异共同作用导致孤独症。目前常见的风险变异数量有限，因此多基因模式需要更多的研究来支持。单个常见变异虽然风险较小，但它们的总体风险可以用来进行孤独症的早期风险预警，这对早期干预至

[①] 张竞，贾相斌，夏昆，郭辉，李家大. (2024). 孤独症谱系障碍的遗传病因和神经生物学机制. *中国科学：生命科学*，(11)：1-17.

关重要。然而，目前对这两种模式在孤独症人群中的贡献程度或解释孤独症人群的比例仍存在争议。此外，虽然目前认为主要存在这两种模式，但不排除它们可能在同一患者中共同作用。表观遗传或环境因素可能在两种模式中都发挥作用，特别是在多基因模式中，通过与常见变异相互作用，参与疾病的发生。

孤独症的神经生物学研究已经鉴定了数百个风险基因。通过基因型-表型的相关性分析，已经精确地识别了一些与神经生物学功能相关的基因，这为实现疾病的精准分子诊断提供了可能。功能研究显示，这些基因主要参与神经发育过程，如早期神经发生、神经元发育和神经环路的建立等。这些过程的异常可能导致大脑功能的紊乱，从而表现出孤独症的核心症状。利用遗传学、神经生物学和模式生物等手段深入研究这些过程的异常，将有助于更好地理解孤独症的神经生物学基础，并为未来的干预和治疗提供新的思路。

2. 环境因素[①]

尽管生物遗传因素是 ASD 的主导成因，但某种程度上 ASD 也是生物机制对环境塑形适应不良引发的一系列遗传-环境负向联动。

（1）已被证实的风险因素

在探讨孤独症谱系障碍的环境风险因素时，研究已经证实了一系列与 ASD 风险显著增加相关的因素，包括产妇年龄超过 40 岁、父亲年龄大于 50 岁、妊娠期糖尿病、怀孕前后 3 个月内未补充叶酸、孕期使用丙戊酸盐来治疗双相情感障碍或癫痫、怀孕不满 32 周早产和怀孕间隔不足一年。

特别值得注意的是，父亲年龄对后代 ASD 风险的影响得到了更多的研究支持，这与传统观念中母亲的影响更为直接的认知相悖。这可能与精子的突变积累速度比卵子快、每次精子分裂都可能引入新的突变有关。尽管晚育的父亲确实相对面临更高的生育风险，ASD 的发病率也似乎随着父亲育龄的增长而稳步上升，但高龄父亲所生的孩子患 ASD 的绝对概率仍然很低，且研究尚未发现导致 ASD 风险突增的年龄拐点。

（2）存在争议的风险因素

在探讨孤独症的环境风险因素时，部分因素的关联性尚未成为科学界的共识，如产前接触杀虫剂或空气污染、孩子夏季出生以及孕期服用抗抑郁药或对乙酰胆碱酚。

[①] 柳恒爽，黄天德．（2021）．自闭症谱系障碍环境风险因素的国外研究进展．残疾人研究，（03）：87-92.

孕期用药是一个复杂且敏感的问题。如前所述，产妇使用丙戊酸盐会显著提高孩子患 ASD 的风险。然而其他药物，如选择性血清素再摄取抑制剂（SSRI）和对乙酰胆碱酚，它们与后代患 ASD 的风险之间的关系尚不明确。一些研究表明 SSRI 可能增加患 ASD 的风险，但其他大型流行病学调查和严格控制的实验则否认了这种关联。对乙酰胆碱酚作为一种非处方药，通常被认为是安全的孕期药物，但有研究发现它可能与孩子患孤独症及过动症状（hyperkinetic symptoms）的风险增加有关。

存在这种不确定性部分是因为当前研究难以区分药物使用和导致用药的疾病之间的因果关系。例如，有研究在分析了 4650 对母子（含 1245 对孤独症母子）的电子健康记录后，发现孤独症儿童在母亲宫内接触抗抑郁药的概率并未显著高于健康组。这表明，孕妇的抑郁状况可能比药物使用更能解释后代患 ASD 的风险增加。

在科学研究未能明确区分药物、导致用药的疾病或疾病的严重程度对 ASD 风险的贡献之前，预防孕期疾病似乎是最稳妥的策略。然而，如果孕妇确实患病，是否应该因为这些尚存争议的风险而避免用药呢？对于某些轻度病症，可能存在非药物治疗的选择，如心理治疗或运动，但在必须使用药物治疗的情况下，为了避免 ASD 风险而拒绝用药可能会给母婴带来更大的风险。研究发现，孕妇如果因为担心 ASD 风险而停止服用抗抑郁药，可能会导致抑郁复发，从而增加胎儿发育不良或早产的风险。同时，发热的孕妇如果拒绝服用对乙酰胆碱酚，发热本身也可能增加孩子患 ASD 的风险。相比之下，选择服用这些药物，孩子患 ASD 的风险至多增加两倍，并且即使相对风险增加，服药母亲生下孤独症孩子的绝对概率依然很低。因此，在孕期服药与否的决策中，需要权衡各种风险和收益。个别情况下，应用流行病学数据时，必须考虑到每个案例的复杂性。当面临孕期是否用药的双避冲突时，"两害相权取其轻"可作为孕妇抉择的一个参考（柳恒爽，黄天德，2021）。

（3）已被证伪的风险因素

当前的科学研究已经排除了某些环境因素与 ASD 风险之间的显著关联，包括产前吸烟、妊娠期高血压、胎膜早破、辅助生殖技术、剖宫产以及阴道助产。这些结论基于广泛的研究和数据分析，上述因素并不会增大患 ASD 的可能性。因此，孕妇不必过度担忧使用辅助生殖技术（如人工授精和胚胎移植）或选择剖宫产和阴道助产等生产方式会增加孩子患 ASD 的风险，而应在医生的建议下根据个体情况选择最合适的生育方法。

第三节 孤独症患者共情的神经机制[①]

一、孤独症患者共情的生物学机制

巴伦-科恩的研究发现,产前雄性激素水平特别是胎儿期睾丸素的暴露,可能是 ASD 个体共情缺损的一个重要生物学因素。这一发现与极端男性脑理论和共情-系统化理论紧密相关。这些理论认为,胎儿期高水平的睾丸素暴露可能会促进雄性化行为,而这些行为在 ASD 个体中更为明显。奥阳(Auyeung)和巴伦-科恩等通过分析孕妇子宫内雄性激素水平,进一步发现产前雄性激素含量与儿童 8 岁时孤独症谱系商数呈正相关,即雄性激素水平越高,儿童的孤独症特质越明显。此外,查普曼(Chapman)等的研究表明,胎儿期的高雄性激素水平可能会降低儿童的共情能力,同时促进系统化能力的发展,导致系统化超常而共情缺损。

二、孤独症患者共情的神经生理学机制

巴伦-科恩的共情-系统化理论区分了共情和系统化的神经基础,分别对应"社会脑"和"分析脑"。社会脑的概念最初由布拉泽斯(Brothers)提出,涉及杏仁核、眶额皮层、内侧额叶以及颞叶的特定区域,如颞上沟和梭状回。这些脑区主要负责处理社交信息,包括面孔识别、心理理论和共情能力。

研究表明,ASD 个体在前脑岛、前扣带回、内侧前额叶皮层和左后颞上沟等脑区存在异常,这些区域是共情系统的关键神经基础。巴伦-科恩和塔格-弗卢斯贝格(Tager-Flusberg)的 fMRI 研究发现,在执行共情任务时,成年高功能 ASD 患者和一般 ASD 患者的杏仁核、扣带回、眶额皮层、内侧额叶、颞上沟和梭状回面孔区的激活水平显著低于对照组。

默认网络(DMN)与共情系统的关系也得到了研究。DMN 包括前额皮层、楔前叶、后扣带皮层和颞上沟等,与自我参照、社会识别、心理理论和共情等任

[①] 刘艳丽,陆桂芝.(2016).自闭症谱系障碍个体共情缺损的产生机制与干预方法. 中国特殊教育,(09):48-54.

务相关。竹内（Takeuchi）的 fMRI 研究表明，ASD 个体的 DMN 功能连接受损，这可能是其共情系统功能缺损的原因之一。阿萨夫（Assaf）等通过 fMRI 技术对高功能 ASD 患者和正常健康个体进行对比研究发现，在静息状态下，ASD 个体的 DMN 功能连接水平显著低于正常群体，这可能是 ASD 个体共情缺损的主要神经基础。

胼胝体在大脑两半球信息整合中起着关键作用，其异常可能导致左右脑半球功能出现极端化。ASD 个体的胼胝体功能受损可能导致共情缺损和系统化能力的极端超常。巴伦-科恩的研究发现，与正常儿童相比，孤独症个体的胼胝体体积明显较小，导致左右脑半球信息整合受损，共情能力受损。

第四节 沙盘游戏中的神经生物学因素[①]

当代学者通过探索神经化学过程中细胞内部的世界来深入理解心智是如何在物质基础之上构建的。特纳（2005/2016）将沙盘游戏中卡尔夫提出的心灵转化的阶段理论与神经生物学的相关内容进行了分析与比较[②]（见表 4-1）。接下来，我们将具体分解沙盘游戏中的神经生物学因素，通过综合不同学科的视角来增强我们对沙盘游戏在疗愈和转化过程中关键特性的理解，以培养一种可以滋养心灵的更全面的洞察力。

表 4-1 心灵转化的心理学与神经生物学范式（Turner，2005/2016）

卡尔夫	神经生物学
母子一体性	皮质下区域 杏仁核与早期边缘系统的发育
母亲承载着儿童的自性功能	养护人承担了婴儿的高级大脑皮层功能
与母亲建立关系	边缘系统的成长/组织
儿童与母亲的关系	自我调节能力的逐渐增长
自性的集群	大脑皮层-边缘系统联结
儿童心灵中心化	波动的情绪状态中稳定的自我认知

[①] 特纳（Turner, B. A.）. (2016). 沙盘游戏疗法手册(陈莹，姚晓东 译). 北京：中国轻工业出版社. (Original work published 2005)

[②] 有关沙盘游戏历程中儿童的心理发展阶段将在下一章详述。

一、沙盘游戏中的母子一体性阶段与大脑的发育

在探讨沙盘游戏疗法中母子一体性（mother-child unity）与脑结构发育的关系时，当代神经生物学的进展为我们提供了洞察人类大脑发育过程中生理因素相互作用的新视角。加州大学洛杉矶分校医学院的神经精神病学专家阿兰·肖尔（Allan N. Schore, 1994, 2001a, 2001b）深入研究了主要照顾者对婴儿情感调节与高级脑结构发育的遗传触发因素之间的联系，并提出了重要见解。肖尔通过跨学科研究整合，揭示了在儿童早期发展的关键阶段，母子关系对儿童脑结构具有深远和持久的影响。

肖尔的研究成果对于理解沙盘游戏中0—3岁儿童的母子互动及其对大脑发育的影响具有指导意义。卡尔夫（1980/2003）强调，疗愈与转化的过程发生在母子一体性的心理层面。在她唯一的著作中，卡尔夫着重探讨了个体早期发展阶段在疗愈与转化过程中的核心作用，并明确指出心灵的变化是在母系层面上发生的。她认为，为了实现心灵的疗愈，必须回归心理发展的早期阶段。肖尔的神经生物学研究支持卡尔夫的观点，并深化了我们对沙盘游戏过程中包容关系作用机制的理解。

有研究指出，在母婴互动中，母亲的适应性调节能够促进婴儿的生理发育，包括细胞的重组和生长（Schore, 1994, 2001a, 2001b）。肖尔提出，婴儿在与母亲的互动中激活了体内的神经激素和神经递质，这些物质控制并影响着更复杂的脑结构的逐步成熟。他（1994）指出："主要抚养人通过传递和调节环境信息的输入，为结构系统的经验依赖性成熟提供了'经验'，这一结构系统主要负责调节个体的社会情感功能。通过提供良好的社会情感刺激，母亲促进了婴儿大脑皮质边缘与皮质下边缘结构之间连接的生长，这在神经系统中调整了自我调节功能。"

肖尔发现，母子之间的"非言语情感交流"是控制这些发育过程中的神经化学和神经生物学机制的关键。丹尼尔·西格尔（Daniel J. Siegel, 1999）也提出，人的大脑和心理是在人际关系中形成的，他将这一领域称为人际神经生物学。西格尔（1999）认为："人的心理是在神经生理过程和人际关系的相互作用下发展起来的。人际关系的体验对大脑具有重大影响，因为负责社会认知的神经回路与整合那些控制意义生成、身体状态调节、情绪调整组织记忆和人际交往能力的重要功能的神经回路是基本一致或紧密相连的。"

与肖尔（2001a）一样，西格尔在其著作中也主张母婴关系决定了婴儿大脑的"结构与功能"。西格尔研究了大脑的产物，即人的心理，并认为母婴关系与神经系统相结合产生了人的心理。他指出，就像在沙盘游戏中一样，心理起源于大脑中的能量模式和"两个大脑之间的关系"。他（1999）强调："即使有一定的物理距离，一个人的心智依然可以通过能量和信息的传递来直接影响另一个心智的活动与发展。通过言语和非言语行为的反应，建立起这样的链接，在两个个体之间传送着心理的信号。用词、语音语调，以及表达中的非言语信息，在信息接收者的心智中都形成了基本认知过程。"

在沙盘游戏中，来访者与咨询师之间不可见的大脑能量交换对双方心智具有重大影响，这也可以解释为何包容接纳是沙盘游戏过程中的关键性因素。在沙盘游戏中，来访者与咨询师共同进入来访者的潜意识象征性过程。他们之间的关系以及对象征的相互体验共同作用，产生了一个关系场，这个场域不仅包含咨询师对来访者情绪状态的微妙调节，也包括来访者与咨询师之间大脑能量的不断互换。所有这些都发生在来访者制作沙盘作品的象征性过程中。考虑到象征的特点，它们同时影响来访者与咨询师的心灵。这激发了来访者与咨询师之间深层心灵的交流互动，二人之间大脑的能量彼此影响，并进一步不断彼此交换。与此同时，咨询师在一个安全的容器内要承载容纳整个过程。西格尔的研究有力地证明了，在沙盘游戏疗法中所发生的肉眼不可见的过程具有非凡的意义和作用。

二、沙盘游戏中的情感关系与大脑边缘系统的早期发育

从胎儿发育的第三个月开始，直至出生后的 18 至 24 个月，婴儿的大脑边缘系统经历了迅速的成熟过程，这一系统对于社会认知、身体和情绪调节以及依恋行为具有显著影响（Schore，1994，2001a，2001b）。在儿童大约 3 岁时，边缘系统在成长发育中发挥着核心作用。

边缘系统的成熟在很大程度上取决于婴儿与主要照顾者之间的互动质量（Schore，1994，2001a，2001b）。研究者在临床观察中发现，婴儿与主要照顾者之间存在"情感同步"，如在游戏互动中，婴儿与母亲的心率会同步地加速或减缓，而这种同步性直接影响着婴儿神经系统的成熟。适当的互动游戏和母亲对婴儿唤醒水平的调节促进了脑结构的发展，进而有助于儿童形成情绪自我调节的能力。因此，通过游戏和愉快的互动，幼儿的大脑边缘系统得以发展到成熟阶段。在这种互动关系中，婴儿与母亲都在经历变化——随着婴儿能力的提升和变化，

母亲会根据孩子的互动需求做出相应的调整，新的情感体验也随之产生。母亲会适应并回应儿童不断出现的新情感，同时继续发挥包容和调节的作用。

在沙盘游戏历程中，卡尔夫（1980/2003）提出的母子一体性心理发展理论可以视为大脑边缘系统发育的反映。咨询师通过潜意识的调节与来访者进行积极的心灵互动，这种情感交流的积累促进了心灵的成长，使个体从与原型母亲的无意识融合状态，逐步发展到开始与咨询师建立关系。沙盘成了咨询师与来访者心灵互动的平台，为来访者提供了心灵成长所需的反馈，这些变化以原型的形式对来访者的心灵产生影响。

三、沙盘游戏中的自由与受保护的空间

卡尔夫（1980/2003）认为，真正的治愈和转化源自心灵深处。她指出，为了接触这个潜意识状态，个体必须彻底放松意识，达到一种放松游戏或心神游离的状态。虽然沙具和沙盘本身有助于放松意识，但卡尔夫强调，个体还需要确保一个安全稳定的心理环境，以便成功地跨越意识的界限，进入潜意识的"母性层面"。因此，她定义了沙盘游戏中两个关键的无形元素：自由与受保护。它们不依赖于任何特定的模式或训练，而是依赖于咨询关系的质量。

肖尔（1994，2001a，2001b）关于母婴互动对大脑发育的影响的研究，加深了我们对沙盘游戏中包容性关系的理解。沙盘游戏是一种深刻的、充满力量的、非言语的交流方式。就像成长中的婴儿与母亲的关系一样，来访者在充满情感和高度融合的氛围中与咨询师进行交流。

在所谓的"包容"中，治疗师的心灵在"自由与受保护的空间"中发挥调节作用。通过适应来访者沙盘作品的变化，咨询师的包容和调节激发并促进来访者疗愈和发展所需的心灵的解构与重组。可以说，从母子关系的角度来看，沙盘游戏中心灵的变化过程与大脑结构的发展性重组大致相同。

四、沙盘游戏中的心理创伤与大脑分层结构的发展

肖尔（2001a，2001b）提出，儿童的成长依赖于其大脑结构的逐步复杂化。这种复杂化促进了儿童行为和能力的进步，即儿童发展。在婴儿的大脑发育过程中，神经系统的结构不断建立、解体和重新组合，与沙盘游戏中象征和超越功能的动态过程相似。约翰·休林斯·杰克逊（John Hughlings Jackson）在1931年提

出大脑水平分层结构的理论,这一理论得到了现代研究的支持。研究表明,随着大脑的成熟,其结构确实比早期的原始结构复杂得多。儿童大脑的发展经历多个阶段,新发展的皮质结构调节和控制早期的皮质下结构,而随着大脑层次之间连接的增加,高层结构中的信息处理变得更加复杂,形成了更高级的调节和管理情绪的能力。

神经学家保罗·麦克莱恩(Paul Maclean)提出了一个"三位一体"大脑模型(Cory & Gardner, 2002),认为人类大脑由三个部分组成:脑干(负责基本生存任务)、边缘系统中脑(更高级的情绪中心)和最发达的大脑皮层(负责更高级的认知功能)。

特纳(2005/2016)将复杂的大脑结构简化为图4-3和表4-2所示的模型,可以看出,大脑从低级到高级依次发展,生存必需的结构所在的杏仁核和脑干区域的低级自主功能,在出生时已经形成。随着个体的成长,更复杂的大脑功能继续发展和多样化。发展中的大脑结构在功能上比下层结构更复杂。大脑的发展不是简单地取代低级功能,而是在已有能力的基础上整合更高级的能力。随着发展水平的不断提高,我们再次面对低级结构,用新发展的心理能力增强其功能。

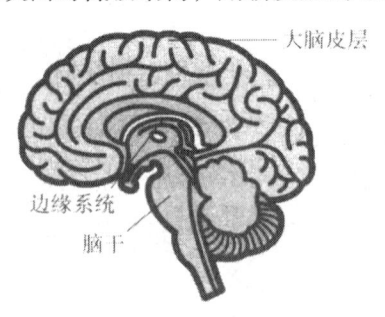

图4-3 大脑主要区域简图

表4-2 大脑主要区域的构成与功能

大脑层次	结构构成	功能
大脑皮层	前额皮质	复杂思维
	视觉、听觉、感觉皮质和联合区	智力
	语言、运动皮质和联合区	人格 感知冲动解释 运动功能

续　表

大脑层次	结构构成	功能
边缘系统	杏仁核与早期边缘系统的发育	情感
	扣带回	情感反应
	海马体	激素调节
	下丘脑	痛苦
	丘脑	快乐动机
	嗅觉皮质	心境
脑干	中脑	自主功能
	延脑	呼吸，心跳
	脑桥	血压 消化 警戒、觉醒

大脑的这种分层进化特性可能部分解释了成长与发展的螺旋式原型。特纳（2005/2016）提出，新发展的更高级能力能够反映先前的结构，形成螺旋式上升的模式。另一个神经学推论是，神经细胞外膜的"髓鞘"在轴突周围以螺旋运动的形式生长。这些都表明螺旋可能是神经系统信号传输和连接的生理运动方式。

布鲁斯·佩里（Bruce D. Perry, 2001, 2002）研究了创伤对大脑发展的影响，发现所有感知信息都需要与已知"模式"或大脑中的记忆相比较。新事件与已知模式的比较，形成了我们以更复杂但连贯的方式组织个体经历的能力。当接收的信息持续被视为创伤性危险时，创伤性经历会阻碍大脑的进一步发展，因为创伤个体处于恐惧和警觉状态，妨碍了安全感和关系的形成，这有助于激发更高级脑结构的发展。

大脑依赖个人经历及体验来发展和组织结构。缺失的体验会导致神经轴突和突触的死亡与减少，称为"修剪"，这是儿童时期细胞的自然选择过程。基因为脑结构的生长设定了框架，而经历决定哪些基因被激活，以及这些基因如何影响神经突触的生长。家庭经历和文化背景决定了儿童在特定环境中生存和发展所需的神经通路，修剪掉未被激活的通路。在有缺陷的环境中，神经通路的生长未被经历激活，导致重要的神经通路被修剪掉。

出生时，大脑是人体中差异最小的器官，因此儿童早期经历对大脑发育有巨大影响。大脑早期发育控制了调节基本生存情绪的能力，如恐惧和愤怒。尽管个体的经历会持续影响大脑的运作方式，但核心的自我调节模式是在生命早期形成的。早期发展中的创伤可能对这些深层大脑结构产生重大影响，损害个体未来的抗压能力（Perry，2001，2002）。在0—9个月期间，母子关系的创伤或受损会影响婴儿大脑杏仁核和其他边缘系统的发育，导致对皮质下功能的调节较弱和自主调节能力差。这可能导致积极情绪体验能力的降低和情绪调节能力的损害。成年后，这些儿童可能出现情感功能障碍和人际关系困难。在婴儿9—18个月期间，创伤会导致皮质－边缘系统不同层次之间的整合较弱，限制管理和调节抗压能力的发展。肖尔（2001a，2001b）指出，任何一种创伤体验都会导致不安全的依恋关系，而两种创伤都会导致混乱型依恋。他发现，眶额皮层等整合功能区域会持续发展到成年期，这是低级皮质功能与高级皮质回路的交汇处。肖尔认为，创伤经历会导致皮质－皮质下区域过度的神经修剪，损害自我调节能力。在严重创伤的情况下，深层大脑结构的损伤可能导致大脑发展的严重限制。然而，成年后形成的安全人际关系可能培养出健康的依恋体验，重新激活大脑结构的成长和组织（Perry，2001，2002）。

神经解剖学家玛丽安·戴蒙德（Marian C. Diamond，1988）发现，只要对神经细胞形成足够的挑战，大脑的成长和发育可以发生在任何年龄段。戴蒙德强调，积极参与周围环境是刺激神经细胞的关键因素。这一研究为沙盘游戏疗法中的工作提供了广阔的空间：既然大脑仍然有可能疗愈和成长，来访者就有机会再次面对和重组婴儿期产生的神经系统结构性损伤和缺陷（Shore，2001a，2001b；Perry，2001，2002）。在沙盘游戏疗法中，来访者在原型的母子一体性中，身体积极参与沙子和象征物体验，可能激活神经系统的成长，修复受损区域，继续大脑的渐进发展。

五、沙盘游戏中的情感调节模式与自性发展

肖尔（1994，2001a，2001b）认为，心理结构的演化是将自我视为一个统一的整体，这为荣格（1954/1981，1959/1980，1960/1981）的"自性"（self）概念提供了科学基础。自性是荣格分析心理学的核心概念，代表心灵的中心与整体，它不仅是个体心理发展的目标，也是个体自性化（individuation）过程的体现（陈灿锐，申荷永，2011）。儿童与母亲的关系是早期发展的关键因素，诺伊

曼（1973）和卡尔夫（1980/2003）都认为母亲是婴儿自性的载体。巴尔温（Balvin）与戴蒙德（1963）的研究发现母亲充当了儿童的辅助大脑皮质。他们指出，婴儿类似于皮质下阶段的生物，容易受到环境中强烈刺激的过度激发。由于婴儿缺乏必要的大脑结构特征来调节输入信息，母亲在此时起到了调节的作用。肖尔（2001a，2001b）进一步指出，母亲与婴儿之间的积极互动促进了婴儿皮质下边缘系统与皮质边缘结构之间的关联发展。这些关联将边缘系统中的情感体验与理性能力的界定和分化结合起来，从而促进了婴儿自我调节能力的发展。

儿童的自我感知形成于情绪调节模式中，这促进了他们对个体稳定感知的形成，即使在情绪状态的波动中也是如此。这种稳定的自我感知源于与主要照顾者之间的情感关系。儿童的自我感知形成是一个渐进和回溯的过程，在母亲与儿童之间的情感联系和情绪调节背景下，这一过程包含了儿童大脑结构的形成、混乱和重组的循环模式。

值得注意的是，沙盘游戏疗法中成长和变化的主题反映了这样一个事实：负责意义生成、组织记忆和情绪自我调节的前额皮质与促进社会认知的大脑结构密切相关。这一神经生物学发现在荣格的人格理论中被称为"社会认知中产生的持久的自性中心化"。因此，对自性的体验是一种固有的、充满意义和目标感的整合生命体验。人们对自性的第一次体验通常发生在3岁左右，此时儿童的大脑已经足够成熟，发展中的更高级大脑结构能够展现儿童的自我认知，即自己作为一个整合的、有意义的系统的核心，与周围世界紧密相连。

鉴于情感在大脑组织和学习过程中的关键作用，沙盘游戏疗法中的关系和象征性过程激活了大脑非理性的、右半球的边缘系统。这基本上处于心理发展的早期阶段，随着理性和意识化整合的增加，新发展的内容逐渐转移到大脑左半球中。

六、沙盘游戏与关系中产生的心理

西格尔（1999）探讨了神经系统与人际关系之间的联系，并提出了三个核心观点：首先，人类心理是由大脑内部及其之间能量与信息的流动模式产生的；其次，心理是神经生理过程与人际关系体验相互作用的结果；最后，大脑结构与功能的发展依赖于个体的经历，尤其是人际关系的经历，这些经历塑造了由基因预设的神经系统的成熟。

在沙盘游戏疗法中，自由与受保护的空间有助于促进西格尔（1999）所描述的心理能量的交换。象征性内容的互动体验，增强了在关系中产生的疗愈与转化的能力。西格尔指出，心灵之间的相互作用和影响，一个心灵向另一个心灵发出的信号，会直接影响接收方心灵中的能量流动。他假设，心灵间的相互重叠可能形成一个心理的"超级系统"，在该系统中，每个心灵功能都得到增强，或者可能耗尽对方。在沙盘游戏疗法中，这种心灵的重叠领域正是一个相互增强心理能力的区域，不断支持和巩固来访者新出现的心理内容。

西格尔（1999）提醒我们，为了生存，即使是成年人，我们也不仅需要爱与关怀，还需要"有另一个个体同时经历与我们相似的心境"。他强调，正是这种关系中心灵上的和谐一致，赋予了生命目标与意义的完整感。

在沙盘游戏疗法的自由与受保护的空间中，来访者的象征性创作在沉默中被见证和分享，来访者与咨询师之间的关系是西格尔所描述的意义生成的深刻体验。来访者与咨询师的观察态度，在沙盘游戏疗法的象征性过程中共同作用，形成了深刻稳定的心灵状态。咨询师为来访者沙盘游戏历程的共同体验提供了最大限度的心灵共享的可能性。象征所具有的广泛意义及其对心灵各个层面的同时激活，可能会创造出超越我们自身能力的心灵共享环境。尽管沙盘游戏疗法象征性过程中的共享体验对来访者来说大多是无意识的，但至关重要的是，这是根据自性进行的调整。由于锚定在自性的中心原型上，在沙盘游戏中，心灵在实时共享的内容中形成了个体核心的生命力以及深远的人生目标。

七、神秘体验中大脑的"自性化"与象征性过程

纽伯格（Newberg，2001）的研究表明，人类的神秘体验具有神经学基础，并被整合进个人经历之中。他提出，人类天生具有追求统一体验的倾向，这在生物学上被视为大脑的固有功能。这种观点与荣格在心理学理论中提出的"自性"概念相吻合。

纽伯格（2001）通过脑电图研究了处于神秘体验状态的个体，包括不同宗教背景的神职人员。他发现，这些个体的神秘体验，如感受万物一体或神灵的无处不在，均在脑电图上有所体现。纽伯格指出，这些体验揭示了神经系统在神秘体验中的波动变化，为个体提供了感知真理的新途径，不仅巩固了日常意识的觉察，还将万物联系起来。纽伯格认为，这种神秘的现实并不与神经科学相冲突，它包含了思维、记忆、情感和客体认知之下的心理内容，是一种超越了主体和客体局限的纯粹意识状态。

纽伯格的脑电图研究揭示了与荣格所定义的自性相一致的更深层的自我。他的研究不仅支持了心理学理论，也与多种宗教和文化的神话传说相一致。人脑分为左右两个半球，每个半球进一步分为四个区域，即脑叶。一般认为，左半球擅长逻辑分析，而右半球擅长形象思维（Newberg，2001）。不同脑叶的功能因其在左半球或右半球而异。例如，顶上回后部，也称"定向联合区"（OAA），主要负责确定个体与外界的关系界限，帮助我们定位自己在时间和空间中的位置；额叶在调节注意力、推理力、辨别力方面发挥着重要作用，额叶的损伤与人格变化、情绪调节障碍有关，适当的锻炼和刺激可以帮助额叶发展，改善认知功能；枕叶的关键功能是视觉处理，包括颜色识别和视觉信息的整合；颞叶在处理听觉信息、语言理解、记忆形成以及情感调节中扮演着关键角色。纽伯格（2001）描述了在自性体验中出现的多种高级认知过程，这些过程在神秘体验中起作用，使个体的意识超越当前的限制。他认为，当个体面临挑战并寻找解决方案时，这些认知过程就可能被触发。纽伯格的发现与荣格心理学相结合，表明神秘体验中的认知操作与"象征性过程"的工作机制相似。

纽伯格（2001）详细阐述了神秘体验中的八种特殊认知操作：整体性操作、分解操作、抽象操作、量化操作、因果关系操作、二元对立操作、存在操作和情感操作。他认为，神话的创造也基于这些神经系统操作，以解决人类的疑惑和恐惧。纽伯格（2001）在探讨神话创作背后的神经机制时，其观点与荣格（1960/1981）的超越功能理论以及沙盘游戏疗法中的象征性过程有着惊人的相似之处。这种相似性体现在大脑两半球在对话过程中的停顿，停顿之后，随着新的心理内容的产生，连接又得以恢复。荣格将这种超越视为一种"跨越"，神经生物学则描述了左右脑交流的暂时中断，这种中断最终通过新的心理内容的出现而得到修复。特纳（2005/2016）通过一个被母亲遗弃的小女孩莉莉（Lily）的沙盘案例呈现了一个重新建立连接的场景：在沙盘游戏早期阶段——特别从第二个沙盘起，莉莉开始集合心理要素，以应对她所经历的深刻创伤。在这一阶段，桥梁被水淹没，象征着新的联系正在萌芽，但只有随着莉莉心灵的进一步成长，这些联系才会逐渐明晰；附近游弋的鲨鱼象征着她需要克服的挑战；海豹母子、带着探索精神的蜗牛和一对海马正准备登上桥梁，开启心灵的旅途；两条色彩斑斓的金鱼栖息在一块脑珊瑚上，这暗示着莉莉的大脑正在寻求新的连接方式，以促进她内心世界的和谐与家庭原型的融合，这是她心灵整合过程中迫切的需要。到了第十次沙盘游戏，笼中鹳鸟呵护老虎幼崽的场景，标志着莉莉内心世界的完全连接。

第五章 沙盘游戏疗法
干预孤独症共情的心理学基础

本章深入探讨沙盘游戏疗法在干预孤独症儿童共情能力方面的心理学基础，首先阐述共情的心理机制，包括共情的动态模式以及孤独症患者在不同情境中面临的共情挑战；接着概述心理咨询中的共情概念，并详细探讨共情在沙盘游戏疗法中的表现、应用以及作为疗愈因子的角色；然后重点讨论儿童在沙盘游戏中的心理发展，包括发展理论和发展阶段，强调沙盘游戏疗法如何促进孤独症儿童的心理成长；最后介绍沙盘游戏疗法在孤独症干预中的应用，并结合依恋理论探讨孤独症儿童共情的发展。

第一节 共情的心理机制

本节聚焦共情的心理机制，首先介绍共情的动态模型，接着探讨 ASD 患者在复杂情境和内隐情境中面临的共情挑战，试图从心理机制角度分析 ASD 群体共情缺损表现的不同原因。

一、共情的动态模式[①]

动态性通常指在某一过程中存在多个系统（multilevel system）的参与，并且该过程是一个随时间变化的动态过程（temporal dynamics）（Steve & Daniel, 2006）。共情是个体在面对（或想象）他人的情绪状态或处境时产生的心理现象，涉及个体的认知、情感和行为等多个系统的相互作用，这符合动态性的多系

[①] 刘聪慧, 王永梅, 俞国良, 王拥军. (2009). 共情的相关理论评述及动态模型探新. *心理科学进展*, 17 (05): 964-972.

统特征；且从时间维度来看，共情过程包括起始、发展和终止阶段，是一种随时间变化的动态过程，具有时间动态性的特征。因此，共情具有动态性，基于此，刘聪慧等（2009）在前人研究的基础上进行了整合和发展，提出共情的动态模型（见图 5-1）。

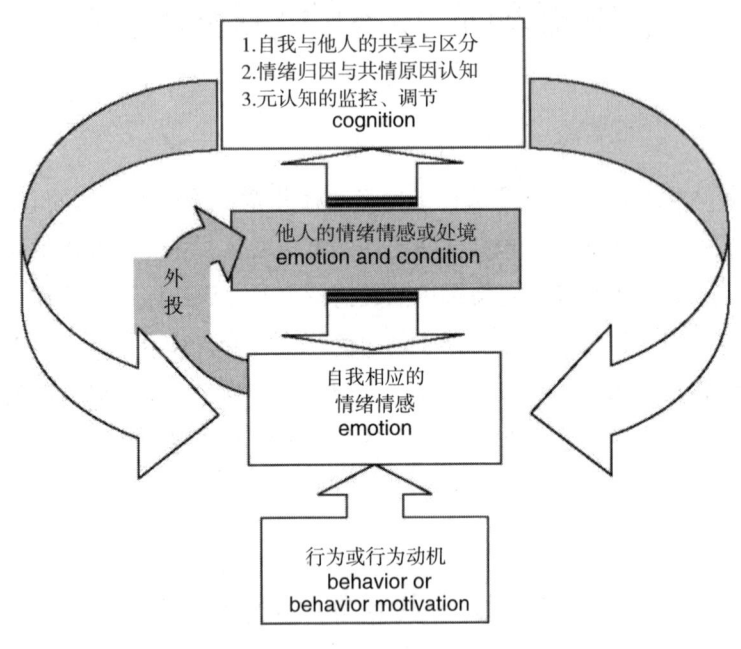

图 5-1 共情的动态模型

共情的动态模型涉及行为层面，涵盖包括行为共情在内的共情三维度，作为共情触发因素的他人情绪状态或处境，以及代表共情方向的指向性这五个部分。当个体遭遇（或想象）他人的情绪状态或处境时，认知和情感系统被激活，首先与他人建立共鸣；在意识到自我与他人的区别以及自我情绪源自他人的基础上，产生与他人相似的情绪状态；随后个体对他人的实际处境进行认知评估，并结合自身的价值观、道德准则等高级认知来审视"我"共情他人的理由是否成立。如果不成立，则过程终止；如果成立，认知与产生的情绪相结合促使个体产生独立的情绪状态，并可能伴随相应的行为（或行为动机）（外显的或内隐的），最终将自身的认知和情绪状态投射到他人身上，即共情得以发生。需要注意的是：①共情的方向。行为和神经科学的研究表明，个体在共情过程中会产生高水平的共情关怀和低水平的个人悲伤，在个人悲伤时个体更关注疼痛的传导，而在共情关怀时更关注疼痛的情绪体验。②共情是一个瞬间过程，与他人相似的情绪状态和个体独立的情绪状态之间没有明显界限，因此模型中未做详细区分。③研究发现，个体存在避免共情的机制，这表明元认知在共情过程中发挥着重要作用（Schulte-Rüther et al.，2008）。共情是各部分之间动态的相互作用，元认知参与并调节整个共情过程。

这一共情动态模型是在以往研究的基础上构建的，是对以往研究的整合和发展。首先，该模型发展了共情中情绪和认知并重的传统，引入了行为因素。共情研究主要分为三种取向，以利普斯（Lipps）为代表的学者认为共情仅是一种情感现象，是通过直接的、被动的直觉体验到的非认知现象（Coxon，2003）。而以爱德华·铁钦纳（Edward Titchener）为代表的学者，如柯勒（Kohler，1929）、米德（Mead）和皮亚杰（Davis，1996；Wispé，1987）则认为共情的关键在于理解他人的情感，而不仅仅是与他人共享情感。第三种取向则认为共情既包含情感也包含认知。近年来，部分对孤独症患者的共情研究证实了行为是共情的重要指标之一，因此共情的动态模型将行为因素纳入其中。

其次，该模型发展了共情作为一种心理过程的观点。普雷斯顿、德瓦尔、巴伦-科恩以及德塞蒂（Decety）所提出的共情模型都认为共情既包含过程，也包含产物，这是过程化思想的体现。共情的动态模型将这种过程化思想进一步发展，将共情更明确地定义为一种心理过程，并构建了过程化的模型。范（Fan）和韩（Han）等通过ERP研究发现共情过程的神经机制可以分为几个相互衔接的阶段，即共情过程展现出动态性的特点，并将其称为共情神经机制的时间动态性。刘聪慧等研究者将这种动态思想进一步完善，从多系统性和时间动态性的角度对共情的动态模型进行了发展和创新。

与以往的模型相比，刘聪慧等提出的共情的动态模型具有以下特点：①动态模型从认知、情感、行为多系统的角度关注共情，更全面地反映了共情过程。它不仅重视共情的情绪共享机制（镜像神经元理论和情绪共享理论的体现），而且重视认知成分（心理理论和观点采择的体现），并将认知成分明确化，充分体现了共情过程中个体主动性的参与。②该模型充分考虑到共情是自动加工和控制加工的结合，将共情以过程的形式展现，注重共情的时间进程性特点。③该模型从多系统性和时间动态性等角度全面展现了共情过程的动态特性，更科学地反映了共情作为一种心理过程的本质，为未来理论发展和干预研究打下基础。

二、孤独症患者在复杂情境中的共情挑战[①]

过往研究曾普遍认为 ASD 个体的共情能力存在显著障碍（Boucher，2012），并预期他们在识别他人基本情绪方面的能力较常人逊色。然而，正如本书开篇所言，有关 ASD 患者共情能力的研究结果并未形成共识。部分研究指出 ASD 个体在识别多种基本情绪时存在广泛障碍（Celani，Battacchi & Arcidiacono，1999；Lindner & Rosén，2006），另一些研究则发现他们仅在识别某些特定情绪（如悲伤、厌恶）时能力受损（Evers et al.，2015；Sucksmith et al.，2013）；还有研究认为 ASD 个体的情绪识别能力与常人无异（Jones et al.，2011；Ozonoff, Pennington & Rogers，1990）。元分析结果表明，ASD 个体在基本情绪识别上仅有轻微损伤（Harms，Martin & Wallace，2010；Uljarevic & Hamilton，2013），且主要在识别消极情绪时表现不佳，对积极情绪的识别则未受明显影响（Uljarevic & Hamilton，2013）。这些发现并不足以解释 ASD 个体在日常生活中共情能力的不足。

对于以上发现，有学者质疑，基本情绪是否过于简单，导致实验中出现了天花板效应？那么 ASD 个体在复杂情绪的共情能力方面表现又如何呢？研究者提升了任务难度，要求 ASD 个体识别嫉妒、恐慌、傲慢、憎恨等复杂情绪，多数研究依然发现他们的表现与普通群体相当（Begeer et al.，2008）。但是，当任务复杂度进一步提高，如在判断他人情绪的同时进行其他认知任务（Chevallier et al.，2011），或同时处理声音、面孔、身体或情境中的信息（Magnée et al.，2011；陈顺森等，2011）时，ASD 个体则表现出明显的共情困难。在现实社会环境中，刺激更为复杂，ASD 个体面临的挑战也更大。在一个现场实验中，实验人员假装受伤，参与实验的 26 名 ASD 儿童中仅有 2 名表现出明显的共情反应（Scambler et al.，2007）。

上述证据表明，ASD 个体可能并非共情能力存在严重缺陷，而是在主动注意并处理来自复杂情境中的情绪信息方面存在困难（Begeer et al.，2008）。日常生活中的情绪信息复杂多变，并不像实验环境下有明确的指导语要求 ASD 个体注意并评估他人情绪，而是需要个体迅速整合不同来源的信息，ASD 个体可能因此面临社会信息选择和加工的障碍，影响了他们的共情能力。

[①] 孟景，沈林．(2017)．自闭症谱系障碍个体的共情及其理论与神经机制．心理科学进展，25（01）：59 – 66．

三、孤独症患者在内隐情境中的共情挑战[①]

随着研究的深入，研究者发现了一个有趣的现象：当实验明确要求 ASD 个体注意并评估他人感受时，他们的行为反应、皮肤电（Trimmer, McDonald & Rushby, 2014）、相关脑区的激活程度、脑电（Fan et al., 2014）等指标均未显示出共情受损。然而，如果实验任务不要求 ASD 个体注意他人感受，他们的共情能力则表现出显著的损害（Hagenmuller et al., 2014；马伟娜，朱蓓蓓，2014）。

研究者根据实验是否要求被试对他人情绪进行识别和反应，将实验任务划分为外显（explicit）和内隐（implicit）共情实验任务（Kliemann et al., 2013）。普通人能够自动且迅速地加工他人的情绪信息，因此在两类实验任务中都表现良好（Begeer et al., 2008）。然而，当被试换作 ASD 患者时，研究者发现当评估行为水平时，ASD 个体在内隐实验任务上的共情能力受损更严重，他们对他人情绪的辨别能力更差、反应时间更长（Kliemann et al., 2013）；在大脑激活水平上，在外显实验任务中 ASD 个体面对他人情绪时内侧前额叶激活水平上升，在内隐实验任务中则没有显著变化（Wang et al., 2007）。此外，ASD 个体在错误信念任务（Schuwerk, Vuori & Sodian, 2015）、表情自发性模仿（McIntosh et al., 2010）等领域也出现了外显/内隐实验任务成绩分离的现象。这表明 ASD 个体可能并非不能与他人共情，而是不能自发、主动地注意并加工社会信息（Senju, 2013）。

总而言之，日常生活的情境是复杂且多变的，通常不会明确要求个体展现共情。一般人能够在复杂的社会环境中自然而然地关注他人的情感，并利用这些信息进行社交互动。尽管 ASD 个体在识别他人情感和做出反应的基本能力上与普通人相似，但他们在社会情境中很难自发地运用这些能力，因此常常显得共情能力有所欠缺。

孟景和沈林（2017）认为造成 ASD 个体在自然社交情境中难以使用共情能力的原因可能有以下两点：①独特的注意力倾向。ASD 个体通常会避免关注社会性信息，即便在被要求关注他人情绪时，他们也可能避免直视他人的眼睛

[①] 孟景，沈林. (2017). 自闭症谱系障碍个体的共情及其理论与神经机制. *心理科学进展*, 25 (01)：59–66.

（Hutchins & Brien，2016）。这导致他们在社交场合中难以捕捉到他人的情感信号。而在实验室环境中，ASD 个体通常被指导专注于他人的情感信息，从而减轻了他们避免社会信息的倾向，使得他们的共情能力表现得更加完整。②情绪学习模式的不足。一般儿童生来就具备识别某些情绪及做出相应反应的能力，他们能够通过日常经验逐渐学习并完善识别情绪和做出反应的技巧，并将这些技巧应用到日常生活中。相比之下，ASD 个体往往将情绪识别停留在理论层面，类似于记忆物品或词汇，而不是将其融入实际应用中。这也可能是 ASD 个体在实验室环境中的共情表现与临床观察结果存在差异的原因之一。

第二节　沙盘游戏疗法中的共情

在西方主流心理咨询流派中，共情扮演着至关重要的角色。咨询师需要通过共情来深入理解来访者，同时来访者也需要借助共情来真实地表达自我。在融合了中国文化的沙盘游戏疗法中，共情也同样关键，并且我们还可以通过理解"感应"的概念进一步丰富对共情的理解。

一、心理咨询中的共情概述

共情是心理咨询和治疗中的一种重要技巧和态度，它有助于加强咨询师与来访者之间的联系，并为来访者提供必要的支持和理解。在心理咨询领域，共情是一个多面性的概念，它通常包含以下几个关键要素：①**感受他人情绪和情感的能力**：咨询师能够感知并理解来访者所表达的情绪和情感状态。②**真诚与真实性**：共情要求咨询师以真诚的态度对待来访者的体验，避免机械模仿或表面同情。③**接纳与尊重**：共情包括对来访者情绪和体验的接纳与尊重，无论这些体验是否与咨询师的个人经历或理解相吻合。④**情感连接**：共情涉及建立情感上的联系，以更好地理解和响应来访者的需求。

共情在西方心理学中得到了广泛的研究和讨论。人本主义心理学强调个体的主观体验和人际关系的重要性，而存在主义心理学关注个体的存在意义和他人的关怀。在心理分析中，共情通过设身处地的能力体现感应的作用，或称为"共时性"现象的效果。中国文化心理学中的感应心法以及道家的无为思想，都为运用共情方法提供了重要的思想基础①。

二、共情在沙盘游戏疗法中的表现与应用

在沙盘游戏疗法中，共情的作用扩展到了语言之外，咨询师通过观察来访者的行为，洞察其内心世界，并客观分析问题的根源。咨询师在这一过程中既受情感的驱动，又需保持清晰的判断力，仿佛救援者一脚踏在水中，一脚踏在岸上，既能理解来访者的情绪，又不被其情绪左右。

1. **共情在沙盘游戏疗法中的表现**

非言语共情。在沙盘游戏疗法中，共情的表现形式不仅限于言语。咨询师对来访者创作沙盘作品的过程和所摆放的沙具有"共同情景"之感。这种深层次的共情是咨询师与来访者内心世界的共性认识，需要通过训练和体验逐渐成熟。

象征意义的理解。沙盘游戏中的沙具、空间配置、主题和场景都具有象征意义，源自来访者的深层心理。咨询师完全理解来访者的心理感受和沙盘作品中使用的象征方式后，可以更深入地理解其无意识内容。

共情的非言语表达。在沙盘的制作过程中，咨询师较少用言语表达共情，而是通过目光、表情和与来访者的距离控制等非言语形式传达。当作品完成后，咨询师可以通过言语充分表达共情理解。

共情的深入体验。通过沙盘作品，咨询师可以全面、形象地了解来访者的内心世界，真切地触摸来访者的心灵。在交流作品时，对来访者心境的准确理解会使来访者感到满意。

共情的理解与传达。咨询师通过深切体会来访者的内心世界，可以准确地传达共情理解。例如来访者在沙盘中摆放了一个水塘并在旁边立了一只很小的鸟，咨询师通过言语表达了对来访者现实情境的体验与共情理解，使来访者感到被理解和支持。

2. **共情在沙盘游戏疗法中的应用**

建立安全的咨访关系。共情有助于建立一个安全、信任的咨访关系。咨询师通过共情表达理解和关切，促使来访者感到被接纳，鼓励他们探索问题并寻找解决方案。

引导来访者深入探索。咨询师运用共情技巧，提出开放性问题，引导来访者

---

① 高岚，申荷永. (2012). *沙盘游戏疗法*. 北京：中国人民大学出版社.

关注沙盘中的特定元素及其象征意义,从而深入探索自己的问题。

促进情感表达和处理。共情鼓励来访者表达和处理情感。咨询师通过观察和理解来访者在沙盘中的情感表达,帮助他们探索情感的来源和意义,增强情感意识和情绪调节能力。

培养自我认知和洞察力。咨询师的观察和反馈帮助来访者联系沙盘游戏中的表达与内心世界,激发自我反思和探索,用共情的方式提升来访者的自我认知和洞察力。

三、共情作为沙盘游戏疗法中的疗愈因子

在沙盘游戏疗法中,共情是促进疗愈的关键因素。它不仅有助于建立稳固的咨访关系,还会为来访者提供一个自由而受保护的空间,并营造一种象征性的氛围。

1. 建立关系

稳固的咨访关系是沙盘游戏疗法进行和发挥疗愈作用的基础。共情在此过程中发挥着至关重要的作用。咨询师需要时刻关注自己对来访者的共情反应,并理解这些反应如何影响来访者。此外,咨询师还应注意来访者的行为,如迟到或失约,这些行为可能会对咨访框架产生影响。

在咨询过程中,来访者可能会对咨询师产生各种情绪投射。为了更好地理解这些未被言说的情绪,咨询师必须保持对共情的敏感性,并及时觉察自己对来访者的感受。如果咨询师的情绪反应过于强烈,可能需要通过督导或个人咨询来澄清这些情绪的来源。

2. 提供自由而受保护的空间

沙盘游戏疗法旨在提供一个疗愈的空间,让来访者能够自由地表达自己的困扰和症状。这种表达本身就是一种宣泄,是心理咨询的一种古老形式。

在沙盘游戏中,每个创作都是来访者试图调整过去与现在、迈向自我实现的一步。咨询师需要提供一个共情、自由、受保护的空间,并以非评判性的方式见证来访者的成长。疗愈的过程是由来访者无意识引导的,咨询师扮演的角色要给予积极关注、在场陪伴和理解。

3. 营造象征性氛围

咨询师需要从象征层面理解来访者的沙盘创作,包括沙具的摆放、操作过程和讲述的故事。这种象征性的理解有助于在个体乃至集体无意识层面上与来访者

建立更深的联系，并形成稳定的咨询关系，这种关系本身就具有疗愈作用。

相比之下，语言和意识层面的解释就不那么重要了。咨询师只需要提供少量、恰当的解释，用以维持来访者的发展过程。因为心灵的转化是一个长期的过程，过度的理性解释可能会打断沙盘创作过程中的感觉流动，干扰甚至阻碍来访者的心灵转化。

茹思·安曼在《沙盘游戏中的治愈与转化：创造过程的呈现》一书中提到："盛装了分析者心灵过程的容器正在烹煮，分析师要小心翼翼地看管着火候。"这形象地说明了咨询师在沙盘游戏疗法中的作用——咨询师要精心维护咨询过程，既不能让其冷却，也不能让其过热，以免破坏疗愈过程。

第三节　沙盘游戏疗法中的儿童心理发展

在沙盘游戏疗法中，心理工作者对儿童心理发展理论和发展阶段的理解至关重要。其中多拉·卡尔夫和埃里克·诺伊曼的理论及实践研究为沙盘游戏中的疗愈与转化过程提供了重要的理论基础。通过这些理论，我们也能够更深入地理解沙盘游戏疗法中的共情作用，以及它是如何帮助儿童在象征性的环境中重建心灵基础、促进他们健康成长的。

一、儿童沙盘游戏疗法中的发展理论[①]

在这一部分，我们将简短回顾诺伊曼和卡尔夫之前有关儿童早期发展的重要理论以及这些理论与沙盘游戏的关系。

1. 裴斯泰洛齐（J. H. Pestalozzi）

在19世纪末，教育改革者裴斯泰洛齐（1895）的教育理念对儿童发展心理学产生了深远的影响。裴斯泰洛齐主张儿童教育应重视培养观察和感知的心理能力，这与当时普遍的填鸭式教育法形成鲜明对比。他洞察到儿童在安全且自由探索的环境中学习效果最佳，这一理念促进了幼儿园的普及，并推动了学界对儿童早期发展和学习过程的深入研究。卡尔夫（1980/2003）赞赏裴斯泰洛齐的观点，

[①] 特纳（Turner, B. A.）. (2016). 沙盘游戏疗法手册（陈莹, 姚晓东 译）. 北京：中国轻工业出版社. (Original work published 2005)

认为母亲的真爱能引导儿童走向内在的统一和灵性的接触。

2. 赫尔巴特（J. F. Herbart）

赫尔巴特（1901）也对儿童发展进行了研究，提出儿童成长经历不同的阶段，每个阶段都有其独特的挑战和成就。尽管现在这一观点已被广泛接受，但在当时，赫尔巴特和裴斯泰洛齐的理论具有革命性，为后续研究儿童心理发展和促进因素奠定了基础，也激发了人们对成人心理发展的研究。

3. 让·皮亚杰（Jean Piaget）

20世纪初，让·皮亚杰（1928/1976，1929/1975）深入研究了儿童认知过程的本质。他强调的经验对成长和变化的重要性理念对沙盘游戏疗法产生了重要影响。皮亚杰认为认知发展是对现实的逐步构建，这一过程依赖于儿童与环境的积极互动。他提出"平衡化"（equilibration）是儿童维持现有心理能力和外部体验之间平衡的自我调节机制。在成长过程中，儿童通过"同化"和"顺应"两种策略来保持心理平衡。同化是利用现有认知结构理解新体验，而顺应则是调整认知结构以适应新的体验。皮亚杰（1970）强调认知发展的积极作用，认为儿童通过操作客体来认识世界。这一理论在沙盘游戏疗法中得到了体现，来访者通过操作沙和沙具来促进内在心理世界的转变。

琼斯（E. Jones, 1982）通过观察沙盘中的认知发展阶段，进一步证实了皮亚杰的理论。琼斯利用鲍耶·皮克福德（Bowyer Pickford, 1970）的"个体发展沙盘评估量表"（Sandtray Assessment of Development）来评估个体的发展水平，并结合皮亚杰的认知发展理论来研究沙盘中的发展结构，为沙盘的认知性评估提供了新的视角。

4. 西格蒙德·弗洛伊德（Sigmund Freud）

西格蒙德·弗洛伊德（1933）提出个体的童年经历对其人格形成具有决定性作用，这一理论对儿童心理学产生了深远的影响。弗洛伊德探讨了潜意识中的心理驱动力，提出生本能和死本能两种对立的心理力量，为心理学领域提供了新的理论基础。荣格在此基础上发展了潜意识象征性工作，为后续对象征性过程中能量两极化的研究奠定了基础。

5. 安娜·弗洛伊德（Anna Freud）

弗洛伊德的女儿安娜·弗洛伊德作为儿童治疗领域的先锋，自1923年起便开始对儿童进行心理分析。她的工作不仅包括调查和写作，还涉及教授心理分析理论在儿童治疗中的应用。尽管她与梅兰妮·克莱因（Melanie Klein）在儿童发展阶段和进程的具体时间上存在理论差异，但她们都为儿童心理分析学的发展做出了重要贡献。

6. 梅兰妮·克莱因（Melanie Klein）

梅兰妮·克莱因（1932）被认为是首位将游戏治疗纳入儿童精神分析的临床医生。她的理论强调幼儿期个体的发展依赖于自我毁灭与自我保护本能的动态互动。这些本能催生了投射、内射和分裂等防御机制，以应对内心的冲突和焦虑。

克莱因着重指出，儿童早期对"好"与"坏"客体的区分是发展的关键。她认为适度的区分是建立稳固心理基础的前提。此外，克莱因也强调了在个体发展早期以及整个心理变化过程中能量的两极对立现象。

7. 艾瑞克·埃里克森（Erik Erikson）

艾瑞克·埃里克森是著名的发展心理学家，他（1950/1963，1959/1980）提出个体通过解决一系列危机来实现八个不同阶段的发展。埃里克森也认同弗洛伊德和克莱因的观点，认为内在的对立驱力导致前进与后退的心理力量之间的持续斗争，从而推动个体发展。

埃里克森认为，个体的发展是通过完成一系列复杂的发展任务来实现的。他（1950/1963）将这一过程称为"渐次生成"，并认为这是人类固有潜能的逐步实现。他强调，每个阶段的发展任务完成后并不意味着消极内容的彻底消失。他（1950/1963）提醒我们："即便在晚年，人格也始终与存在的挑战相抗衡。在诊断稳健状态与受损症状时，我们能更清晰地理解人类潜能中的矛盾与悲剧。"

埃里克森还提出游戏在早期发展中起着重要作用，因为它使儿童能够整合自己的个体经历。

8. 温尼科特（D. W. Winnicott）

温尼科特（1958/1992）将母亲与婴儿之间的早期情感联系称为"原始母性关注"，这指的是母亲将全部注意力集中在新生儿身上。他强调这是发展过程中的一个短暂但重要的阶段。他（1958/1992）指出："在'原始母性关注'形成后，母亲为婴儿提供了一个适宜的环境，使其能够开始自发地发展，体验自我运动，并成为自己情绪的主人。"

温尼科特（1958/1992）强调母子关系在儿童发展过程中的重要性，并将其应用于精神分析领域。他特别指出，在传统精神分析治疗中，没有形成充分的自我是移情性神经官能症形成的一个重要因素。他提出"足够好的母亲"能够促进自我的形成，而缺乏适当的照顾将阻碍真实自我的发展，导致形成"虚假自我"以应对外部环境。

温尼科特（1958/1992）发现，对于某些个体，传统的精神分析方法并不适用,但他们可以通过他提出的"情境"进行治疗。在这个"情境"中,咨询师需要满足来访者的需求,从而激发他们真实自我的体验。

9. 约翰·鲍比(John Bowlby)

约翰·鲍比(1969)在其著作《依恋》(*Attachment*)中探讨了早期母子关系的核心重要性。他提出了依恋行为理论,认为儿童早期的发展不是基于内在的驱动力,而是通过与母亲的互动激活行为系统。鲍比指出,这些行为系统的目标是与母亲亲近,并通过这种方式促进儿童的发展。他的理论为后来的神经生物学研究奠定了基础,并强调母子关系对个体未来发展的重要性。

10. 玛格丽特·玛勒(Margaret S. Mahler)

玛格丽特·玛勒在研究精神病患儿的发展迟滞、退行性行为和共生性行为时(Mahler, Pine & Bergman, 1975),意识到了解儿童早期个体化的健康模式至关重要。她的研究揭示了婴儿从出生到18个月与母亲经历的"共生阶段",在这个阶段,母亲充当了孩子的自我,设定边界并缓解挫败感。

玛勒指出,在大约18—36个月之间,儿童进入分离-个体化阶段,开始以复杂的方式体验与母亲的分离。她认为,当孩子开始学习走路时,这一阶段就开始了。大约在3岁时,儿童开始经历心灵内在的分离,形成自我认知,并与母亲分离。玛勒强调儿童成功完成分离-个体化过程的重要性,这标志着个体心理的诞生,并对其后续发展至关重要。

荣格的理论从原型的角度探讨了儿童3岁左右与母亲分离时期的心灵中心化内在过程,这与玛勒的共生阶段与分离-个体化阶段理论相吻合。在这一时期,儿童的心灵经历了自性群集的中心化过程。

二、儿童沙盘游戏的发展阶段

卡尔夫(1980/2003)借鉴了诺伊曼(1973)在《儿童:初期人格的结构与动力》(*The Child: Structure and Dynamics of the Nascent Personality*)中提出的早期心理发展理论,以阐释沙盘游戏中疗愈与转化的过程。在理解卡尔夫所观察到的内在心灵成长的顺序和特征之前,我们要先学习诺伊曼对儿童心灵的见解。

诺伊曼的早期心理发展理论为理解从婴儿到成人的心理变化提供了工具,特别是他将自性视为中心组织原则的观点。作为荣格的学生,诺伊曼的理论结合了弗洛伊德、克莱因、列维-布留尔(Lévy-Bruhl)和皮亚杰的发展理论,并与荣格关于内在心灵的框架相融合,详细论述了早期人格的发展。尽管现代研究可能对诺伊曼的某些观点提出挑战，但他的理论为理解个体从出生到形成稳定自我意识以及适应外部世界和集体生活的心灵成长过程提供了宝贵的指导。

诺伊曼提出早期自我发展的五阶段论，它描述了自我从与母亲原型（mother archetype）的神秘参与（participation mystique）状态到逐渐获得自主性的过程。第一阶段为**性欲－幽冥期**（phallic－chthonian）：儿童的自我与母亲原型相连，表现出高度的被动性，受自然母性力量和潜意识控制。诺伊曼将这一阶段描述如下："此一植物性与动物性的型式仍属于高度的被动……它尚未从大自然母性力量（matriarchal power）与潜意识的掌控下获得自由。"第二阶段为**性欲－魔法期**（phallic－magic）：自我变得更加活跃，但仍然依赖于母性权威。第三阶段为**魔法－战争期**（magic－warlike）：自我开始摆脱对母性权威的依赖，转向对父性权威的认同，形成太阳自我（solar ego）。诺伊曼（1973）将这一阶段描述如下："自我首先克服它对母性职权的依赖，因之影响到对父性职权的转移，而关联到其后随之而来的'太阳自我'。自我在太阳－战争（solar－warlike）阶段会认同父亲原型，随后是成人父权自我（adult patriarchal ego）的太阳－理性阶段，其独立性以意志与认知自我（cognitive ego）上的相对性自由而达高峰。"第四阶段为**太阳－战争期**（solar－warlike）：自我认同父亲原型，为成人父权自我的形成奠定基础。最后一个阶段为**太阳－理性期**（solar－rational）：自我发展达到高峰，个体表现出意志和认知自我的相对自由。

卡尔夫的经验验证了诺伊曼的理论，她提出了与之相似的三阶段自我发展理论（见表5-1）：①**动物－植物阶段**（animal－vegetative）：在6—7岁之前，儿童的自我在沙盘中主要通过动植物的形象来表达。与诺伊曼的前两个阶段相对应，儿童的自我与母亲原型紧密相连。②**战斗阶段**（fighting）：在11—12岁之前，儿童在沙盘中开始表现出争斗行为。类似于诺伊曼的战争期，儿童的自我开始与外部世界对抗。③**适应集体阶段**（adaptation to the collective）：在12岁之后，儿童发展到能够与外部影响抗争并控制它们，最终成为社会集体的一员。对应于诺伊曼的太阳－理性期，儿童的自我开始适应社会集体。这三个阶段在沙盘游戏中的表现形式可能包括从无序到有序的场景发展。凯·布拉德韦发现卡尔夫的三阶段通常表现在如6岁、9岁、12岁三种不同年龄层儿童来访的初始沙盘上，儿童会在其后续的沙盘中对此阶段做更进一步的表现，或转换进入下一阶段。

表 5-1 诺伊曼与卡尔夫自我发展阶段比较

诺伊曼	卡尔夫
性欲-幽冥期（phallic-chthonian）	动物-植物阶段（animal-vegetative）
性欲-魔法期（phallic-magic）	
魔法-战争期（magic-warlike）	战斗阶段（fighting）
太阳-战争期（solar-warlike）	
太阳-理性期（solar-rational）	适应集体阶段（adaptation to the collective）

诺伊曼和卡尔夫都认识到，每次意识觉察范围的扩展都涉及心灵的再发展过程。随着内心的每次转化，自我经历消亡和重生，并越来越有意识地与自性建立联系。因此，心灵的发展过程涉及三个维度的变化：①儿童心灵的最初发展；②心灵内部创伤与阻碍的疗愈；③整个生命历程中每一次有意识觉察扩展的发展。

卡尔夫特别强调了母子关系的重要性，称之为"母子一体性"，并认为沙盘游戏疗法中的疗愈与转化就发生在这一早期发展阶段。她提出，在适宜的环境中，沙盘游戏能够消除阻碍心理健康发展的障碍，为来访者提供心灵的全面疗愈与发展的机会。诺伊曼指出，进入原型领域的体验会导致意识水平的下降，使得个体在原型维度中经历心理融合。卡尔夫认为，沙盘游戏创造的自由与受保护的空间能够重现母子一体性的原型情境，使来访者能够回归最初的心理状态，经历所有心理发展阶段直至成熟。在沙盘游戏中，来访者与咨询师的心灵在象征性的环境中融合，创造出母子一体性的环境，使来访者能够重新体验心理发展的过程。沙盘游戏允许来访者在前语言和象征性的层面上与自己的潜意识互动，这可能触及非常早期的发展阶段。

通过内在直觉和对象征意义的深刻理解，卡尔夫追踪到来访者在沙盘中的心灵运动轨迹，并发现他们的疗愈过程经常重复诺伊曼描述的儿童早期发展阶段（见表5-2）。卡尔夫观察到的疗愈模式包括：安全的母子一体性的形成，与母亲关系的建立，心灵中心化自性原型的群集，健康自我的发展，以及最终外在症状的缓解和心理功能的恢复。凯·布拉德韦通过大量的实践发现，儿童在沙盘游戏中确实重现了诺伊曼和卡尔夫所描述的发展阶段。儿童通过一系列沙盘作品展现了自我发展的过程，从与母亲原型的初步连接，到逐渐形成独立的自我意识。这种自我发展的理解对于咨询师在沙盘游戏中运用共情至关重要，因为它提供了一种框架，帮助咨询师理解儿童的内心世界和他们在游戏中所表达的情感与冲突。

表5-2 诺伊曼与卡尔夫心理发展的早期阶段

诺伊曼	卡尔夫
与母亲的原始关系	母子一体性
与父母的分离	与母亲建立关系
趋中性	自性的群集

注：随后是自我的发展阶段。

但我们需要注意的是，并非所有沙盘游戏经历都遵循完整的发展过程，心灵发展阶段可能不会以清晰连续的形式出现。实际上许多沙盘作品只反映了完整发展过程的一部分。尽管如此，这些片段仍然是有价值的，咨询师应将来访者的作品视为一个完整的整体，并尊重其独特的心灵工作方式。

最后我们补充一个查尔斯·T. 斯图尔特对沙盘游戏的评估方法[1]。该方法融合了诺伊曼、埃里克森和皮亚杰的发展阶段理论。尽管斯图尔特承认其方法的局限性，但它仍为咨询师提供了一个工具，以探究儿童在沙盘游戏中的发展进程。

婴儿Ⅱ期：年龄为七八个月到两岁。儿童将沙具放入沙盘，专注于沙子的感官体验。

儿童早期Ⅰ（early childhood Ⅰ，ECⅠ）：年龄为一两岁到三四岁。游戏可能包含有序和无序的元素，反映了儿童在争取自主权中的内在冲突。

儿童早期Ⅱ（ECⅡ）：年龄为三四岁到六七岁。游戏以儿童自身为中心，表现出逃避危险的行为。

儿童中期（middle childhood，MC）：年龄为六七岁至十一二岁。沙盘中出现对抗性，性别差异在沙盘主题中更为明显。

在沙盘游戏咨询中，儿童的发展阶段可以通过他们在游戏中的选择和行为来识别。例如，处于婴儿Ⅱ期的儿童可能会将沙具推入沙盘中，而处于儿童早期的儿童可能会在游戏中表现出对自主权的追求。

通过理解儿童在沙盘游戏中的发展阶段，咨询师可以更有效地引导咨询过

---

[1] 博伊科（Boik, B. L.），古德温（Goodwin, E. A.）. (2006). 沙游治疗完全指导手册：理论，实务与案例（田宝伟 译）. 北京：中国水利水电出版社. (Original work published 2000)

程,并为儿童提供支持。这些阶段不仅有助于咨询师理解儿童的内心世界,还能促进儿童的情感表达和自我认知的发展。尽管每个儿童的发展路径都是独特的,但这些理论提供了一个有价值的框架,帮助咨询师在沙盘游戏咨询中做出更有根据的决策。

第四节 沙盘游戏疗法在孤独症干预中的应用

沙盘游戏疗法重视来访者内在的治愈因素,在"非言语"和"非指导"的游戏过程中达到共情、感应和转化。这对具有言语缺陷的 ASD 儿童来说是一个较为有效的干预方式。研究者们在探索沙盘对 ASD 儿童的干预效果时也发现了其积极的辅导意义和对社会交往的促进作用。

目前国内外用实证的方法对沙盘游戏在 ASD 儿童干预中的价值和意义进行探讨及验证的研究,多基于 ToM(心理理论)或者传统的孤独症认知理论。我国沙盘游戏疗法对 ASD 儿童的干预研究最早可以追溯到 2005 年寇延的硕士论文,但研究者的研究对象并没有接受明确的医学诊断,仅使用相关量表对儿童进行观察评分,研究设计也为质性研究,并没有对个案进行量化分析。我国在相关领域最早的实证研究起始于 2009 年,学者吴怡娜对一名 5.4 岁重度抑郁症患者进行个案干预研究,首次将 ASD 儿童的主要养育者作为治疗的因素之一纳入研究过程。在我国目前已有的 ASD 儿童沙盘游戏疗法干预研究当中,高质量的实证研究论文数量不多,早年干预研究成果多为硕士毕业论文,研究者主要来自医学、心理学、特殊教育学等专业。

我国沙盘游戏疗法对 ASD 儿童的干预模式以标准的个体沙盘为主,福建省妇幼保健院在个体沙盘的基础上发展出了新的融合形式,让正常儿童在干预的不同阶段参与 ASD 儿童的沙盘游戏,研究结果发现融合形式的沙盘干预明显优于个体沙盘干预(刘桂华,黄龙生,钱沁芳,2019;王艳霞等,2019;李国凯等,2019)。此外,有学者将沙盘游戏疗法与音乐治疗融合(王敏佳等,2017),或发展家庭沙盘游戏和整合性沙盘游戏(任珍,2018)。研究者们在对比实验中发现,接受沙盘游戏疗法的 ASD 儿童能力发展显著优于没有接受沙盘游戏疗法的 ASD 儿童,而同样接受沙盘游戏疗法的儿童中,父母加入沙盘游戏的干预效果又与单纯的个体沙盘干预效果有显著差异,多人进行的类团体沙盘游戏干预效果显著优于个体沙盘游戏干预效果。研究普遍发现 ASD 儿童核心行为消退,认知水平得到提高，亲子关系也趋于和谐，语言和社会性水平得到发展。

我国的沙盘游戏疗法对 ASD 儿童的干预研究不断发展和改进，但仍存在研究样本量少、缺少追踪、研究方法原始等问题，也没有对 ASD 儿童的共情能力进行专门的探索，在未来的研究中可以结合脑科学探索沙盘游戏疗法对 ASD 患者共情能力的影响机制。

第五节 依恋理论下的孤独症儿童共情

依恋（attachment）指个体与重要他人之间形成的亲密情感联结。尽管依恋是一个终身建构的过程，但儿童早期依恋关系的建立却直接影响着儿童的认知、人格及其以后人际关系的发展，儿童的行为问题也与早期不安全型依恋有着密切联系。对于 ASD 儿童而言，由于其固有的社会互动缺陷，长期以来人们一直认为 ASD 儿童缺乏依恋行为，难以与抚养者建立正常的依恋关系（侯雨佳，邓猛，2018）。《精神障碍诊断与统计手册》（DSM-Ⅲ）首次将 ASD 从精神分裂症中区别出来的一个重要依据就是 ASD 儿童难以形成正常的依恋关系。即使在后续的 DSM-Ⅲ-R 及 DSM-Ⅳ 和 DSM-Ⅳ-TR 中，缺乏依恋行为仍然被视为 ASD 诊断与评估的标准之一。然而，近二十年来，随着对 ASD 儿童早期依恋研究的深入，研究者们逐渐改变先前的观点，认识到在早期生活中，ASD 儿童能够表现出依恋行为，并与抚养者之间形成依恋关系。早期依恋关系作为 ASD 儿童社会化过程中一个重要的人际关系，影响着 ASD 儿童对自我、他人以及周边环境的认知，进而影响其人格、情感以及社会性的发展，对儿童各方面的发展有着重要意义。已有研究证实，ASD 儿童早期依恋的质量不仅对其心理健康发展、游戏行为和人际关系有重要影响，而且某些与父母形成安全型依恋的 ASD 儿童更能与其他儿童或成人分享自己的想法，在有需要时向他人寻求帮助，从而能够更好地适应融合的教育环境（Dolev et al., 2014）。

当前国外对 ASD 儿童依恋的研究已经经历了从初步探索 ASD 儿童在早期生活中能否形成依恋关系到关注其早期依恋特点、影响因素以及干预策略的拓展。我国对 ASD 儿童早期依恋的研究主要集中于 ASD 儿童的依恋现状研究和父母的依恋特征调查，如邓红珠等（2007）发现，婴幼儿 ASD 患者对养育者的依恋主要属于淡漠型和混乱型依恋，安全型依恋较少；刘伟等（2012）和邹冰等（2012）发现 ASD 患儿父母的依恋类型分布与正常儿童父母的依恋类型分布无差异，但另一项调查发现 ASD 儿童父亲的依恋焦虑维度评分显著高于对照组；侯雨佳等（2020）发现，母亲教养方式在 ASD 儿童母亲的依恋风格和亲子依恋中起中介作用。总的来说，我国 ASD 儿童依恋研究不够系统和深入，如没有对家庭环境的影响和依恋的干预方式进行探索。

国内外研究都发现 ASD 儿童在早期生活中实际上可以与养育者建立依恋关系，但不安全型亲子依恋显著高于安全型依恋，而不安全型依恋关系对 ASD 儿童的情绪情感、社会性行为、性格特征及其与人交往的基本态度的形成都有严重的负面影响。也就是说，依恋关系会对 ASD 儿童的共情能力产生影响。国内尚无 ASD 儿童依恋和共情的关系研究，国外学者斯特恩（Stern）等（2017）提出了共情个体差异的依恋理论模型（attachment theoretical model of individual differences in empathy）。他们认为从依恋的角度来看，共情是由关系安全的经验产生的，在多个分析层次上与调节因素进行复杂的互动。安全型依恋通过以下方式促进个体共情：①认知模型，指导社会认知、情感和行为；②自我调节能力，使情感认同他人的痛苦而不会影响到自己；③父母和孩子之间共同的情感话语；④神经生物逻辑过程，对他人痛苦的生物和行为反应"编程"。此外，家庭教养方式等行为是依恋和情感的个体差异发展的基础。弗雷克（Vreeke）等（2003）发现依恋对共情和亲社会行为有影响，并且人格因素在共情中十分重要。研究还发现催产素受体（OXTR）的基因变异与父母教养行为、亲子依恋和夫妻关系、共情能力以及社交焦虑等一些社会行为及社会认知都有一定的关联。

第六章 孤独症儿童共情的心理分析

从 20 世纪 80 年代到 21 世纪初,学者们从不同角度提出了许多 ASD 理论,并试图通过心盲理论、碎镜理论、共情-系统化理论和极端男性脑假说解释 ASD 的社交障碍和共情缺陷(具体见第一章)。在分析心理学领域,共情是十分重要的概念,但却很少有心理分析学家探讨 ASD 的共情。据说荣格曾将汉字形容为可读的原型(readable archetype),也就是说所有的汉字词组都有其深层的、与原型相连接的意象。本章将结合"empathy"和"autism"这两个核心概念的汉字意象,借鉴诺伊曼儿童发展理论,从分析心理学视角理解 ASD 的共情。

第一节 "孤独""自闭""共情"的汉字意象

一、"Autism"的汉字意象

孤独症谱系障碍的英文全称为"autism spectrum disorder",在汉语环境下被称为"孤独症"或者"自闭症"。事实上"autism"这一术语脱胎于希腊语"autos",意为"自我"(self),最早由布洛伊勒(Bleuler)于 1911 年创造,在 autos 的词根后加上 -ism 的后缀,指一种超出常态的状况(condition),即拒绝外部世界而过度关注自身的状态,也被用来指一种精神分裂症状(Waltz,2013)。"孤独症之父"坎纳使用 autism 来界定自己观察到的一类儿童症状,即我们如今所说的 ASD。autism 最早的中文翻译源自徐韬园对科尔温(Kolvin)发表在《英国医学杂志》上介绍坎纳研究论文的节译,徐韬园选择了"孤独症"这一汉语表达。"孤"为形声字,篆书孤字左边是一个孤单的在襁褓中的婴儿,右边则是代表啼哭的"瓜"(通"呱")(见图 6-1)。《说文解字》道,孤乃"无父也。从子,瓜声"。《管子·轻重己》有言:"民生而无父母,谓之孤子。""独"为会意字,

《说文解字》道，独乃"犬相得而斗也。从犬，蜀声。羊为群，犬为独也。一曰北嚻（xiāo）山有独狢（yù）兽，如虎，白身豕（shǐ）鬣，尾如马"。"孤独症"这个翻译，包含着独自、独行的意象，孤独症患者仿佛在自己世界啼哭却无人听晓的孤儿。坎纳也用 Alone（ness）形容 ASD 的症状，符合"孤独"的本意。

图 6-1　"孤"和"独"的篆书字形

然而有学者认为，"孤独"还含有主观的寂寞之感，而 ASD 群体更多展现的是症状特点，为避免歧义，"自闭症"的翻译更符合"求真"原则（李曙光，2017）。"自"是"鼻"的本字，甲骨文字形也像鼻子的形状（见图 6-2），古人发现人们多用手指鼻表示自己，因而用鼻形代表自我、自身。甲骨卜辞曰："贞：出疾自。""闭"是关门、合上门。《说文解字》道，闭乃"阖门也。从门、才，所以拒门也"，意为用门闩将大门关上。《周易·复》曰："先王以至日闭关，商旅不行。"自闭症的译名广泛流行于中国港台和日本等地（杜亚松，2015），坎纳（1943）也使用"封闭"（shut out）来形容 ASD 的行为模式，符合"自闭"所包含的闭锁心门、全然自我的意象。DSM-V 中对于 ASD 患者的诊断标准包含交互性的社交缺陷和重复的刻板行为及受限的兴趣或活动模式（Burns & Matson，2017），而这种缺陷是先天的，符合汉字"自闭"中因紧闭心门而无法与环境交互的意象，也因为沉浸在"自我"当中，所以会出现一些常人认为不合时宜的举动或功能损坏。因此，对 ASD 患者的干预和治疗，也是不断敲击他们紧闭的心门，让他们一点点松动门闩、打开心门、走出心房与世界连接的过程。

图 6-2　"自"的甲骨文字形和"闭"的金文字形

二、"Empathy" 的汉字意象

empathy 源自 1873 年德国哲学家罗伯特·费舍尔（Robert Vischer）在其著作《论视觉的形式感：美学论文》（*Über das optische Formgefühl：Ein Beitrag zur Ästhetik*）中所提到的"einfühlung"一词，这是对希腊语"empatheia"的音译，最初被用于描述个体对艺术作品的共鸣（Gladstein，1984）。"einfühlung"一词最先由利普斯引入心理学领域，之后被英国的历史学家、美学家和小说家福隆·李（Vernon Lee）翻译成"sympathy"。直到 1909 年，英国心理学家爱德华·铁钦纳才首次将"einfühlung"一词翻译成"empathy"（Barnes，2014）。而这个术语真正受到关注和重视则是在铁钦纳出版 *A Beginner's Psychology* 一书后（Wispé，1986）。

empathy 为外来词，中文里并没有现成的词组与之对应，因此中文翻译可谓百花齐放。在心理学领域，"empathy"被翻译成"共情""移情""同理/同理心""替代体验""同情""投情""神入""同感""设身处地地着想""共感""替代内省""社会敏锐性""共鸣"等（肖福芳，申荷永，2010；徐凯文，2010；史占彪，张建新，陈晶，2007）。在发展心理学和美学领域，不少学者使用"移情"表示"empathy"（徐凯文，2010），但在精神分析的意义上，移情（transference）特指主体将自己内在的情感或心情转移到某个对象那里，并对其产生积极或消极的感情。移情可以视为一种投射，并不包含共情所特有的设身处地和感同身受的心理效应（肖福芳，申荷永，2010）。

学者们普遍认为"共情"更接近"empathy"的本意，也更有意境（肖福芳，申荷永，2010）。甲骨文"共"字包含着两人共同拥有的意象，具有"和"的理念（见图6-3）。而"情"为形声字，左为"心"字，右为代表声的"青"字，《说文解字》道，情乃"人之阴气有欲者。从心，青声"。《礼记·礼运》有言："何谓人情？喜、怒、哀、惧、爱、恶、欲，七者弗学而能。"在共情现象中，不管是美学体验中的感情移入，还是社会心理学中的设身处地、临床心理学中的感同身受，"共与和"的意境都非常重要，共情的主体与被共情者处于一种心情和情感的和谐状态，是共情现象的重要基础。当"共情"发生的时候，共情者与被共情者的本心自然呼应或共鸣。"共情者"不是以自己的感受来代替对方的感受，而是能够真实地感受到对方的感受，与对方共同拥有或分享某种情感与感受，因此"情"字反映了共情的核心特质。

图 6-3　"共"的甲骨文字形和"情"的篆书字形

第二节　分析心理学中的孤独症与共情

一、分析心理学中的孤独症

尽管坎纳在 1943 年才首次定义孤独症，但荣格早在 1911 年便在"A criticism of Bleuler's 'theory of schizophrenic negativism'"中描述了孤独状态（autistic）（Jung, 1976）。当时，精神分析领域普遍认同孤独状态是精神分裂症的一种表现（Bleuler, 1950），而荣格认为孤独症（autistic）是情结（complex）的伴随现象，是生命的伤痕（life-wound）（Jung, 1976）。在后续的理论中，荣格将孤独症描述为一种心理状态——思想的象征性表达是由内在动机驱动的主观性思维而来，如果不持续地通过适应性思维加以纠正，必然会产生一种压倒性的主观和扭曲的世界观。这种心理状态首先被描述为幼稚的和自体的，或者被描述为孤独症，这清楚地表达了这样一种观点，即从适应的角度来判断，主观的画面不如有指导的思考。孤独症的理想实例是在精神分裂症中发现的，而婴儿孤独症更具有神经症的特征（CW5, P. 1770—1771）。荣格还认为孤独状态是阴影对人影响的一种极端情况——阴影的某些方面很难被意识同化，因为它们是如此强大，而又与人们的生活如此亲近。如果完全不能洞察这一现象，外部世界就会变得越来越贫乏和虚幻，在极端情况下，个人会陷入与环境隔绝的自闭状态。这是因为阴影是通过投射而存在的，外部世界成为这个人未知一面的复制品。在这种情况下，人们可以说某人害怕自己的阴影（Papadopoulos, 2006）。

荣格还有一些理论观点可以帮助我们理解孤独症，如他对"双重母亲"和"原始认同"机制的论述。荣格是最早以今天可识别的术语阐明婴儿和母亲关系重要性的学者之一。他谈到了与母亲有关的分裂，或者更准确地说，与母亲的形象有关的分裂。荣格（1912）提到的"双重母亲"可以从两个方面来理解：首先是人类的、个人的母亲和母亲原型之间的双重性，其次是真实的或原型的母亲的好的和坏的双重性（CW5，第111和352段）。我们也许应该把"真实"和"原型"放在引号里，因为真实的母亲有一个原型的成分，而原型的母亲需要个人真实的唤起。图6-4展示了这种二元性。而"原始认同"机制指的是一种基于主体和客体的原始无差别的先验相似性。这种认同是无意识的，是"婴儿早期精神状态的特征"，例如婴儿对母亲的体验（CW6，第741—742段）。在1921年，荣格描绘了一个与巴林特（1968）的"创造领域"和马勒（1975）的正常孤独症阶段相似的发展阶段。所有这些强调的是相对缺乏主客体的区分。对于荣格的贡献值得注意的是，他强调了已经存在的相似性，一种天生的认同倾向，而不是通过经验发现或通过幻想实现的相似性。他和其他大多数理论家都把这看作认同（Laplanche & Pontalis, 1980）。

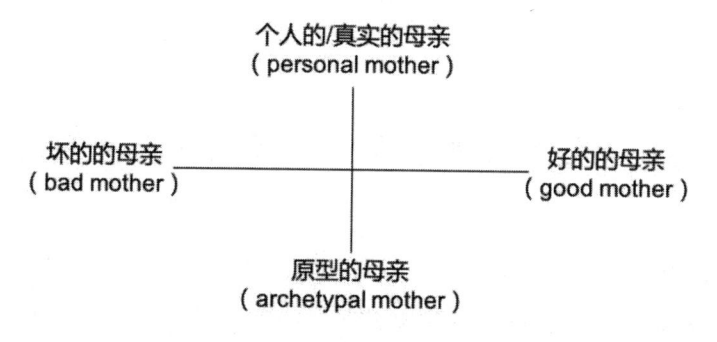

```
          个人的/真实的母亲
          (personal mother)
                │
                │
坏的的母亲 ─────┼───── 好的的母亲
(bad mother)    │      (good mother)
                │
          原型的母亲
          (archetypal mother)
```

图6-4 双重母亲模型（Jung, 1912）

荣格对孤独症的理解主要源于经验性的描述，而随着对孤独症认识的发展和治疗案例的积累，精神分析师和心理分析学家更为科学地看待孤独症。分析心理学家们认识到孤独症儿童对环境开放的通道有别于正常发育儿童，他们有着独特的沟通方式，因此打扰性的干预方式会激发ASD儿童的不安和恐惧，无法产生治愈的效果。心理分析可以探索孤独症患者个体行为背后的含义，深入无意识进行探索，治疗关系可以为ASD儿童提供自由与受保护的空间，提供外部稳定的环境。另一方面，孤独症的行为表现可能是家长群体集体阴影的表达，家庭心理分析可以给孤独症患者家庭提供支持。

二、分析心理学中的共情

共情的概念在深度心理学领域十分重要。荣格认为共情是一种感知过程，其特点是，通过感觉，一些基本的心理内容被投射到客体中，从而使客体被主体同化，并与主体融合在一起，以至于主体感到自己在客体中，当投射的内容与主体的关联程度高于与客体的关联程度时尤其容易发生这种情况。然而，主体并不觉得自己被投射到物体中；相反，"共情"的客体对他来说是有活力的，就像它自己在对他说话一样。应该指出的是，投射本身通常是一个无意识的过程，不受意识的控制（CW6，第486段）。因此荣格强调客体的"生动性"和主动使用共情的可能。

科胡特认为只有当观察的方式是基于内省和共情时，现象才能被视为心理现象①。安德鲁·萨缪尔（2005）认为共情是一种替代性内省，在他看来，共情不仅仅是一种有用的方式，我们还可以通过它接触到人的内在生活——如果我们没有能力通过替代性内省知道人的内在生活是什么，知道我们自己和其他人的想法和感受是什么，那么我们将无法想象对人的内在生活以及复杂精神状态进行研究。

第三节　分析心理学视角下孤独症患者的共情

通过共情的汉字意象分析，我们发现共情包含了"关系"（共）、认知和情感（情），这与我们对共情发展的理解相契合。图6-5展示了共情两维度在人格结构中的发展关系。迈克尔·福德姆（Michael Fordham，1976）和诺伊曼（1973/2018）都认为自性（self）在人出生之前就存在，我们已知情感共情先于认知共情发展出来，而最新研究发现有述情障碍的ASD组在代表情感共情的个人痛苦（personal distress，PD）程度测量中显著高于ASD对照组，并且与TD组没有差异（Butera et al.，2023），这在一定程度上证明了情感共情源自人格结构的潜意识，并且先天存在于自性当中。由于ASD儿童很难与母亲或主要养育者建立联系（这也可能是母亲或主要养育者的主观感受），因此母亲原型没有启动或难以启动，导致自性的固着，情感共情也就无法得到发展。而只有情感共情发展出来，认知共情才能萌发。认知共情是想象另一个人如何思考或感受的能力（de Waal & Preston，2017），是晚于情感共情发展起来的，ASD的认知共情缺陷主要表现为面部表情识别障碍和情绪状态理解障碍，这与ASD目光对视的缺失有一定的关系，而目光缺失或偏离的行为与早期非语言交流中的其他变化相关

---

① 引自《Jung and the Post-Jungians》pp. 116："Kohut suggests that phenomena may only be regarded as psychological if the mode of observation is based on introspection and empathy."

联，阻碍了主体间性的形成，即阻碍了儿童与母亲或主要养育者之间共同情感体验的构建（de Araujo，2022）。认知共情需要意识的加入，也离自我（ego）更近，当认知共情发展受阻时，情感共情也就无法进一步深入发展。

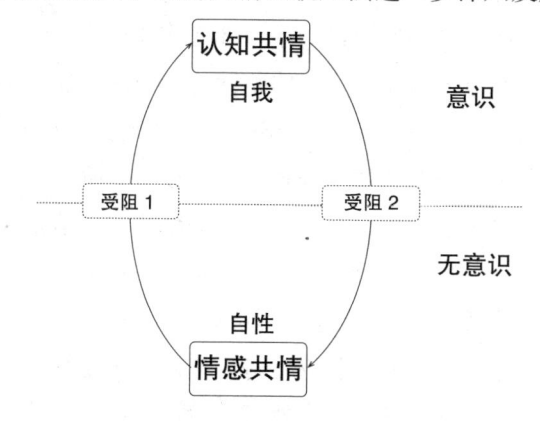

图 6-5　共情两维度在人格结构中的发展关系

图 6-6 借鉴了诺伊曼率先提出的自我-自性轴概念，假设了情感共情和认知共情的动态发展过程，也指明了 ASD 共情干预的方向。

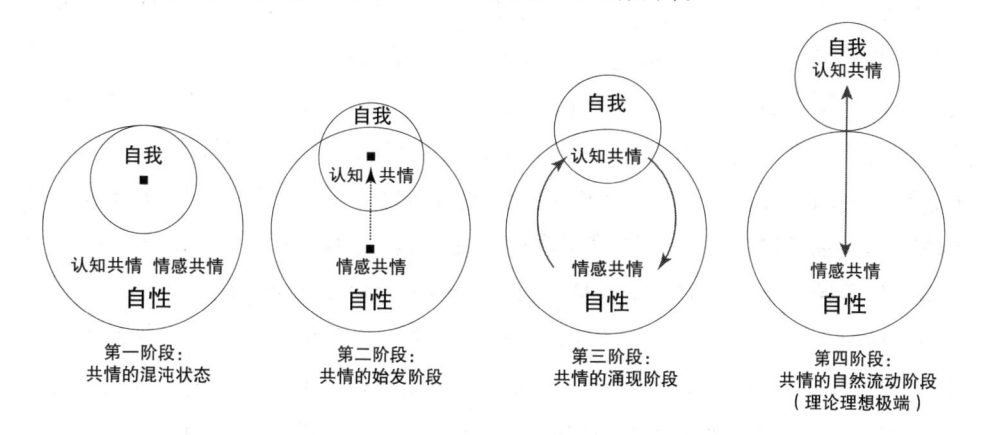

图 6-6　情感共情与认知共情的动态发展过程

由图可知，生命伊始，自我被包裹在自性当中，情感共情和认知共情也都处于无意识的混沌状态。在这一阶段，儿童的心灵存在于母系的（matriarchal）女性能量里（Kalff，1980/2003；Neumann，1973/2018），都在无意识领域，而此时的原初关系（the primal child-mother relationship）便决定了儿童自我-自性的发展。健康的母婴关系促进自我的涌现，并促进儿童的自性从被母亲自性包裹的状态中分离，以发展出身体自性（body-self）（Neumann，1973/2018）。诺伊曼（1973/2018）指出，在童年早期，儿童的体验就是一个身体自性的过程，儿童通过皮肤来体验外部世界，通过消化道来感知内在世界，与母亲的不断接触使儿童逐渐意识到自己的身体是一个独立的自我（Turner，2005/2016）。随着自我的涌现和与母亲自性的分离，便进入第二阶段：共情的始发阶段。在这一阶段，情感共情出现，认知共情开始发展（develop），但此时自我-自性轴和认知共情仍在无意识当中。在安全的母子一体性过程中（也就是健康的原初关系），儿童体验到了完整的内在和外在世界，而这种对完整性的主观体验加快了儿童心灵中天然的有序倾向的发展（Neumann，1973/2018），进一步激活了儿童的自性。至此，共情的发展也进入第三阶段：共情的涌现阶段。在这一阶段，自我-自性轴脱离了无意识领域，部分进入了意识。在充满爱与安全感的环境下，儿童的心灵经历趋中性（centroversion）的过程（Neumann，1973），激发儿童自性的出现，启动自我发展的过程。当儿童意识功能逐步形成时，认知共情便开始出现在意识领域，并与无意识领域中的情感共情相互促进。第四阶段是最理想的理论状态极限（an ideal theoretical limit），即共情的自然流动阶段。在这一阶段，自我与自性完全分离，人的自性得以整合与展现，认知共情和情感共情通过自我-自性轴自然流动、有意识地交流，一般较少有人发展到这一阶段。

结合情感共情和认知共情动态发展过程的假设，我们会发现ASD儿童共情的发展通常阻滞在前两个阶段。对于ASD儿童的母亲来说，尽管孩子身体已经出生，但由于他们一些功能的落后，导致母亲在心理上无法进行母子分离，使得孩子的自性仍然被包裹在母亲自性之中，自我被禁锢在前自我阶段（pre-ego stage）（Neumann，1973），而他们的共情便被迫停滞在混沌状态，让人感觉ASD个体对他人都是漠不关心、情感隔离的，活在自己的世界当中。部分ASD儿童在积极的原始关系中发展出了身体自性，但刻板行为和感统失调导致他们在缺乏干预的情况下无法将原初自性（primary self）进一步分离，因此尽管情感共情萌发，但认知共情仍处于无意识状态。这一部分儿童表现出丰富的内心体验，母亲或主要养育者可以感受到他们的依恋，但他们无法通过语言和行为表达，也无法精确识别和命名他人的感受。

第七章 孤独症儿童的初始沙盘游戏研究

初始沙盘为来访者做的第一个沙盘,通常被认为是沙盘游戏历程中最重要的部分。卡尔夫(1988)认为初始沙盘呈现了来访者需要解决的问题,同时向咨询师展示了来访者的内在资源,并指明了疗愈的方向。国内外的学者通过实证研究的方法对沙盘游戏的疗效进行探讨和验证,发现初始沙盘具有一定的临床诊断意义和价值(谭健烽,申荷永,2010;Denkers,1985)。前述章节论述了沙盘游戏疗法对于儿童共情的理论意义和干预效果,本章则探讨初始沙盘对于 ASD 儿童的评估意义,探寻 ASD 儿童行为特征、初始沙盘与共情之间的关系,以便更好地为 ASD 儿童沙盘游戏的共情干预提供理论和实证基础。

第一节 孤独症儿童沙盘游戏的动作编码

目前常用的沙盘游戏分析范式主要基于儿童最终的沙画,以静态为主。然而儿童沙盘游戏的特点之一就是"瞬息万变",如短时间内不停换沙具,或者用不同的方式玩沙,ASD 儿童更是如此。ASD 儿童的核心症状会通过动态的玩沙过程呈现出来,但现有的工具并不能客观分析沙盘游戏中 ASD 儿童的动作特点。因此本研究通过质的研究方法对 ASD 儿童初始沙盘过程进行记录和编码,编制"ASD 儿童沙盘游戏动作特征表",以更好地量化分析 ASD 儿童沙盘游戏过程中动作的象征意义。

登青(Denzin)和林肯(Lincoln)(1994)等人认为,在质性研究当中,研究者可以使用任何方法对研究结果进行解释和说明,以满足自己的研究目的。为了找出 ASD 儿童沙盘游戏当中共同的动作特征,ASD 儿童沙盘游戏的动作编码借鉴扎根理论策略、参与型观察策略、质的生态学策略(Morse,1994),让研究者在 ASD 儿童制作初始沙盘过程中观察、记录特质行为,并进行逐级编码,最终确定四个核心类属(陈向明,2000)。

一、一级编码

一级编码又叫开放式登陆（open coding），指对所有信息资料进行登记和分析，从中发现并界定隐含的概念及属类的过程（Strauss & Corbin，2003）。研究者首先对 ASD 儿童初始沙盘咨询记录和特质行为录像片段进行整理，悬置个人倾向，客观登记每一位 ASD 儿童的行为。随后研究者将不同儿童的行为进行梳理和归类，并对相关行为进行命名，共命名了 35 种行为，包括：01. 用手掸沙，掸出面积不大的蓝底；02. 推沙（如整个身体俯在沙盘上，双手几乎探到沙盘对面）；03. 向两边或自己面前扒沙、兜沙；04. 用手指轻轻捏沙，似乎想将沙轻抓起来；05. 挤沙或用力抓沙，似乎想将沙挤出水来；06. 向（中间）聚沙或堆好几堆沙；07. 捧沙；08. 用手铲沙；09. 大力拍沙有如打鼓，或手部飞起快速落下；10. 将手埋进沙里，或手背盛沙，感受并仔细观察；11. 用手背、胳膊触沙；12. 低头闻沙或用面部（嘴、鼻子）触沙；13. 将沙子从身上或头上淋下；14. 像撒盐一样散落沙；15. 抓沙或捧沙并让沙自然坠落；16. 用手掌或手指扬沙/把沙扔在沙盘里；17. 激烈扬沙，将沙撒在沙盘外的其他物品上（如沙具架里）；18. 把沙故意泼撒/落/扔在沙箱以外的地面上，观察或用脚搓沙；19. 在沙盘中写字或手在沙中运动留下痕迹；20. 用手或物品垂直戳沙；21. 使沙具在沙中行动，留有痕迹（如用交通工具钻沙子或火圈移动留下痕迹）；22. 将沙倒入垃圾筒，再将沙子倒出，重复多次；23. 用打开盖子的垃圾桶一边画圈一边兜沙，装满沙后倒出；24. 用容器装沙—倒沙，重复多次（如棺材、车厢等）；25. 用两个容器互相倒沙；26. 用容器装沙（如钟的背面、车厢等）；27. 掩埋，埋沙具至三分之一；28. 搓沙，将手上或者沙具上的沙子搓掉；29. 不直接用手玩沙，而用沙具拨沙；30. 反复掩埋—挖出沙具；31. 超过一半的沙具使用后放回；32. 将沙具扔进沙盘；33. 故意毁坏沙具；34. 抬眼观察研究者；35. 通过语言和动作与研究者互动（如把沙子放入研究者手心、给研究者扣上手铐、拿沙具问研究者"这是什么"等）。

二、二级编码

二级编码又叫关联式登陆或轴心式登陆（axial coding），指对一级编码中形成的概念和属类进行聚类，主要任务是发现和建立"概念类别"之间的关系。

本研究将一级编码中的 35 种行为归为 8 个主类别,将 01—09 归入"手部与沙的互动"、10—13 归入"身体与沙的互动"、14—15 归入"纵向玩沙"、16—18 归入"横向玩沙"、19—21 归入"痕迹"、22—26 归入"使用容器"、27—33 归入"其他"、34—35 归入"与研究者的互动"。

三、三级编码

三级编码又叫选择式登陆或核心式登陆(selective coding),指将所有已发现的概念类别经过系统分析后抽象出核心类别,而所谓的核心类别必须具有统领性、概括性、关联性、稳定性。经过主轴编码,ASD 儿童沙盘游戏行为可以概括为 8 个类别,进一步分析发现,可以抽取 4 项核心类别,即"肢体与沙的互动""空间的运用""儿童与沙和沙具的互动"和"与人连接的渴望",具体关系见表 7-1。

表 7-1　ASD 儿童沙盘游戏动作核心类别和所包含的主要类别

核心类别	主要类别
1. 肢体与沙的互动	手部与沙的互动 身体与沙的互动
2. 空间的运用	纵向玩沙 横向玩沙
3. 儿童与沙和沙具的互动	痕迹 使用容器 其他
4. 与人连接的渴望	与研究者的互动

四、评价指标

将编码后的资料整理成"ASD 儿童沙盘游戏动作特征表",并对编码类别和编码主题做出描述(具体见附录二),对主要类别进行计分,若出现对应类别主题则计 1 分,没有出现计 0 分,加总计算核心类别分和总分。

第二节　孤独症儿童的初始沙盘分析

将第一节编制的"ASD 儿童沙盘游戏动作特征表"与"沙盘游戏特征表"组合成"ASD 儿童沙盘游戏记录表",以记录 ASD 儿童初始沙盘的行为特征和沙画特点,探索 ASD 儿童初始沙盘的共同特征及象征意义。

一、研究对象与方法

1. 研究被试

本研究于 2022 年 8 月至 11 月期间招募来自常州、南京、合肥三地 3—16 岁 ASD 儿童 44 名,所有儿童都经过三甲医院明确诊断,符合《精神障碍诊断与统计手册》(第五版)(DSM-V)诊断标准。其中女性 7 人,男性 37 人,男女性别比例约为 5∶1,平均年龄(月龄)为 90.36±35.24 月。方差分析结果显示不同性别 ASD 儿童年龄差异不显著($F=3.034, p>0.05$)。

2. 研究工具

(1) 沙盘游戏咨询室

本研究主要在常州、南京、合肥三地的孤独症干预机构完成,研究者在每座城市相关机构都布置了标准沙盘游戏咨询室,保证沙盘游戏咨询室的空间大小、布置、沙具摆放、沙箱高度基本一致。具体包括 $57cm \times 72cm \times 7cm$ 的长方形标准沙箱 1 个,儿童沙架 4 个,不同种类沙具约 1200 个,数码相机一部,计时器一个。

(2) ASD 儿童沙盘游戏记录表

"ASD 儿童沙盘游戏记录表"由两部分组成,分别为"沙盘游戏特征表"和"ASD 儿童沙盘游戏动作特征表"。其中"沙盘游戏特征表"借鉴蔡宝鸿(2007)编制的"沙盘主题特征操作定义表"和李洁(2014)整合的"沙盘游戏制作过程表"对儿童的沙盘游戏特征和最终呈现的沙盘游戏作品(即沙画)进行记录,包括沙盘制作特征、空间使用情况、沙具种类、场景种类和主题特征。"ASD 儿童沙盘游戏动作特征表"则针对 ASD 儿童在初始沙盘制作过程中的行为特征进行记录,主要包括"肢体与沙的互动""空间的运用""儿童与沙和沙具的互动"以及"与人连接的渴望"四个部分。记录表针对出现情况进行计分。计分编码由研究者和另一名心理学专业工作者完成，评分者信度斯皮尔曼相关系数为 0.8—0.94（$p >0.01$），评分者一致性高。

二、研究程序

研究者为中国心理学会临床心理学注册工作委员会注册心理师、国家二级心理咨询师，具有沙盘游戏疗法受训背景，为方便叙述，部分内容用"咨询师"指代"研究者"。

1. 指导语

对 ASD 儿童使用统一的指导语："××小朋友你好，我是×老师，今天我们来玩沙盘游戏。你看，这是沙盘，里面有沙子，（咨询师拨开沙盘，露出底面）沙子下面是蓝色的。（咨询师手指沙架）看，架子上有很多玩具，你可以拿想要的放在沙盘里玩，也可以在沙盘里做任何你想做的事情。你可以玩 30 分钟，我会坐在这里陪伴你。时间快到的时候我会提醒你，如果提前完成也请告诉我。好，那我们开始吧！"

2. 沙盘制作

ASD 儿童进行 30 分钟的初始沙盘制作，咨询师在还有 5 分钟时提醒来访者。在此过程中，咨询师对来访者进行积极关注和非评判式回应，稳定、接纳、共情，同时关注并记录来访者的制作过程、在此期间与研究者的互动和情感变化。

3. 交流

沙盘制作完成后，咨询师邀请 ASD 儿童进行交流。考虑到 ASD 儿童存在社交缺陷，因此视初始沙盘制作过程中对 ASD 儿童状况的评估决定交流的时间，一般不超过 10 分钟。交流的内容相对一致，包括内容描述、主题概括和感受表达。

4. 拍照存档

分别拍摄来访者视角和咨询师视角的全景图，同时补充若干细节进行研究存档。

5. 拆除沙盘

等儿童离开咨询室后，由咨询师将沙盘拆除。

6. 过程整理和登记

整理咨询记录，并填写"ASD 儿童沙盘游戏记录表"。

三、孤独症儿童初始沙盘评价指标

本研究中 ASD 儿童初始沙盘的评价指标包括五大类：沙盘制作特征、空间使用情况、沙具种类、场景种类和主题特征。

1. 沙盘制作特征

（1）是否有沙具："有"计1分，"无"计0分。

（2）从哪里开始：从沙开始计1分，从物件开始计2分。

（3）对沙的态度：几乎不碰沙计1分，轻轻随意触碰沙计2分，深入、长久接触沙计3分。

（4）有无蓝色底面露出："无"计0分，"有一小部分"计1分，"有很大部分"计2分。

（5）创造过程：完整或少有变动计1分，动态或有很大变动计2分。

（6）内容描述：能对沙盘游戏过程、沙具等进行描述和介绍计1分，不能则计0分。

（7）主题概括：能明确概括自己沙盘游戏作品主题计1分，不能则计0分。

（8）感受表达：能明确表达玩过沙盘游戏后的感受计1分（如"沙盘真好玩""我玩得很开心""下次还想来玩"等），不能则计0分。

2. 空间使用情况

本研究采用九宫格的空间划分，即左下、左中、左上、中下、中心、中上、右下、右中、右上，对最终呈现的沙画进行计分，对应空间放有沙具计1分，无沙具计0分。

3. 沙具种类[①]

本研究将沙具分为动物、人物、建筑物、交通工具、植物、生活用品、自然元素、宗教、武器、其他、阴影，共计11个类别。其中"其他"类除了蔡宝鸿（2007）归纳的沙具，还补充了垃圾桶、病毒等 ASD 儿童常用沙具明细，"阴影"类主要包含骷髅、坟墓和鬼。记录沙画中每个类别沙具的个数，并计算沙具总数。

4. 场景种类

本研究结合 ASD 儿童沙画特征，将场景分为九大类：①家庭情景；②学校

---

① 具体描述见附录一。

场景;③乡村情景;④旅程情景/交通情景;⑤冲突情景/战争情景;⑥自然情景;⑦动物园/公园;⑧非现实情景/抽象情景;⑨无情景。出现对应类别的场景计1分,没有则计0分。

5. 主题特征[①]

本研究使用蔡宝鸿(2007)编制的内容,将沙盘游戏划分为创伤主题和治愈主题两大类,每大类都包含15个子内容,每个子内容也都有详细描述,共有90个特征描述。出现相应特征在对应的子内容下计1分,不重复计分,没有出现相应主题特征则计0分,分别计算创伤主题和治愈主题的加总分。

四、结　果

1. "ASD儿童沙盘游戏记录表"信度和效度检验结果

"ASD儿童沙盘游戏记录表"旨在分析ASD儿童初始沙盘及其动作特征,分为"沙盘游戏特征表"和"ASD儿童沙盘游戏动作特征表"。表格由两对编码数据进行信度检验,其中 Cronbach α 系数为0.816,显示"ASD儿童沙盘游戏记录表"总体信度较高(吴明隆,2003)。

使用 KMO 和 Bartlett 球形度检验对编码数据进行效度验证,其中 KMO = 0.693,Bartlett 球形度检验 $p = 0.00 < 0.001$,显示效度尚可。具体见表7-2。

表7-2　"ASD儿童沙盘游戏记录表"效度检验

KMO 值		0.693
Bartlett 球形度检验	近似卡方	1840.600
	df	171
	P 值	0.000

2. ASD儿童初始沙盘特征描述及统计结果

(1) 初始沙盘描述性特征情况及统计结果[②]

表7-3呈现了不同性别ASD儿童初始沙盘描述性特征情况。有20名

---

① 具体描述见附录一。
② 为编码和描述方便,本研究将不同特征与不同字母对应,数字则为相应的题号。其中 J = 沙盘制作描述特征,K = 空间使用情况,Z = 沙具种类,C = 场景种类,ZA = 创伤主题,ZB = 治愈主题,下同。

（45.45%）儿童最终的沙画只有沙形而没有沙具，且大多数（79.55%）沙盘都是不平衡的；28 人（63.64%）从物件开始做沙盘，22 人（50%）深入、长久地接触沙；17 人（38.64%）的沙画没有露出蓝色底面；37 人（84.09%）的创作过程是动态的，不乏已经结束沙盘还大幅移动沙具的儿童；仅有 8 人（18.18%）能够描述沙盘的内容，而这些儿童中只有 1 人可以概括出所做沙盘主题并表达感受（如"开心"）。

在内容描述上，男女有性别差异（$p<0.01$），其中女性 ASD 儿童均不能对沙盘游戏过程、沙具等情况进行描述和介绍，而男性 ASD 儿童有 21.62% 可以描述、介绍沙盘游戏的内容和过程。其他特征在性别上均没有显著差异。

表 7-3　不同性别 ASD 儿童初始沙盘描述性特征

特征	出现情况	性别		总计
		男（$n=37$）	女（$n=7$）	
J1. 是否有沙具	无	16（43.24%）	4（57.14%）	20（45.45%）
	有	21（56.76%）	3（42.86%）	24（54.55%）
	总计	37	7	44
J2. 从哪里开始	沙	12（32.43%）	4（57.14%）	16（36.36%）
	物件	25（67.57%）	3（42.86%）	28（63.64%）
	总计	37	7	44
J3. 对沙的态度	几乎不碰沙	5（13.51%）	0（0.00%）	5（11.36%）
	轻轻、随意触碰	15（40.54%）	2（28.57%）	17（38.64%）
	深入、长久接触	17（45.95%）	5（71.43%）	22（50.00%）
	总计	37	7	44
J4. 有无蓝色的底面露出	无	16（43.24%）	1（14.29%）	17（38.64%）
	有一小部分	19（51.35%）	6（85.71%）	25（56.82%）
	有很大一部分	2（5.41%）	0（0.00%）	2（4.55%）
	总计	37	7	44
J5. 创造过程	完整或少有变动	6（16.22%）	1（14.29%）	7（15.91%）
	动态或有很大变动	31（83.78%）	6（85.71%）	37（84.09%）
	总计	37	7	44

续　表

特征	出现情况	性别 男（$n=37$）	性别 女（$n=7$）	总计
J6. 内容描述	能	8（21.62%）	0（0.00%）	8（18.18%）
	不能	29（78.38%）	7（100.00%）	36（81.82%）
总计		37	7	44
J7. 主题概况	能	2（5.41%）	0（0.00%）	2（4.55%）
	不能	35（94.59%）	7（100.00%）	42（95.45%）
总计		37	7	44
J8. 感受表达	能	1（2.70%）	0（0.00%）	1（2.27%）
	不能	36（97.30%）	7（100.00%）	43（97.73%）
总计		37	7	44
J9. 布局是否平衡	不平衡	29（78.38%）	6（85.71%）	35（79.55%）
	平衡	8（21.62%）	1（14.29%）	9（20.45%）
总计		37	7	44

（2）沙盘空间使用情况及统计结果

沙盘空间使用方面，不同空间的沙具摆放均无显著性别差异（$p>0.05$）。从使用比例来看，空间使用从高到低分别为中下（40.91%）、中心（36.36%）、左中（34.09%）、中上=左下（31.82%）、右下（27.27%）、右中（25.00%）、左上=右上（22.73%）。具体见表7-4。

表7-4　不同性别ASD儿童初始沙盘空间使用情况

空间	是否有沙具	性别 男（$n=37$）	性别 女（$n=7$）	总计
K左下	无	25（67.57%）	5（71.43%）	30（68.18%）
	有	12（32.43%）	2（28.57%）	14（31.82%）
总计		37	7	44
K左中	无	23（62.16%）	6（85.71%）	29（65.91%）
	有	14（37.84%）	1（14.29%）	15（34.09%）
总计		37	7	44

续 表

空间	是否有沙具	性别		总计
		男（$n=37$）	女（$n=7$）	
K 左上	无	30（81.08%）	4（57.14%）	34（77.27%）
	有	7（18.92%）	3（42.86%）	10（22.73%）
	总计	37	7	44
K 中下	无	21（56.76%）	5（71.43%）	26（59.09%）
	有	16（43.24%）	2（28.57%）	18（40.91%）
	总计	37	7	44
K 中心	无	22（59.46%）	6（85.71%）	28（63.64%）
	有	15（40.54%）	1（14.29%）	16（36.36%）
	总计	37	7	44
K 中上	无	25（67.57%）	5（71.43%）	30（68.18%）
	有	12（32.43%）	2（28.57%）	14（31.82%）
	总计	37	7	44
K 右下	无	26（70.27%）	6（85.71%）	32（72.73%）
	有	11（29.73%）	1（14.29%）	12（27.27%）
	总计	37	7	44
K 右中	无	28（75.68%）	5（71.43%）	33（75.00%）
	有	9（24.32%）	2（28.57%）	11（25.00%）
	总计	37	7	44
K 右上	无	28（75.68%）	6（85.71%）	34（77.27%）
	有	9（24.32%）	1（14.29%）	10（22.73%）
	总计	37	7	44

（3）初始沙盘沙具种类及统计结果

不同性别 ASD 儿童初始沙盘沙具种类及数量见表 7-5，几乎每个类别都涉及，但数量差异较大，男生交通工具数量最多（3.054±5.725），其次是人物（2.595±7.704）；女生人物数量最多（2.429±6.425），动物次之（2.143±4.845）。沙具种类及数量的性别差异不显著（$p>0.5$）。

ASD 儿童"其他"类的沙具平均出现至少 1 次。在本研究中，除了蔡宝鸿（2005）标注的明细，如头骨、化石容器、残缺的沙具、木块、笼子，还出现了垃圾桶、国旗、眼球和病毒。其中垃圾桶动态出现的次数最多，共出现 17 次，而病毒沙具也出现 4 次（具体见图 7-1）。

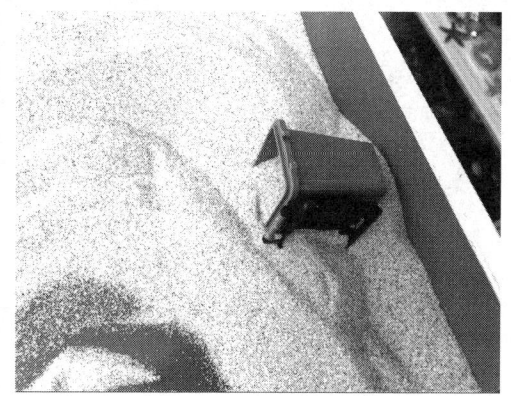

图 7-1　"其他"类沙具举例（左为棺材，右为垃圾桶）

表 7-5　不同性别 ASD 儿童初始沙盘沙具种类及数量

种类	统计情况	性别	
		男（$n=37$）	女（$n=7$）
Z1. 动物	$M \pm SD$	0.784 ± 2.405	2.143 ± 4.845
	最小值	0	0
	最大值	13	13
	中位数	0	0
Z2. 人物	$M \pm SD$	2.595 ± 7.704	2.429 ± 6.425
	最小值	0	0
	最大值	40	17
	中位数	0	0
Z3. 建筑物	$M \pm SD$	1.757 ± 4.450	0.429 ± 1.134
	最小值	0	0
	最大值	19	3
	中位数	0	0

续表 1

种类	统计情况	性别	
		男（$n=37$）	女（$n=7$）
Z4. 交通工具	$M \pm SD$	3.054 ± 5.725	1.286 ± 2.138
	最小值	0	0
	最大值	23	6
	中位数	0	1
Z5. 植物	$M \pm SD$	0.189 ± 0.569	0.000 ± 0.000
	最小值	0	0
	最大值	3	0
	中位数	0	0
Z6. 生活用品	$M \pm SD$	1.865 ± 3.973	0.714 ± 1.254
	最小值	0	0
	最大值	17	3
	中位数	0	0
Z7. 自然元素	$M \pm SD$	0.216 ± 0.712	0.143 ± 0.378
	最小值	0	0
	最大值	4	1
Z8. 宗教	$M \pm SD$	0.189 ± 0.995	0.000 ± 0.000
	最小值	0	0
	最大值	6	0
Z9. 武器	$M \pm SD$	0.297 ± 1.488	0.143 ± 0.378
	最小值	0	0
	最大值	9	1
Z10. 其他	$M \pm SD$	1.054 ± 2.248	1.143 ± 3.024
	最小值	0	0
	最大值	9	8

续表 2

种类	统计情况	性别	
		男（$n=37$）	女（$n=7$）
Z11. 阴影	$M \pm SD$	0.081 ± 0.363	0.000 ± 0.000
	最小值	0	0
	最大值	2	0
Z 总分	$M \pm SD$	12.243 ± 20.724	8.429 ± 19.295
	最小值	0	0
	最大值	79	52
	中位数	2	1

（4）初始沙盘场景种类及统计结果

不同性别 ASD 儿童初始沙盘场景种类见表 7-6。有一半 ASD 儿童（22 人）沙画呈现无情景的状态，而出现情景占比从高到低分别是交通情景/旅程情景（43.18%）、家庭情景（22.73%）、学校场景 = 动物园/公园 = 非现实情景或抽象情景（18.18%）、自然情景（13.64%）、乡村情景（6.82%）、冲突情景/战争情景（4.55%）。

表 7-6　不同性别 ASD 儿童初始沙盘场景种类

种类	是否有沙具	性别		总计
		男（$n=37$）	女（$n=7$）	
C1. 家庭情景	无	29（78.38%）	5（71.43%）	34（77.27%）
	有	8（21.62%）	2（28.57%）	10（22.73%）
总计		37	7	44
C2. 学校场景	无	30（81.08%）	6（85.71%）	36（81.82%）
	有	7（18.92%）	1（14.29%）	8（18.18%）
总计		37	7	44
C3. 乡村情景	无	35（94.59%）	6（85.71%）	41（93.18%）
	有	2（5.41%）	1（14.29%）	3（6.82%）
总计		37	7	44

续 表

种类	是否有沙具	性别		总计
		男（$n=37$）	女（$n=7$）	
C4. 旅程情景/交通情景	无	22（59.46%）	3（42.86%）	25（56.82%）
	有	15（40.54%）	4（57.14%）	19（43.18%）
	总计	37	7	44
C5. 冲突情景/战争情景	无	35（94.59%）	7（100.00%）	42（95.45%）
	有	2（5.41%）	0（0.00%）	2（4.55%）
	总计	37	7	44
C6. 自然情景	无	33（89.19%）	5（71.43%）	38（86.36%）
	有	4（10.81%）	2（28.57%）	6（13.64%）
	总计	37	7	44
C7. 动物园/公园	无	30（81.08%）	6（85.71%）	36（81.82%）
	有	7（18.92%）	1（14.29%）	8（18.18%）
	总计	37	7	44
C8. 非现实情景/抽象情景	无	30（81.08%）	6（85.71%）	36（81.82%）
	有	7（18.92%）	1（14.29%）	8（18.18%）
	总计	37	7	44
C9. 无情景	无	18（48.65%）	4（57.14%）	22（50.00%）
	有	19（51.35%）	3（42.86%）	22（50.00%）
	总计	37	7	44

（5）初始沙盘主题特征及统计结果

根据蔡宝鸿（2007）编制的内容，将沙盘游戏划分为创伤主题和治愈主题两大类。由表 7-7 可知，ASD 儿童创伤主题呈现比例从高到低分别是空洞（77.27%）、限制（31.82%）、倾斜 = 其他（27.27%）、陷入（25.00%）、受阻 = 残缺（20.45%）、分裂（15.91%）、混乱 = 隐藏（13.64%）、倒置（11.36%）、受伤 = 攻击（6.82%）、威胁（4.55%）、忽视（2.27%）。

表7-7 不同性别ASD儿童初始沙盘创伤主题情况

创伤主题	是否出现	性别		总计
		男（$n=37$）	女（$n=7$）	
ZA1. 混乱	无	31（83.78%）	7（100.00%）	38（86.36%）
	有	6（16.22%）	0（0.00%）	6（13.64%）
ZA2. 空洞	无	9（24.32%）	1（14.29%）	10（22.73%）
	有	28（75.68%）	6（85.71%）	34（77.27%）
ZA3. 分裂	无	32（86.49%）	5（71.43%）	37（84.09%）
	有	5（13.51%）	2（28.57%）	7（15.91%）
ZA4. 限制	无	25（67.57%）	5（71.43%）	30（68.18%）
	有	12（32.43%）	2（28.57%）	14（31.82%）
ZA5. 忽视	无	36（97.30%）	7（100.00%）	43（97.73%）
	有	1（2.70%）	0（0.00%）	1（2.27%）
ZA6. 隐藏	无	31（83.78%）	7（100.00%）	38（86.36%）
	有	6（16.22%）	0（0.00%）	6（13.64%）
ZA7. 倾斜	无	27（72.97%）	5（71.43%）	32（72.73%）
	有	10（27.03%）	2（28.57%）	12（27.27%）
ZA8. 受伤	无	34（91.89%）	7（100.00%）	41（93.18%）
	有	3（8.11%）	0（0.00%）	3（6.82%）
ZA9. 威胁	无	36（97.30%）	6（85.71%）	42（95.45%）
	有	1（2.70%）	1（14.29%）	2（4.55%）
ZA10. 受阻	无	29（78.38%）	6（85.71%）	35（79.55%）
	有	8（21.62%）	1（14.29%）	9（20.45%）
ZA11. 倒置	无	32（86.49%）	7（100.00%）	39（88.64%）
	有	5（13.51%）	0（0.00%）	5（11.36%）
ZA12. 残缺	无	30（81.08%）	5（71.43%）	35（79.55%）
	有	7（18.92%）	2（28.57%）	9（20.45%）

创伤主题	是否出现	性别		总计
		男（$n=37$）	女（$n=7$）	
ZA13. 陷入	无	28（75.68%）	5（71.43%）	33（75.00%）
	有	9（24.32%）	2（28.57%）	11（25.00%）
ZA14. 攻击	无	34（91.89%）	7（100.00%）	41（93.18%）
	有	3（8.11%）	0（0.00%）	3（6.82%）
ZA15. 其他1	无	26（70.27%）	6（85.71%）	32（72.73%）
	有	11（29.73%）	1（14.29%）	12（27.27%）

由表7-8可知，ASD儿童治愈主题呈现比例从高到低分别是规则（47.73%）、其他2（20.45%）、能量（15.91%）、培育（11.36%）、变化（9.09%）、旅程＝深入＝整合＝仪式＝对话（6.82%）、灵性（4.55%）。

表7-8 不同性别ASD儿童初始沙盘治愈主题情况

治愈主题	是否出现	性别		总计
		男（$n=37$）	女（$n=7$）	
ZB2. 旅程	无	35（94.59%）	6（85.71%）	41（93.18%）
	有	2（5.41%）	1（14.29%）	3（6.82%）
总计		37	7	44
ZB3. 能量	无	30（81.08%）	7（100.00%）	37（84.09%）
	有	7（18.92%）	0（0.00%）	7（15.91%）
总计		37	7	44
ZB4. 深入	无	34（91.89%）	7（100.00%）	41（93.18%）
	有	3（8.11%）	0（0.00%）	3（6.82%）
总计		37	7	44
ZB6. 培育	无	33（89.19%）	6（85.71%）	39（88.64%）
	有	4（10.81%）	1（14.29%）	5（11.36%）

续 表

治愈主题	是否出现	性别		总计
		男（$n=37$）	女（$n=7$）	
	总计	37	7	44
ZB7. 变化	无	34（91.89%）	6（85.71%）	40（90.91%）
	有	3（8.11%）	1（14.29%）	4（9.09%）
	总计	37	7	44
ZB8. 灵性	无	36（97.30%）	6（85.71%）	42（95.45%）
	有	1（2.70%）	1（14.29%）	2（4.55%）
	总计	37	7	44
ZB10. 整合	无	34（91.89%）	7（100.00%）	41（93.18%）
	有	3（8.11%）	0（0.00%）	3（6.82%）
	总计	37	7	44
ZB11. 仪式	无	35（94.59%）	6（85.71%）	41（93.18%）
	有	2（5.41%）	1（14.29%）	3（6.82%）
	总计	37	7	44
ZB13. 规则	无	20（54.05%）	3（42.86%）	23（52.27%）
	有	17（45.95%）	4（57.14%）	21（47.73%）
	总计	37	7	44
ZB14. 对话	无	35（94.59%）	6（85.71%）	41（93.18%）
	有	2（5.41%）	1（14.29%）	3（6.82%）
	总计	37	7	44
ZB15. 其他2	无	29（78.38%）	6（85.71%）	35（79.55%）
	有	8（21.62%）	1（14.29%）	9（20.45%）
	总计	37	7	44

3. ASD 儿童初始沙盘动态行为描述性统计结果①

由表 7-9 可知，ASD 儿童初始沙盘行为出现比例从高到低分别是痕迹（81.82%），手部与沙的互动（68.18%），互动 = 其他（59.09%），纵向玩沙（36.36%），横向玩沙（34.09%），用容器装沙、倒沙（31.82%），身体与沙的互动（29.55%）。

表 7-9 不同性别 ASD 儿童初始沙盘行为统计

行为	有无出现	性别		总计
		男（$n=37$）	女（$n=7$）	
D1a. 手部与沙的互动	无	11（29.73%）	3（42.86%）	14（31.82%）
	有	26（70.27%）	4（57.14%）	30（68.18%）
	总计	37	7	44
D1b. 身体与沙的互动	无	26（70.27%）	5（71.43%）	31（70.45%）
	有	11（29.73%）	2（28.57%）	13（29.55%）
	总计	37	7	44
D2a. 纵向玩沙	无	22（59.46%）	6（85.71%）	28（63.64%）
	有	15（40.54%）	1（14.29%）	16（36.36%）
	总计	37	7	44
D2b. 横向玩沙	无	25（67.57%）	4（57.14%）	29（65.91%）
	有	12（32.43%）	3（42.86%）	15（34.09%）
	总计	37	7	44
D3a. 痕迹	无	7（18.92%）	1（14.29%）	8（18.18%）
	有	30（81.08%）	6（85.71%）	36（81.82%）
	总计	37	7	44
D3b. 用容器装沙、倒沙	无	26（70.27%）	4（57.14%）	30（68.18%）
	有	11（29.73%）	3（42.86%）	14（31.82%）
	总计	37	7	44

① 为编码和描述方便，本研究用字母 D 代表动作特征，数字对应核心类别：D1 = 肢体与沙的互动，D2 = 空间的运用，D3 = 儿童与沙和沙具的互动，D4 = 与人连接的渴望，下同。

续　表

行为	有无出现	性别		总计
		男（$n=37$）	女（$n=7$）	
D3c. 其他	无	14（37.84%）	4（57.14%）	18（40.91%）
	有	23（62.16%）	3（42.86%）	26（59.09%）
总计		37	7	44
D4. 互动	无	14（37.84%）	4（57.14%）	18（40.91%）
	有	23（62.16%）	3（42.86%）	26（59.09%）
总计		37	7	44

五、孤独症儿童初始沙盘的象征分析

1. "ASD 儿童沙盘游戏记录表"基本情况分析

本章第一节运用质的研究方法，对 ASD 儿童初始沙盘游戏动作进行了三级编码，确定了评价指标，编制了"ASD 儿童沙盘游戏动作特征表"，又参考借鉴蔡宝鸿和李洁的研究编制"沙盘游戏特征表"，将两个表整合为"ASD 儿童沙盘游戏记录表"，检验证明其具有较好的信度和效度。

本研究根据预研究中 TD 儿童 GEM－PR 得分进行分组，结果显示高分组、常规组、低分组得分没有差异，性别方面除对沙盘游戏内容描述上男生比女生稍好（$p<0.01$），其余项目在男女性别上均无显著差异（$p>0.05$）。这可能与被试主要来源于孤独症干预机构有关，这些孩子的孤独症核心症状较为突出和严重，且被试数量较少，女性被试仅有 7 人，因此呈现的内容描述上的差异意义不大，需要扩大样本量进一步检验。

2. ASD 儿童沙盘中沙形的象征

ASD 儿童在玩沙过程中会集中呈现一些沙形，如螺旋形的波纹、形似山丘或乳房的沙堆、近似圆形的图案等。螺旋形在自然界中随处可见，大到宇宙中的星系排布，小到 DNA 的结构，都呈现出螺旋的形状，因此螺旋形象征着生命力，蕴含着巨大的力量（特里锡德，2001）。圆是所有几何图形中唯一没有被切割的图形，因此圆形象征完整、圆满和统一（特里锡德，2001）；乳房象征着母爱、慈悲，也是精神力量的象征，它分泌的乳汁可使婴儿成长，因此也象征着生命的根源（檀明山，2001）。在分析心理学中形似乳房的沙堆和圆都是象征自性的几何图形（Zoja，2014）。对于 ASD 儿童来说，这些形状不只代表着他们内在蓬勃的生命力，也体现了他们隐匿的自性，代表着他们有无限的潜能，而这种潜能需要引导和激发，才能突破他们目前发展的瓶颈，达到康复的目的。

3. ASD 儿童沙盘中空间的象征

ASD 儿童不仅在二维平面上玩沙，还会在纵向和扩展的空间玩沙，代表性行为是落沙和扬沙，象征着空间的探索和开放以及对边界的试探。尽管咨询师会在开始时通过指导语和示范让儿童在沙箱里玩沙，但还是有 ASD 儿童无意识地将沙子泼撒在地面上或者扔到沙箱外。这种行为象征着边界不清（董琳琳，2023），常体现为 ASD 儿童以自我为中心的不合时宜行为，如不听指令，或班级同学都在列队等候，而 ASD 儿童突然离开队列闲逛等。

有 ASD 儿童将沙转移，扔在沙架上或投掷在沙盘室周围的物体上，这种行为象征能量的释放和空间的扩展，将整个沙盘室都变成了沙盘，空间中的所有物品（包括咨询师）都成了沙具。也有 ASD 儿童故意将沙撒在咨询师身上，同时观察咨询师的反应，当看到咨询师是不评判和接纳的状态时，ASD 儿童便放松地哼唱或者大笑，并会在随后的过程中主动与咨询师互动。因此，这种行为可以作为一种替代性语言，象征着一种沟通方式，以及在更大范围与人连接的尝试。

4. ASD 儿童沙盘中容器的象征

有 31.82% 的 ASD 儿童在玩沙过程中出现了使用容器来装载和倾倒的动作。沙子是母亲和大地的象征，容器也象征着母亲和子宫（魏广东，2018），因此容器的装载象征着能量的注入、接纳和承载（《世界文化象征词典》编写组，1992），ASD 儿童试图接纳这个世界，但他们高感觉敏感性（异常的感觉通路）的特质又让他们无法承载过多的信息和要求，因此只能吐出来。与此同时，他们与周围世界的关系，也像反复倾倒的容器，不断被接纳和排斥，这也是他们在关系中时常会遭遇的情形。另一个层面，这种装沙和倒沙的行为也是他们情绪调节过程的象征，如反复生气的情形，或不断反复的焦虑出现—消解的情况。

研究者观察到，ASD 儿童使用较多的容器是垃圾桶和棺材，其中垃圾桶在沙盘游戏过程中出现多达 17 次。这两个沙具都有盖子，ASD 儿童在装好沙或者其他物品后，会试图将盖子合上。也有儿童在将糖果或者蘑菇装进垃圾桶后展示给咨询师看，似乎垃圾桶对他们来说不是让人嫌弃的物体，而是装有珍贵宝藏的盒子。从这个角度看，垃圾桶和棺材象征着 ASD 儿童的阴影，但他们有能力并且尝试将阴影转化。

5. ASD 儿童初始沙盘游戏中动作的象征

（1）深入、长久地玩沙

沙子象征母亲和大地，ASD 儿童在玩沙的过程中与沙子深入、长久地接触，象征与母亲的连接，而这种连接也触发了他们包裹着的原初自性（Zoja，2014）。沙子的流动和包裹，象征接纳、承载和包容。ASD 儿童会用身体静态地感受和观察沙，如将手深深地埋入沙中，或用五官和整条胳膊轻触沙子。这些行为象征着 ASD 儿童正在与母性的心理力量、善于包容的大地或母亲原型连接，对他们来说无疑是一种心灵的疗愈。

84.09% 的 ASD 儿童制作的都是动态沙盘，部分沙画只有沙形而没有沙具，且普遍无法概括主题和表达感受。动态的沙盘象征无意识的流动，但 ASD 儿童无法用言语概括和表达主题，象征无法与意识连接。然而，无法表达和概述的情况也要考虑 ASD 儿童心理发展阶段和他们语言能力的发展情况。

（2）捏沙和抓沙

本研究招募的 ASD 儿童被试均来自孤独症干预机构，这些儿童接受的是 ABA 行为训练，这种干预方式高效却刻板，也被国内外心理学家诟病不把儿童当"人"，这导致孩子在课堂和生活中处于被控制的条件反射环境中。在玩沙过程中，他们出现最多的手部动作便是捏沙和抓沙，动作力度较大，似乎想把沙子挤出水来，这种行为象征着掌控感，代表他们需要在自己的世界中恢复秩序、拥有掌控感（《世界文化象征词典》编写组，1992；董琳琳，2023）。

（3）向外推—向内兜沙

有 ASD 儿童重复向外推—向内兜沙的行为，推沙时整个身体倾俯在沙盘上，双手几乎探到沙盘对面，兜沙时将双臂围成圈，呈抱持的姿态向自己面前扒沙或兜沙，这种矛盾性和两极性的行为象征着拒绝和接纳，也是儿童获得掌控感的象征（董琳琳，2023）。这种象征与 ASD 儿童的情绪特征和遭遇的态度有关，当他们身处令他们感到自由和接纳的环境时，他们分外放松和快乐，行为上可能会不自觉地笑出声，或是哼唱小调；而当感到威胁和紧张时，他们便会焦虑和抓狂，拒绝一切沟通，将自己包裹起来。

（4）创造性的动作

ASD 儿童有许多创造性的肢体动作，如将沙子从身上或者头上淋下、拍沙/敲沙、掸沙、落沙等，ASD 儿童在做这些动作时表情平和、神情专注，象征着情绪的释放。其中淋沙的动作具有沐浴和朝圣的象征，也象征着滋养和获得能量；而将沙子当作鼓面有节奏地敲打，这种行为象征着情绪的释放和寻找存在感，同时也与 ASD 儿童感统失调的特点相关联，这些肢体动作是他们探索和认识世界的方式，也是存在的方式（董琳琳，2023）。初始沙盘中 ASD 儿童普遍没有自我像，而这与沙盘制作中寻找存在的动作相呼应，可以将沙盘游戏疗法看作寻找自我的疗愈过程。

（5）儿童与沙具的互动

ASD 儿童选择、拿取、摆放和移动沙具的动作投射出了他们内心的情绪状态以及他们面对情绪的态度。ASD 儿童因其神经特点而显得与世界格格不入，这种"不一样"让 ASD 儿童长期处在压力和焦虑之中，而玩沙的动作则是他们释放情绪和压力的方式（如玩沙、扔沙具等）。在这个过程中，ASD 儿童掩埋沙具，是对负面情绪的一种回避和隔离，而反复的埋、挖则是对情绪和创伤进行处理，让情绪在无意识和意识之间流动，从而逐步面对自己的阴影（Zoja，2014）。此外，这种反复的行为也是他们在重复中寻求确认感和存在感的方式。

有一部分 ASD 儿童不断更换沙具，如更换已选择的或已摆放的沙具，这种行为是他们焦虑情绪和内心世界尚未分化的象征。有部分高功能 ASD 儿童在制作沙盘时细致地放置沙具，小心翼翼地排列整齐，其中有一名儿童更是避免自己触碰沙子。在疗愈主题方面，有近一半的 ASD 儿童（47.73%）都能遵守规则，只在沙盘中使用沙子和沙具。这些行为符合 ASD 儿童刻板的行为特征，也象征着他们通过整齐、秩序化的方式（也就是 ASD 儿童熟悉的系统化的方式）疏解和放松自己的情绪。

第三节 初始沙盘游戏中孤独症儿童的共情特点研究

为了探索 ASD 儿童初始沙盘与共情之间的关系，本节对孤独症儿童初始沙盘与他们的共情水平进行数据分析，从实证角度寻找沙盘游戏提升 ASD 共情和治愈心灵的线索。

一、研究对象与方法

在上一节研究的被试基础上，向 ASD 儿童家长发放格里菲斯共情测验父母版纸质问卷（Griffith Empathy Measure Parent Ratings，GEM – PR），并将问卷与 ASD 儿童初始沙盘进行匹配分析。

二、数据处理

使用 SPSS 26.0 对数据进行处理,采用描述性统计、独立样本 t 检验、方差分析、相关分析、回归分析等统计方法进行数据分析。

三、结　果

1. ASD 儿童共情得分情况统计结果

被试共情得分情况见表 7-10,由表可知,ASD 儿童得分分差较大。不同性别 ASD 儿童 GEM-PR 得分差异不显著($p > 0.05$)。

表 7-10　ASD 儿童共情得分情况一览

名称	样本量	最小值	最大值	平均值	标准差	中位数
认知共情	44	-16.000	15.000	0.614	8.554	1.000
情感共情	44	-36.000	18.000	-3.068	12.297	-1.000
GEM 总分	44	-81.000	42.000	-9.159	23.077	-7.500

2. ASD 儿童共情与初始沙盘的相关分析结果

对 ASD 儿童共情得分和初始沙盘进行相关分析,其中制作特征、空间使用特征、沙具种类、场景种类、主题特征、动态特征方面都存在差异。

在制作特征方面,ASD 儿童"最终沙画是否有沙具"对于情感共情($p < 0.01$)、GEM 总分($p < 0.05$)2 项呈现出显著性差异。没有沙具的情感共情平均值(-18.25)明显低于有沙具的平均值(-1.58),而没有放沙具的 ASD 儿童共情的平均得分显著低于有沙具的平均值。ASD 儿童"对沙的态度"对于情感共情呈现出 0.05 水平显著性($F = 3.500, p = 0.040$),事后多重比较可知,深入、长久接触沙子的儿童情感共情平均得分 < 轻轻随意捧沙的儿童得分。

在空间使用方面,ASD 儿童在左中放有沙具对于情感共情、GEM 总分 2 项呈现出 0.05 水平显著性差异;在中心放有沙具对于情感共情($p < 0.001$)、GEM 总分($p < 0.05$)2 项呈现出显著性差异;在中上放有沙具对于情感共情($p < 0.001$)、GEM 总分($p < 0.05$)2 项呈现出显著性差异;在右上放有沙具对于情感共情呈现出 0.01 水平显著性($F = 8.22, p = 0.01$)。对结果进一步检验可得,对应部分未放置沙具的 ASD 儿童共情及其维度平均得分显著低于放有

沙具的 ASD 儿童得分。

在沙具种类方面，需要统计每个类别下累计出现的沙具个数，由于数据为偏态分布，因此进行 Spearman 相关分析，具体结果见表 7-11。由表可知，认知共情与 Z8 宗教之间呈现出 0.05 显著性，相关系数值为 -0.317，说明 ASD 儿童认知共情得分与宗教沙具的数量之间有着负相关关系。情感共情与 Z1 动物、Z5 植物、Z6 生活用品、Z9 武器、Z10 其他 5 项之间均呈现出显著性，相关系数值分别是 0.300、0.315、0.388、0.299、0.303，全部大于 0，说明 ASD 儿童情感共情得分与相关种类数量之间有着正相关关系。

表 7-11　ASD 儿童共情得分和沙具种类的相关分析结果（Spearman 系数）

	认知共情	情感共情	GEM 总分
Z1. 动物	0.05	0.30*	0.22
Z2. 人物	-0.15	0.27	0.21
Z3. 建筑物	-0.11	0.27	0.13
Z4. 交通工具	-0.12	0.28	0.14
Z5. 植物	-0.18	0.32*	0.14
Z6. 生活用品	-0.08	0.39**	0.23
Z7. 自然元素	-0.04	0.21	0.16
Z8. 宗教	-0.32*	0.10	-0.10
Z9. 武器	0.02	0.30*	0.26
Z10. 其他	-0.08	0.30*	0.21
Z11. 阴影	0.08	0.05	0.14

*$p<0.05$　**$p<0.01$　***$p<0.001$

在沙盘呈现的场景种类方面，家庭情景对于情感共情呈现出 0.05 水平显著性（$F=5.087, p=0.029$），具体对比差异可知，沙盘出现家庭情景的 ASD 儿童情感共情平均得分（4.30）显著高于未出现相应情景的儿童得分（-5.24）。

在最终呈现的主题方面，ASD 儿童共情得分在创伤主题的空洞、分裂、限制、威胁四个特点以及治愈主题的培育、规则两个特点上都存在差异。创伤主题中，存在空洞特征的沙盘对于情感共情呈现出 0.05 水平显著性（$F=4.784, p=0.034$）。具体对比差异可知，出现空洞特征的 ASD 儿童情感共情平均得分（-5.18）<没有此特征的儿童得分。存在分裂特征对于情感共情呈现出 0.05 水

平显著性（$F=5.67, p=0.02$）；存在限制特征对于情感共情呈现出 0.05 水平显著性（$F=5.237, p=0.027$）；存在威胁特征对于情感共情、GEM 总分 2 项呈现出 0.05 水平显著性差异。对分裂、限制、威胁特征存在差异的项目进行比较可知，出现相关特征的 ASD 儿童共情相关维度平均得分 > 没有此特征的儿童得分。

治愈主题中，存在培育特征的沙盘对于情感共情呈现出 0.05 水平显著性（$F=5.846, p=0.020$）；存在规则特征的沙盘对于情感共情（$p<0.01$）和 GEM 总分（$p<0.05$）2 项呈现出显著性差异。进一步比较可知，出现培育和规则特征的 ASD 儿童情感共情平均得分 > 没有此特征的儿童得分。

对静态沙盘总分进行 Spearman 相关分析（见表 7-12），其中情感共情与空间使用情况总分、沙具总数量、场景种类出现总数、治愈主题总分 4 项之间呈现出显著性差异，相关系数值分别是 0.439（$p<0.01$）、0.437（$p<0.01$）、0.354（$p<0.05$）、0.602（$p<0.001$）；GEM 总分与空间使用情况总分、沙具总数量、治愈主题总分 3 项之间呈现出显著性差异，相关系数值分别是 0.301（$p<0.05$）、0.313（$p<0.05$）、0.430（$p<0.01$）。

表 7-12　ASD 儿童共情得分和初始沙盘特征总分的相关分析（Spearman 系数）

	K 总分	Z 总分	C 总分	ZA 总分	ZB 总分
认知共情	-0.08	-0.04	-0.12	0.08	-0.15
情感共情	0.44**	0.44**	0.35*	0.27	0.60***
GEM 总分	0.30*	0.31*	0.2	0.2	0.43**

*$p<0.05$　**$p<0.01$　***$p<0.001$

注：K 总分 = 空间使用情况总分，Z 总分 = 沙具总数量，C 总分 = 场景种类出现总数，ZA 总分 = 创伤主题总分，ZB 总分 = 治愈主题总分。

ASD 儿童动态特征方面，ASD 儿童手部与沙的互动对于情感共情呈现出 0.05 水平显著性（$F=6.458, p=0.015$）；横向玩沙样本对于情感共情（$p<0.01$）和 GEM 总分（$p<0.001$）2 项呈现出显著性差异。具体对比差异可知，出现这两种行为的 ASD 儿童共情各维度平均得分显著低于没有此特征的儿童得分。

对 ASD 儿童动态特征的核心类别总分进行 Person 相关分析可得，D2 空间的运用总分与情感共情、GEM 总分 2 项之间呈现出 0.01 水平显著性，相关系数值分别是 -0.438 和 -0.418，即存在负相关关系。

3. ASD 儿童初始沙盘对共情的回归分析结果

为了检验初始沙盘能否预测 ASD 儿童的共情,以 GEM-PR 问卷总分和各维度得分为结果变量、ASD 初始沙盘特征为预测变量进行多元逐步回归分析,结果见表 7-13,所有回归模型的 VIF 值均小于 2,不存在共线性; $D-W$ 值在数字 2 附近,不存在自相关性。

其中初始沙盘对认知共情没有预测效应,而创伤主题中的威胁特征会对 GEM 总分产生显著的正向影响;沙盘空间使用中,沙具在中上会对情感共情产生显著的正向影响;沙盘游戏动态特征方面,横向玩沙会对 GEM 总分和情感共情得分产生显著的负向影响。

表 7-13 ASD 儿童初始沙盘与 GEM-PR 得分的逐步回归分析结果

结果变量	预测变量	R^2	ΔR^2	F	B	Beta	t	95% CI
GEM 总分	ZA9 威胁	0.34	0.3	10.42***	30.35	0.28	2.15*	2.71—57.99
	D2b 横向玩沙				-22.55	-0.47	-3.64***	-34.69—-10.40
情感共情	K 中上	0.43	0.4	15.48***	11.95	0.46	3.82***	5.82—18.08
	D2b 横向玩沙				-10.09	-0.39	-3.28**	-16.12—-4.07

*$p<0.05$ **$p<0.01$ ***$p<0.001$

四、讨 论

1. ASD 儿童共情与初始沙盘的相关分析

由 GEM-PR 得分和初始沙盘各特征的相关分析结果可知,最终呈现的沙画没有放沙且对沙的态度更多为深入、长久玩沙的 ASD 儿童共情能力更低。沙子象征着母亲和无意识,这些 ASD 儿童自我未分化,共情也处于混沌状态,因此沉浸在无意识当中。然而他们需要通过这种沉浸与母亲原型产生连接,逐步分化、生发出共情,并通过身体和沙的充分接触发展身体自性。

在沙盘空间使用方面,对应位置不放沙具的 ASD 儿童共情能力更低。左中、中心、中上、右上位置沙具的出现与情感共情有关，而除了右上，其余位置与共情总分也有关。场景种类方面，ASD 儿童情感共情能力越高则沙盘出现家庭场景的可能性越高。ASD 儿童情感共情和共情总分与初始沙盘特征总分的相关系数正相关，即孤独症共情得分越高，则初始沙盘特征越明显。沙盘动态特征方面，出现身体与沙互动的 ASD 儿童交往能力更差，而空间运用得分越高，则共情能力越弱。

沙具种类方面，从相关分析结果可知，ASD 儿童认知共情得分与宗教沙具的数量之间有着负相关关系，可以理解为 ASD 儿童认知共情能力越好，则越少放宗教沙具。宗教是无意识的体现、超自然和灵性的象征，而认知共情和宗教沙具数量的负相关，象征着 ASD 儿童从混沌、灵性到理性和现实（《世界文化象征词典》编写组，1992）。情感共情与动物、植物、生活用品、武器和其他种类沙具正相关，即情感共情能力越高，则相关沙具出现的频率就越大，ASD 儿童与现实连接越深入。

在沙盘主题方面，创伤主题中，越多出现空洞特征，则 ASD 儿童能力越低，说明没有情感共情的 ASD 儿童内心可能也是空的；而出现分裂、限制、威胁特征的 ASD 儿童的共情能力越好，因为这几个特征与现实相关，一定程度也投射出了孤独症在现实生活中的经验。

治愈主题中，出现培育和规则特征的 ASD 儿童共情能力更强。其中培育特征与情感共情紧密相关，这是由于感受培育的过程都与好的依恋和情感有关；规则特征除了与情感共情有关，也与共情总分有关，这可能与遵守规则的 ASD 儿童可以获得更多的奖励和夸赞，从而可以进一步提高情感共情有关。

2. ASD 儿童初始沙盘对共情的预测

沙盘游戏动态特征方面，横向玩沙可以负向预测 GEM 总分和情感共情得分，即横向玩沙行为越多，ASD 儿童共情能力和情感共情能力就越低。创伤主题中的威胁特征可以正向预测 GEM 总分，即沙盘中威胁特征的出现可以认为是共情能力的一种表现。沙盘空间使用中，沙具在中上可以正向预测情感共情得分，即中上出现沙具可以认为是情感共情能力的表现。

五、结论与展望

本章通过对 ASD 儿童初始沙盘定性和定量的研究，发现 ASD 儿童的玩沙方式有其独特的象征意义，并且这些儿童在初始沙盘中的行为和最终的沙画摆放可以预测他们的共情能力。

研究结果验证了本书之前的分析，即 ASD 儿童共情缺损的表现主要由于个体的共情在无意识中并未分化。沙盘游戏为 ASD 儿童提供了一个途径，让他们有机会与无意识连接，并拥有了进入母子一体化阶段的条件，最终让共情在他们的心灵深处扎根、生长、发芽。

本章的研究主要基于 ASD 儿童的第一次沙盘，其后续共情水平的变化还需要进一步的探索。为了更好地验证沙盘游戏对孤独症儿童共情的干预效果，更快地通过母子一体性激发儿童心灵共情，我们将在下一章通过亲子沙盘游戏对一个 ASD 儿童进行干预研究，以期探索沙盘游戏对 ASD 儿童的干预效果与疗愈因子。

第八章 亲子沙盘游戏疗法
提升孤独症儿童心灵共情的案例分析

通过对长三角儿童共情水平的调查，我们了解到 ASD 儿童的共情能力全面低于 TD 儿童。共情缺损让 ASD 儿童在日常生活中难以理解人际互动、缺乏换位思考的能力，这也是 ASD 儿童难以适应校园生活并在青春期罹患心境障碍的主要原因。本书已从理论和实证两个方面论证了沙盘游戏疗法可以通过非语言、非指导的方式帮助 ASD 儿童改善核心症状、提升共情水平。通过前文的论述，我们还了解到好的依恋关系有助于从意识和无意识两个层面促进 ASD 儿童的共情发展。博伊科和古德温（2000/2006）认为儿童的成长取决于环境中的成人。因此，将父母或家庭环境中的主要照顾者纳入沙盘游戏咨询更重要，这些成人或许有能力改变儿童生活中所面对的情境和正在起作用的内部动力。实践也确实发现，当家庭主要照顾者或者重要他人参与到咨询中时，儿童和青少年的转变得以发生。

因此，为了更好地通过母子一体化促进 ASD 儿童共情的生发，叩开他们的心灵之门，本章将通过母亲参与的亲子沙盘游戏疗法对 ASD 儿童个案进行干预研究，评估亲子沙盘游戏对 ASD 儿童共情和核心症状的干预效果，并探索亲子沙盘游戏对 ASD 儿童心灵共情的治愈因素。

第一节 亲子沙盘游戏疗法
在孤独症儿童共情干预中的作用

本书第一章介绍了孤独症的干预方法。目前已有的 ASD 干预方法类别多样，但针对共情的专项干预并不多见，主要有"运输车"（the Transporters）干预方案和心理理论训练，还有一些以改善人际交往、理解与沟通、获得社会技能为目的的社会认知与技能训练，然而这些干预方式局限明显：首先，干预对象以低龄儿童为主，缺乏学龄期和大龄 ASD 群体的个案研究（Baghdadli et al., 2019）；

其次，研究均为横断面的，缺乏纵向追踪研究（Sevaslidou et al., 2019; Steinhausen et al., 2016），且生态效度有限，难以迁移和泛化；再次，干预材料以视觉和听觉为主，干预模式较为单一，没有来自其他感觉通道的干预；最后，干预主要针对认知共情，以意识层面的干预和行为的改变为主，普遍忽视且大大低估儿童心灵层面的需要和无意识的能量。基于前述的共情发展过程，我们可以认为 ASD 儿童的共情干预实际上是对 ASD 儿童自性的激发，这种激发可以通过重塑原初关系（primal child-mother relationship）来进行。由母亲参与的亲子沙盘游戏疗法是针对 ASD 儿童共情能力提升且符合我国文化背景的十分合适的干预手段，它可以更好地利用家庭环境对 ASD 儿童共情的影响，通过母子一体来激发 ASD 儿童的共情。

亲子沙盘游戏疗法（parent-child sandplay therapy，parent-child SPT）是沙盘游戏疗法的一种模式，由儿童与母亲共同参与，与家庭沙盘游戏疗法类似，其基本假设是：由于家庭成员间无意识的深层连接，任何一位家庭成员出现隐疾都会对其他成员产生共同影响（Carey, 1999/2020；李洁, 2014），亲子沙盘不仅仅针对儿童或母亲个体，还关注儿童的成长环境和亲子关系、人际互动（Anderson, 1993；Carey, 2006；Gil, 1994, 2003）。亲子沙盘游戏对 ASD 儿童共情干预的有效性主要基于以下三点：首先，在生命的早期阶段，身体是儿童表达情感内容的主要渠道（Neumann, 1973），沙盘游戏用身体和身体语言连接 ASD 儿童的身体和心灵、意识和无意识，激发原型和自性，让共情的发生发展和心灵的疗愈成为可能。其次，ASD 儿童的语言表达能力有限，尤其在交互的社交过程中，可能出现鸡同鸭讲或答非所问的情形，而亲子沙盘游戏为 ASD 儿童和主要养育者提供了有效沟通的媒介，让儿童可以不受限制地投射自己的无意识。亲子沙盘游戏过程可以降低来访者对自我的控制和防御，使得 ASD 儿童和主要养育者可以通过沙盘更快、更彻底地触及无意识和心灵深层的问题，促进 ASD 儿童自我-自性轴的发展，最终建立情感共情和认知共情的发展通路。最后，从共情的发展来看，尽管母子关系的质量决定了个体所有关系的质量（Neumann, 1973；Kalff, 1980/2003；Turner, 2005/2016），但并非只有健康的真实的母子关系才能发展出共情。卡尔夫（1971）说沙子代表了本能、自然和大地母亲的治愈力量，沙子等具有母性原型特质的象征物也可以积极地影响儿童（Carey, 1999/2020），因为在诺伊曼（1973）看来，儿童对母亲的早期体验是原型性的，婴儿也会受到其他积极的、母性原型的影响。而亲子沙盘由于有母亲的加入，可以产生诺伊曼所谓的"个人的原型唤起"——母亲本身便凝聚了原型场，可以更好地激发儿童心灵深处等待随时唤起的母亲原型意象（Neumann，1973/2018）。因此，母子共同进行的亲子沙盘可以同时通过真实的母子关系和母亲原型两个维度来促进共情的萌出和发展。

第二节　个案招募与干预研究设计

一、个案招募

正如前文所述，沙盘游戏疗法不是万能的，尤其对于孤独症来访者。本研究通过家长互助群及互联网发布 ASD 家庭公益心理咨询招募信息，对 ASD 儿童的准入条件要求如下：①4—16 岁 ASD 儿童及其主要照顾者，儿童有三甲医院孤独症诊断证明；②儿童已接受行为干预，在普通学校就读，高功能和阿斯伯格儿童优先；③ASD 儿童存在人际困难，或有人际交往能力提高的需要；④愿意配合信息收集和相关评估；⑤儿童及其主要照顾者需要能够稳定参与每周 1—2 次的心理咨询工作（地面咨询），并且不少于 14 次（其中有两次为家庭访谈和评估）；⑥参与家庭需要配合参与访谈和问卷评估，并签署知情同意书与保密协议。

根据报名信息和问卷的初步筛选，最终进入研究的个案为就读于某小学四年级的 10 岁男性 ASD 儿童。个案家庭基本信息见表 8-1。

表 8-1　个案家庭基本信息

个案代号	小 N
性　　别	男
访谈时年龄	9 岁 11 个月
智力测验结果	124
是否为独生子	否，有一个 5 个月大的弟弟
父亲信息	38 岁，本科学历，企业职工
母亲信息	37 岁，硕士学历，全职母亲
家庭结构	咨询前期为两代四人同住，咨询后期女方母亲前来帮带二胎
家庭年收入	10 万—15 万元

二、研究工具

本研究除了进行亲子沙盘游戏干预，还要通过量化数据进行干预效果的评估，因此研究工具主要分为三个模块：①基本信息评估工具，用以对母亲的依恋类型、人格特质和共情情况进行评估；②测量工具，用以对 ASD 儿童个案干预前后的状态进行测评；③干预工具，用于亲子沙盘游戏的个案干预。

1. 基本信息评估工具

（1）成人对父母的依恋经历调查问卷（Adult – to – Parental Attachment Experience Survey，AAES）

AAES 由王朝等学者于 2012 年编制，用于测量成年人五岁之前的依恋经历。问卷共 36 个项目，分为四个子维度，分别是安全型依恋、过度投入型依恋、淡漠型依恋和未解决型依恋。问卷采取李克特五点计分，1 为非常不符合，2 为有点不符合，3 为不确定，4 为有点符合，5 为非常符合。依恋总分 = 安全型依恋维度得分 – 过度投入型依恋维度得分 – 淡漠型依恋维度得分 – 未解决型依恋维度得分。依恋类型的确认需先计算各个子维度的平均分，将其转化为标准分后进行比较，四个维度最高分的类型即为成人被试的依恋类型。

（2）大五人格问卷 44 题版（Big – Five Factor Inventory – 44，BFI – 44）

约翰（John）、多纳休（Donahue）和肯特勒（Kentle）于 1991 年建构的较为简洁的大五人格问卷版本，仅有 44 个项目。本研究使用朱小佳于 2014 年修订的中文版，问卷共 44 个项目，其中 43 和 44 题为测伪题。问卷包含五个子维度，分别是神经质（neuroticism，N）、外倾性（extroversion，E）、开放性（openness，O）、宜人性（agreeableness，A）和尽责性（conscientiousness，C）。问卷采取李克特五点计分，1 分为"非常不同意"，2 分为"比较不同意"，3 分为"不同意也不反对"，4 分为"比较同意"，5 分为"非常同意"。

2. 测量工具

（1）格里菲斯共情测验父母版（Griffith Empathy Measure Parent Ratings，GEM – PR）

GEM – PR 是达德（2008）在布赖恩特（1982）自评量表（选项均为"是""否"）的基础上修订的他评量表，由肖运华在 2015 年汉化，用于评定儿童和青少年共情能力，由家长填写，可用于健康人群和 ASD 群体。该量表共有 23 个条目，分为认知共情和情感共情两个维度，采用李克特九级评分（– 4 – 4）。

(2) 孤独症行为量表（Autism Behaviour Checklist，ABC）

ABC 量表由克鲁格（Krug）等于 1978 年编制，是与儿童生活至少 2 周的父母或主要抚养人填写的他评量表，适用于 8 个月—28 岁的孤独症群体筛查。我国于 1989 年引进，使用后发现在我国人群中具有良好的信度和效度。该量表共 57 个项目，分为交往能力 – R、语言能力 – L、感觉能力 – S、躯体运动 – B、自我照顾 – S 共 5 个因子，每个项目的评分以其在量表中的负荷大小决定，为 1—4 分，出现相应行为则记对应分数，没有出现记 0 分，总分在 0—158 分之间，分数越高则代表症状越严重。克鲁格等将筛查界限分定为 53 分，诊断分定为 68 分。北大六院杨晓玲等（1993）研究发现，在中国的孤独症群体当中，总得分以 31 分为界限分时量表信度和效度最高。因此，31 分以下为筛查阴性，≥31 分为疑似孤独症，≥68 分为孤独症阳性。

(3) 孤独症治疗评估表（Autism Treatment Evaluation Checklist，ATEC）

ATEC 量表为美国孤独症研究所研究编制的治疗评估工具，由 ASD 儿童的主要照顾者填写，主要用于评估 2—12 岁 ASD 儿童治疗或干预的效果。量表共 77 个项目，分为四个分量表，分别是"表达/言语交流""社交""感知/知觉"和"健康/身体/行为"。其中前三个分量表为李克特三点计分，"不是"计 2 分，"有时"计 1 分，"总是"计 0 分；最后一个分量表为四点计分，"没有"计 0 分，"轻度"计 1 分，"中度"计 2 分，"重度"计 3 分。所有项目计分加总即为所得分数，得分范围在 0—179 之间，初始测量结果为基线分，用于判断 ASD 儿童症状严重程度，分值越高则越严重。总分在 20—49 分为轻度，总分在 50—79 分为中度，总分 >80 分为重度。

(4) 社交反应量表（Social Responsiveness Scale，SRS）

原版 SRS 是康斯坦丁诺（Constantino）和格鲁伯（Gruber）于 2005 年编制的用于评估 4—18 岁儿童社交能力的量表，可用于 ASD 群体的评估和筛查（Bölte, Poustka & Constantino, 2008）。本研究使用我国学者陈秋如和邹小兵 2009 年修订的版本。SRS 共 65 个项目，由五个分量表混编而成，分别为社交知觉分量表（Social Awareness）、社交认知分量表（Social Cognition）、社交沟通分量表（Social Communication）、社交动机分量表（Social Motivation）和孤独症行为方式分量表（Autistic Mannerisms）。量表采取李克特四点计分，从 0 分到 3 分，0 分为"不符合"，1 分为"有些符合"，2 分为"经常符合"，3 分为"总是符合"。总分和各分量表得分为项目分数加总。SRS 总分在 0—195 分之间，社交知觉分量表得分在 0—24 分之间，社交认知分量表得分在 0—36 分之间，社交沟通分量表得分在 0—66 分之间，社交动机分量表得分在 0—33 分之间，孤独症行为方式分量表得分在 0—36 分之间。分数越高，则对应的社交障碍程度越严重，其中总分在 60—75 分之间提示为中度孤独症，总分 > 76 分则提示严重孤独症（Santos et al., 2012）。

（5）幼儿依恋关系量表

使用的量表为叶晓璐（2011）修订的台湾政治大学刘佳闵于 2005 年编制的"幼儿依附关系量表"，主要用于测量亲子依恋关系类型。量表共 21 个项目，分为三个维度，分别为安全型依恋维度、矛盾型依恋维度和逃避混乱型依恋维度。量表采取李克特四点计分，1 分为"非常不同意"，2 分为"比较不同意"，3 分为"比较同意"，4 分为"非常同意"。依恋类型的确认需要先计算各维度的平均分，然后对三者分数进行比较，最高分的类型即为亲子依恋关系的类型。

（6）父母教养方式量表（Egna Minnen av Barndoms Uppfostran – own Memories of Parental Rearing Practices in Childhood Parent Version, EMBU – P）

传统的父母教养方式量表（EMBU）为本人填写，用于评价父母教养方式的自评量表，卡斯特罗（Castro）等人（1997）在原版的基础上进行修订，由儿童父母或主要监护人根据自己对孩子的养育方式进行填写，经检验具有良好的信度和效度。量表共有 52 个项目，分为四个维度，分别为情感温暖维度、拒绝维度、控制/过分保护维度、偏爱维度。量表采用李克特四级评分，1 分为"从不"，2 分为"偶尔"，3 分为"经常"，4 分为"总是"。

（7）中文版儿童睡眠习惯问卷（Children's Sleep Habits Questionnaire, CSHQ）

CSHQ 由美国儿科学教授欧文斯（Owens, 2000）编制，用以测量 4—12 岁儿童睡眠情况，本研究使用国内学者李生慧等（2007）汉化的版本。该问卷为回顾性调查问卷，由家长回忆孩子在过去一个月的睡眠情况，并选择比较典型的一周进行回答。问卷共分两个部分，第一部分为睡眠时间，不计分；第二部分为睡眠质量，共 33 个计分题。第二部分为李克特三级计分，"经常（每周 5—7 次）"计 3 分，"有时（每周 2—4 次）"计 2 分，"偶尔（每周 0—1 次）"计 1 分，总分高于 41 分提示睡眠障碍，分值越高则表示睡眠问题越严重。本研究仅使用第二部分问卷作为评估依据。

3. 干预工具

（1）标准沙盘室一间，内含所有干预工具。

（2）沙盘：57cm×72cm×7cm 的长方形标准沙箱 2 个，底面和内部边框为天蓝色，一个装干沙，为干沙盘，一个装湿沙，为湿沙盘。

（3）沙：天然黄沙，能覆盖沙盘内侧约一半的高度。

（4）沙具和沙架：不同种类沙具约3000个，按照类别和心灵发展规律整齐排列在沙架上。

（5）数码相机一部，计时器一个。

（6）其他工具。

三、干预程序

测量个案干预前的共情和核心症状水平基线（Time1），使用亲子沙盘游戏对ASD儿童进行干预。干预每周进行1—2次，共进行12次，第12次结束后2周内（Time2）进行结案评估，同时测量个案儿童共情和核心症状的变化。

四、咨询设置

本研究在个案招募时说明来访家庭需要连续进行不少于14次的地面咨询，其中第一次为家庭访谈，由咨询师评估来访家庭的匹配程度，同时也为个案家庭提供空间，考虑是否愿意参与接下来的研究。在正式进入咨询后，需要签署知情同意书和保密协议（具体见附录五、附录六），同时确定接下来的咨询时间和周期。

本研究的主体部分为连续进行12次的亲子沙盘游戏，由母亲和ASD儿童被试共同参与，每周进行1—2次，每次80分钟，前40—45分钟为亲子沙盘时间，后35—40分钟为咨询师与亲子交流时间或与母亲进行咨询的时间。

五、亲子沙盘游戏干预步骤

1. 指导语

首次亲子沙盘游戏指导语："××小朋友和××妈妈你们好，我是×老师，今天我们来玩沙盘游戏。你们看，这是两个沙盘，里面有沙子，左边是干沙，右边是湿沙。（咨询师拨开沙盘，露出底面）沙子下面是蓝色的。（咨询师手指沙架）看，架子上有很多玩具，你们可以拿想要的放在沙盘里玩，也可以在沙盘里做任何你们想做的事情。需要注意的是，因为是××小朋友和妈妈一起玩，所以你们需要选择用干沙盘还是湿沙盘，你们可以感受一下。（咨询师引导来访者触沙）你们有两种玩沙的方法，一种是孩子和妈妈一起做沙盘，还有一种是分开做沙盘。如果一起做，那么妈妈和孩子要轮流拿沙具，每个人每次只能拿一个沙具或者一类沙具；如果是分开做，那么你们要在刚刚选择的沙盘里各选半边，然后在你们自己的那一半做任何想做的事情，没有顺序的限制。你们一共可以玩45分钟，我会坐在这里陪伴你们。时间快到的时候我会提醒，如果提前完成也请告诉我。有任何不清楚的可以随时提问。好，那我们开始吧！"亲子沙盘游戏伊始，咨询师会引导来访者商议是一起做沙盘还是分开做，选择干沙还是湿沙[①]。若双方选择一起做，咨询师则引导来访者商议由谁先开始；若双方决定分开做，则引导二人划分沙盘，选择各自要制作的半边。

2. 亲子沙盘游戏

由儿童和母亲在同一个沙盘中完成亲子沙盘的制作，用时不超过45分钟，咨询师在还有10分钟时提醒来访者。在此过程中，咨询师对来访者进行积极关注和非评判式回应，稳定、接纳、共情，同时关注并记录亲子双方的制作过程、在此期间与研究者的互动和情感变化。

3. 亲子沙盘结束后交流

沙盘制作完成后，咨询师邀请ASD儿童和母亲围绕所完成的沙画进行交流。交流的内容相对一致，包括但不限于：①选择你最喜欢的位置，说说为什么；②介绍一下你的沙盘（说说里面的故事/主题）；③给你做的沙盘取一个名字；④沙盘中你最喜欢的部分/玩具；⑤沙盘中你最讨厌的部分/玩具；⑥你在做沙盘过程中和完成后的感受。若ASD儿童无法进行该部分，则咨询师仅与母亲进行交流。

4. 咨询师与母亲面询

咨询师针对在沙盘中的观察与母亲进行讨论，同时对ASD儿童的养育和共情的干预进行心理健康教育与指导。

5. 拍照存档

分别拍摄来访者视角和咨询师视角的全景图，同时补充若干细节进行研究存档。

6. 拆除沙盘

等来访者离开咨询室后，由咨询师将沙盘拆除。

---

① 来访者和母亲无论选择分开做还是一起做，都被要求在同一个沙盘中进行。

六、干预效果评估

本研究主要评估 ASD 儿童个案的共情和核心症状的改善情况,将从以下几个方面进行评估:

(1) 沙盘游戏历程中作品象征意义的变化;
(2) ASD 儿童与母亲在亲子沙盘游戏中互动的变化;
(3) 母亲描述儿童在生活中行为的变化;
(4) 心理测评结果的变化。

第三节 亲子沙盘游戏疗法的干预过程与心理分析[①]

一、个案及家庭基本情况

基本信息:小 N,男,和父母第一次前来接受咨询时 9 岁 10 个月,就读于某公立小学四年级,有一个 5 个月大的弟弟。母亲全职照顾小 N,父亲在企业工作。小 N 给咨询师的第一印象是较为顺从和腼腆,孤独症特质不明显,社交功能较好,非常渴望与人交流,但容易陷入自己的话题当中;身材瘦弱,身高较同龄孩子略矮,眼睛很漂亮。母亲约 158cm,圆脸,微胖,扎低马尾,衣着朴素,还在哺乳期,戴眼镜,语言表达能力强,访谈时基本都是母亲在回应,女中音,声音略沙哑,毫不避讳在小 N 面前表达对他的评价和看法。父亲 172cm 左右,中等身材,戴眼镜,冷静淡定,情绪波动较少,话不多,回应多为对母亲回答的补充。母亲自我评价较为情绪化,认为小 N 爷爷有孤独症倾向,和父亲一样性格都较固执、执拗;小 N 姨妈确诊中度焦虑和抑郁。

个案成长史:母亲曾为中学学科老师,结婚后考取研究生,辞职就读。读研期间意外怀孕,怀孕 12 周内陪护癌症术后化疗病人,接触化疗药物,孕中晚期压力较大,睡眠不足。生产后因要兼顾实习和学业,由孩子奶奶帮忙照顾小 N,晚上母子同寝。孩子为顺产,母乳喂养到 1 岁多。2 岁因仍不识人和说话,去医

[①] 本书案例的整理和发表已取得来访者及监护人的知情同意。

院接受诊断，诊断为孤独症后奶奶回老家，由母亲全职照顾，父亲工作养家。婴幼儿时期发育评估中下水平，体重偏轻、身高偏矮、爱挑食。1岁左右有无意义语言，2岁半左右会喊爸爸妈妈，并发展出短语。运动发育迟缓，能很好地爬行，但不愿意走路（母亲认为因为小N较为小心谨慎），16个月方才学会走路。母亲表示2岁时小N仍像刚出生的婴儿一样，什么都不知道，甚至连父母都不认识。确诊后接受干预，陆陆续续换了3家干预机构，为了就近干预，从2岁开始搬家三四次。5岁正式进入一家愿意接受小N的幼儿园，"很辛苦"。小学就近入学，母亲全日制陪读到二年级，三年级开始过渡到每周间隔去学校陪读，目前几乎不陪读。

父母表示小N刚诊断时孤独症症状十分明显，情况也比较严重。干预到4岁时曾尝试送小N到幼儿园，但他十分不适应，经常生病、请假。幼儿园老师的反馈也十分不好，小N几乎每月都会发生比较严重的攻击性行为，无法听从老师的指令，不做操、不吃饭、不睡觉，上课时兀自离开座位。后退学，直至5岁半才进入一所较为包容的幼儿园，完整上完大班后进入现在的学校学习。目前所在班级仅27名学生，在一年级时，小N因为班主任严厉、无法适应社交而受挫严重，后母亲陪读，并尝试与老师交流。此后班级环境对于小N来说有了很大改善，老师和同学对小N都非常友善和包容，学业上对他也无任何要求。小N三年级时在母亲的鼓励下竞争上了安全委员职务，主要职责为观察班级安全隐患，提醒同学、报告老师，小N乐此不疲。小N对感兴趣的科普书十分痴迷，但学业参与度很低，一到写作业就开小差，情绪低落，并伴有一些躯体症状。母亲对其学业十分焦虑，担心孩子在学校无收获、无意义。母子会就学业问题爆发很严重的冲突。

家庭关系： 母亲认为小N与自己的关系最为亲密，能觉察自己的情绪，与父亲的关系更像朋友，描述父亲像"工具人"，主要作用是赚钱。母亲表示弟弟是在小N的期待中诞生的，一年级时小N在学校受挫，恳求母亲生一个弟弟或者妹妹陪伴自己，但当时父母尚未准备好。目前弟弟5个月，小N会在母亲的要求下帮忙照顾弟弟，也会认为自己是家长，很有成就感。夫妻关系较好，母亲评价父亲是一个"很好的执行者和搭档"。

目前状态： 小N周日和周三上社交干预课，周末参加乐高和编程课，但母亲会根据小N的身体情况请假。目前与父母没有分床，每天10点左右上床，约11点才能入睡。压力大时抽动症状明显，并伴有口腔溃疡、情绪低落。母亲认为学业几乎没有负担，但小N觉得很痛苦。

二、个案初始评估

1. 小 N 的主要问题

小 N 非常渴望朋友和与他人建立关系，但不得要领。他不理解他人的行为，在突破自己的舒适圈或别人做一些超出自己理解范围的行为时会失控；对环境要求较高，轻松的环境稳定性也会更好；对"欺负"行为不敏感；学业压力大，会有很严重的躯体反应，最直接的表现为抽动和溃疡。小 N 曾吃过一段时间抗抽动的药物，但无太大变化。

2. 母亲的心理特征

母亲成人对父母的依恋经历调查问卷（AAES）分量表得分换算为标准分分别为安全型 1.05 分、过度投入型 0.15 分、淡漠型 -1.36 分、未解决型 0.15 分，因此为安全型依恋。母亲大五人格问卷转化为标准分后，从高到低分别是宜人性＞神经质＞开放性＞外倾性＞尽责性。

3. 问卷评估结果（前测 Time1）

小 N 的 GEM-PR 总分 9 分，认知共情 -2 分，情感共情 9 分，成绩普遍低于第一章调查研究中 TD 儿童的平均分，认知共情也低于 ASD 组平均分，但共情总分和情感共情高于 ASD 组成绩。

ABC 前测分数为 46 分，交往能力总分为 9 分，语言能力得分为 5 分，符合孤独症筛查界限。

ATEC 总分 60 分，分量表分别为 Ⅰ 表达/言语交流 2 分、Ⅱ 社交 23 分、Ⅲ 感知/知觉 15 分、Ⅳ 健康/身体/行为 20 分。根据分数评估为中度孤独症。

SRS 总分 111 分，各维度分数分别为社交知觉 20 分、社交认知 18 分、社交沟通 37 分、社交动机 16 分、孤独症行为方式 20 分。分数提示为严重孤独症。

亲子依恋关系中，各维度依恋类型平均得分相当，其中逃避混乱型依恋分数最高，为 2.6 分，往后依次是矛盾型依恋（2.45 分）和安全型依恋（2.25 分）。因此小 N 和其母亲的亲子依恋类型为逃避混乱型依恋。

EMBU-P 结果显示母亲是高情感温暖的教养方式。各维度分数的标准分中情感温暖（1.08 分）＞过分保护（0.38 分）＞拒绝（-0.17 分）＞偏爱（-0.22 分）。

CSHQ 总分 58 分，提示存在睡眠障碍。

三、具体进程与分析

正式咨询于 2022 年 10 月底开始,一直持续到农历新年前夕,前后共进行了 14 次咨询,其中 12 次为亲子沙盘游戏。咨询过程曾因疫情反复而暂停,全部研究持续了 3 个月。

1. 第一阶段:真实关系的呈现——逃避混乱的亲子依恋

(1) 初始亲子沙盘:灵性与创伤

初始亲子沙盘游戏使用了湿沙盘,由小 N 和母亲一起完成。小 N 先开始,母亲主要是支持和配合。母亲做到了很好的跟随,但过度关注小 N 的一举一动,因此沙盘几乎由小 N 主导。具体过程见表 8-2。

表 8-2 初始亲子沙盘记录表

序号	摆放内容（孩子）	行为、语言和情绪	摆放内容（母亲）	行为、语言和情绪	咨询师感受
1	网球拍	按进沙里		"这是球拍吗?""我要找一个一样的。"	过度关注小 N 的一举一动
2	零食	将零食和球拍埋进沙里	零食	没找到对应的球拍,因此找了一个一样的零食	
3	大的塑胶空心莲花	用沙子埋花:"彻底变成大花坛。"	树	观察到小 N 的行为,问他在做什么	
4		回应母亲的询问:"对不起。"		温柔回应:"不用对不起。"	困惑,为什么要对不起
5		把母亲拿的树放在堆的沙堆上:"最后的墓地。"		帮忙埋树,用手压实	
6		赞叹:"可以嘛!"			

续表1

序号	摆放内容（孩子）	行为、语言和情绪	摆放内容（母亲）	行为、语言和情绪	咨询师感受
7	酒瓶	插进刚刚的土堆上："大山洞！"观察咨询师："被老师发现了。"		观察小N的行为	有趣
8	小铲子	用铲子铲沙："破山！碎山机！"		埋沙具："那我也埋一下。"	母亲跟随、模仿小N的行为
9	中空的透明钻石沙具	装沙、挖沙，试图把埋在沙里的沙具挖出来		教小N如何挖沙子更便捷	教小N使用工具
10	灯	装沙		用沙具尖锐处协助挖沙	
11		和母亲一起把莲花从沙子中撬出来："谢谢妈妈！莲花终于出来了！"			亲子互动
12		用宝莲灯挖沙、戳沙，让母亲帮忙找沙具		帮忙找沙具	亲子互动
13		"妈妈，你闭上眼睛稍等一会儿。"把钻石埋进沙子中		配合，陪伴	互动游戏

续表 2

序号	摆放内容（孩子）	行为、语言和情绪	摆放内容（母亲）	行为、语言和情绪	咨询师感受
14		用网球拍挖沙、钻沙，最终找出钻石："好大的钻石呀！"		陪伴和关注	母亲没有自己的行动，只是用手搭在沙箱一侧，注视陪伴
15	积木	搭建一个中空的正方形，放入钻石			
16	扁的积木	作为盖子盖在钻石上面："哎呀，老师看到了！"试图挡住咨询师视线		"虽然我不知道你要做什么，但我可以帮你。"	能关注到周围环境
17		将15、16埋起来，沙子堆高，水晶拿出来放在上面			
18	神秘物件	放入堆高的沙子中："把世界财富放进去，用坚硬的水晶保护，变成金字塔。"		母亲帮忙掩埋、堆沙	学者语言，丰富的表达
19		把莲花放在金字塔顶端			
20		将金字塔一层层解构，一边解构一边讲解。最后问母亲好不好		母亲："还行。我的小财宝呢？"	

续表3

序号	摆放内容（孩子）	行为、语言和情绪	摆放内容（母亲）	行为、语言和情绪	咨询师感受
21	卡通孙悟空	埋进金字塔，讲故事		询问小N："需要助手吗？"	
22		回应询问："不需要。"将莲花放在塔尖			
23		用沙具在沙中戳洞		叹气	
24		询问母亲："怎么了？不开心了吗？"		连忙回答："没有。"	
25	道路和汽车	将道路围绕金字塔贴在沙子上，汽车在路面上行驶。"军事通行，守卫城堡。"			
26	剩余的全部道路	"没马路了。"			
27	塑胶滚筒	滚沙	书	"给你埋点宝藏。"将书埋在沙中	
28		用沙具将莲花的沙子挑开		"为什么要放莲花呀？"	
29		"莲花一直飘在水上，攻击性生物对它无可奈何。是有神力的花。"接着和母亲讨论神仙		对话，讨论神仙	好有趣、生动！
30	大炮	放在路边："旁边有一个意大利炮！"			

续表4

序号	摆放内容（孩子）	行为、语言和情绪	摆放内容（母亲）	行为、语言和情绪	咨询师感受
31	虫子	模拟被炮击中："轰！"放回沙架		引导小N："炮要放哪里？"	
32	独角仙	调整炮的位置，模拟轰独角仙，后将独角仙放回			

小N将初始沙盘取名为"末日金字塔"，非常细致生动地介绍了和母亲共同完成的沙盘。金字塔是中空的，有两个房间，中间藏着宝藏（透明水晶沙具），是人类最后的希望，周围有军队全方位看管，"还有82年的意大利炮"。如果要进入金字塔，需要经过重重机关，还要打败守护的孙悟空。莲花是世界的吉祥物，也是末日人类梦寐以求的护身符。自己、母亲、弟弟都在金字塔里面被庇佑，爸爸在其他地方孤单地加班。

在做初始亲子沙盘过程中，小N多次出现掩埋、混乱、倒置、威胁、限制等创伤主题，同时也存在能量、旅程、灵性、仪式、重生等治愈主题。因为是小N主导沙盘，所以其表达十分自然流畅，清晰生动，虽然有较为明显的学者语言的表达方式，但可以看到他充满能量又想保有空间的内心。

图8-1 初始沙盘来访者视角（左——母亲，右——小N）

(2) 第二至第五次亲子沙盘：压力与对抗

第二至第五次沙盘都是分开制作，在咨询师和母亲的引导下，小N毫不犹豫地表示要分开做，并且都使用干沙盘，划分出泾渭分明的界限。其中除了第四次，小N都是从对角线划分沙盘，主视角大多与咨询师同侧。

第二次小N的沙盘主题是"大国重器，军事基地"，他在制作过程中安静、沉浸、投入，只用 22 分钟便完成了作品。母亲没有主题，比小 N 提前完成，在此过程中试图融入小 N 的世界。小 N 有明显的防御和攻击主题，而攻击的对象便是对侧母亲的半边。在分享环节，当咨询师提出"你注意到你攻击的对面是妈妈了吗？"，小 N 思考后将沙具调转方向。后在分享环节，母亲表示当小 N 表达攻击时，自己感到十分挫败，"以为很亲密，但我发现无法走进"。母亲表示第一次沙盘结束后小 N 就又出现了抽动症状，目前也一直在抽动当中，但咨询师并没有发现小 N 的抽动表现。

图 8-2　第二次亲子沙盘来访者视角（左——小 N，右——母亲）

第三次亲子沙盘开始时，小 N 征求咨询师的意见，想先放一个沙具再正式开始，要有一个"特殊的仪式感"。咨询师建议和母亲商量。征得母亲同意后，小 N 在分界线的中间放了一座桥。桥象征着连接和沟通，但小 N 的沙盘主题依然与军事和攻击有关，这也体现了小 N 的矛盾——在小 N 的潜意识里，自己很渴望走进母亲心中，但母亲在自己的对立面。在此次沙盘制作中，小 N 非常仔细地摆放了一个猫头鹰沙具，并主动表示"我和猫头鹰相互陪伴"。他认为猫头鹰聪明、有规划。小 N 表示基地里有宝藏和财物，也是军事世界人们争夺之物。母亲第二次在沙盘中放置女超人，她说女超人代表她自己，并认为她有力量、与众不同，是自己向往的样子。这个女超人注视着对面，仿佛关注着小 N。

图 8-3 第三次亲子沙盘来访者视角（左——小 N，右——母亲）

第四次亲子沙盘依然是分开做，小 N 用积木划分边界，却在中间用彩虹留了一个"门"。这次沙盘可以感受到母亲的"讨好"，因为她在做的过程中过度关注小 N 的举动，一直表示要帮忙，对于自己的沙盘没有过多的投入和制作。小 N 一开始并没有回应母亲的讨好，而是沉浸和投入在自己的无意识的制作中。在母亲的不断努力下，小 N 在后半段与母亲有了互动和互助。在母亲帮小 N 清理泳池区域的沙子时，小 N 说"谢谢妈妈，我对你真感激！"，母亲表示"我也是"。

在做的过程中小 N 用容器不停地装满沙再倾倒，象征着压力和压力的释放，并表示"万吨的沙子我简直受不了！"。小 N 在装沙时不小心将沙具弄坏了，小心翼翼地望向咨询师，在感受到咨询师的接纳和允许后又活泼地继续玩沙。在还有 10 分钟时，小 N 表示："我要把沙具放回原处，让老师惊呆！"并将盛满沙的锅和鸟巢放回了沙架。随后小 N 捏了一点沙给咨询师，又撒了一点在母亲放的树上。他的这两个"给予"动作，一方面象征着与咨询师建立连接，一方面象征着给树以滋养。对于小 N 来说，咨询师是稳定的安全基地，在这里他拥有最大限度的允许和接纳，因此他愿意主动与咨询师连接，而这种连接和允许也让他身心得到放松。母亲在咨询中表示由于抽动和溃疡的身体原因，小 N 已经从学校请假休息了，也停掉了所有的课外学习。她本来以为小 N 也无法来做沙盘了，但小 N 坚持要过来。咨询师鼓励母亲在沙盘游戏中可以更多地关注自我，做好自己才能更好地支持小 N。

图 8-4　第四次亲子沙盘来访者视角（左——小 N，右——母亲）

图 8-5　湿沙盘和小 N 放回的沙具（第四次亲子沙盘）

第五次沙盘再次回归对立的军事主题。小 N 在他摆放的严密的城墙上留有一个出入口，可是门非常小。小 N 表示这次的主题是"军事避难所 0.5"，自己可能在等待攻击，也可能正在巡逻或者开炮。可以看出小 N 的对立是出于对自己的保护。

母亲这次听从了咨询师的建议，在沙盘游戏过程中投入自己的作品当中，然而小 N 多次恶作剧似的故意将沙子倒入母亲的套娃里，母亲发现后表示："你不要动我的东西好吗？请尊重我好吗？"咨询师适时介入，表示可以征求母亲的意见调整、修改或者合作，然而小 N 明确表示不想合作。在咨询师看来，小 N 的恶作剧是一种缓和关系的试探（母亲和小 N 在作业问题上爆发了激烈的冲突，小 N 无法用语言表达，就只能用身体表达自己的反抗），却由于缺少交流和反馈导致关系更为僵硬。结束时小 N 因为没有完成自己的作品情绪有些低落，在母亲反复强调下落泪。母亲说："他一定是因为没有做完难过。"但咨询师在和小 N 确认是否如此时，小 N 并没有表示认可。随后咨询师让小 N 介绍他的作品，他表示因为没有全部完成，所以叫"军事避难所 0.5"。小 N 很快调整了自己的情绪，很愉快又细致地介绍了自己的作品。咨询师反馈给母亲小 N 的调节能力，母亲也意识到自己的情绪会影响孩子，需要给予孩子能力更多的信任。在母亲分享时，小N表现得不耐烦，虽然安静，但却将沙架中的沙具全部翻转过来，这其实是压力和创伤的象征，也是小N用行为表达内心不满的表现。

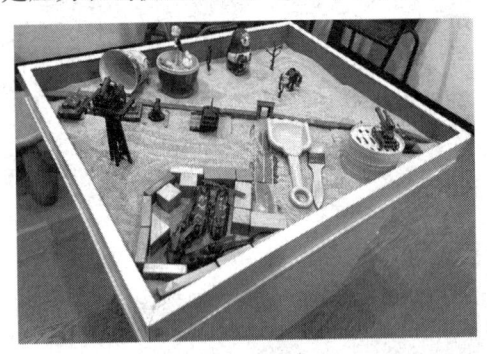

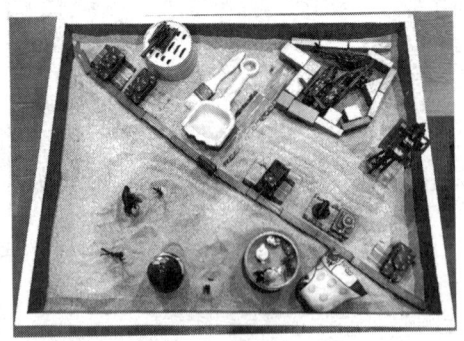

图8-6 第五次亲子沙盘来访者视角（左——小N，右——母亲）

图8-7 湿沙盘和小N在沙架上颠覆的沙具（部分）（第五次亲子沙盘）

2. 第二阶段：母亲的觉察与反思——关系的软化与弥合

（1）第六、第七次亲子沙盘：疏离的亲密

第六次亲子沙盘游戏一开始，母亲鼓励小N说出他的想法。

母亲（搂住小N）："我们有一个新想法，你来告诉老师吧！我们想……"

小N（略带腼腆地）："一起做。"

随后小N开始玩沙，先用手在干沙盘中画沙，并绕着走了一圈，然后在一侧的中间放了积木和门。母亲这次有更多的主动性和主导性，提出房间的分割和功能，并对小N的一些布置和设计表达了看法，认为小N应该按照她的想法调整。小N虽然没有直接回应，但在行动上顺从了母亲的想法。中间小N拿走了母亲房子里的一个桌台，母亲表达了自己很喜欢，但小N还是直接放回沙架，咨询师感受到了母亲明显的失落和无力（见表8-3序号19）。小N在制作过程中多次表示"分离式设计可以承担更高的家庭压力"，他的这种表达是自己压力的投射和直接表达,可以想象小N在家中承受的压力,分离式设计也是他对于空间的需要。

此次沙盘母子一起做,小N沉浸、放松,但也和母亲保持了连接。小N表示本次做的是"温暖的四口之家",表示最喜欢木头的家具,因为木头质朴,没有过多装饰,因为自己"不想要太复杂"。说完突然绕过沙盘走到母亲那里表示"想抱抱妈妈"。咨询师看到小N在母亲怀中突然红了眼眶,但他随即就离开了母亲的怀抱,认真地说:"感谢我的妈妈给我的支持和帮助,我会更上一层楼!谢谢!"然后郑重鞠躬致谢。当被咨询师问及自己的感受时,小N表示"实在是太好了!""很满意"。

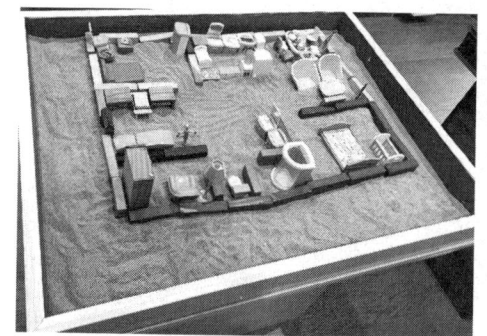

图8-8 第六次亲子沙盘来访者视角(左——小N,右——母亲)

在做第七次沙盘的前一天,母亲突然告知咨询师自己已经给小N安排了肠道菌群移植的手术,后面需要请假一周。在咨询师建议下,母亲征求了小N对于此安排的意见,小N"坚定地表示要来做沙盘",最终手术推迟到了年后。

第七次沙盘是母亲提出的医院主题,在沙盘游戏过程当中母亲展示出了强势和专制的一面。母亲几乎主导了整个沙盘,不仅规划了具体的房间,还将小N精心布置的医院功能室格局打乱。在临近结束时,母亲表示现在应该放人了,母亲放置的人物都是患者,而小N放置的都是医生和工作人员。人物的差异象征了母子特质的差异,母亲将情感投射在了患者身上,希望疗愈自己进入医院的紧张感,而小N在制作过程中投射了治愈和滋养的因素。咨询师感受到小N比母亲更有力量。

表8-3 第六次来子沙盘记录表

序号	摆放内容（孩子）	行为、语言和情绪	摆放内容（母亲）	行为、语言和情绪	咨询师感受
1	红色积木和门	门放在两块红色积木中间，口中哼歌	黄色积木	观察小N的摆放，将黄色积木放在较远的分隔处	好奇：似乎要分隔出不同的空间
2	无	调整积木，将红色换成黄色	黄色积木	协商规划各自负责摆放的区域。母亲负责右边（咨询师方位），小N负责左边	母亲此次变得有力量，小N配合
3	拿两张木质书桌	放在靠近门口处	积木	用积木围成一圈	
4	桌椅和积木	仔细调整	积木	围圈，标注出口	
5	柜子、书	将书放到木质书桌抽屉里	黄色积木	围大圈	和学校连接？不知道怎么看
6	梯子	把梯子放回，调整已有的沙具反方向	已有的积木	围大圈	边界、隔离
7	小台子和书	将小台子放在台桌中间，书放在台子上	积木	围圈，分隔出区域	母子不同步，似乎各放各的

续表 1

序号	摆放内容（孩子）	行为、语言和情绪	摆放内容（母亲）	行为、语言和情绪	咨询师感受
8	红色积木	分隔	无	与小N对话，关心小N是否知道自己放的是什么。 母：这是什么？ 小N：这是一个台子。 母：我在做什么你能看懂吗？ 小N：这是一个房间。 母：有需要调整的吗？ 小N：没有，挺好的。	母亲有很好的共情能力。小N进入状态后注意力狭窄，很难关注到周围的环境，更加强化了自己的社交缺陷，即缺乏同理心和共情的能力。咨询师思考是否需要介入干预，或让母亲进行干预。
9	冰箱	紧紧靠着红色积木	无		母亲似乎还没有准备好要放什么，但小N完全没有关注，沉浸在自己的制沙动作当中。动作很快。
10	微波炉	放在冰箱旁边	无	关注小N的动作，问他做的是什么	
11	柜子	快速、集中地布置中上方的区域			

续表2

序号	摆放内容（孩子）	行为、语言和情绪	摆放内容（母亲）	行为、语言和情绪	咨询师感受
12	凹槽	拿走积木，在相应位置放饮水机			咨询师进行干预，让小N觉察到他做了这么多有做动作，而母亲却没有做动作
13	饮水机	倾听母亲的要求			
14				主动提出要将区域隔开放置对应的物品，如"这里放桌子，这里是餐厅"	母亲有力量，有主导性
15	三把椅子	将椅子放置在母亲刚刚说的区域	观察，提出建议/意见	建议换一些家具	
16	圆桌	将原来的桌子换走	共同完成上方的房间（咨询师视角）	母亲指导性强（强迫的部分？），要求小N一定要按照自己的方式摆放。有许多的"应该"	有服从（是否为讨好呢？）
17	共同完成上方的房间				

续表 3

序号	摆放内容（孩子）	行为、语言和情绪	摆放内容（母亲）	行为、语言和情绪	咨询师感受
18	积木	放置指定的房间，表示"这是用的封闭式冰箱"	粉色椅子	给小N摆放	
19	某台	拿走母亲的某台，在母亲表示自己很喜欢的时候说"放在这里不合适"，执意拿走换一个		母亲对于小N调整的沙具表示自己很喜欢	无力感，失落
20	宝宝椅	放在餐桌旁		母亲发现小N放宝宝椅，表现惊喜，但让小N换一个	母亲主导房间的布置和进度，表现出强制性的部分，来访者顺从
21	新的宝宝椅、马桶、淋浴间等	按照母亲要求换了一个宝宝椅，并布置厕所区域		调整小N布置的部分，表示要留出门，将淋浴房和马桶对调	母亲有许多"应该"，可让其自然发生；在调整时可以告知为什么

续表4

序号	摆放内容（孩子）	行为、语言和情绪	摆放内容（母亲）	行为、语言和情绪	咨询师感受
22	调整厕所沙具，用沙具把隔开不同区域	"分离式设计可以承担更高的家庭压力/家庭人口压力"			来访者需要自己的空间
23		刮平地面		"这里是一起的还是分开的？"	
24	灯		积木桌		得知还有10分钟时，关注时间，加快进度
25	床		床		
26	积木		宝宝床		
27	积木		两张藤椅和藤桌		
28		调整沙具，将沙具摆放整齐，稳定	电视		不停向咨询师确认时间，配合完成剩余的空间
29		配合母亲摆放茶具	一套茶壶	给小N摆放	
30	基本完成，协商是否要充实	配合流畅、默契			

第八章 亲子沙盘游戏疗法提升孤独症儿童心灵共情的案例分析

续表5

序号	摆放内容（孩子）	行为、语言和情绪	摆放内容（母亲）	行为、语言和情绪	咨询师感受
31	衣架	将母亲的椅子垫高，摆放	粉色的乐高小椅子	给小N"你喜欢的"	
32	沙发	被母亲拉着快速选择一个沙发，放在沙盘中，确认完成	将圈外不用的沙具清除	"是不是还缺一张沙发？我们一起去找吧！"拉着小N快速去沙具架找沙发	母亲主导进程。时间刚刚好

在咨询环节，咨询师针对小 N 要住院进行肠道菌群移植手术与母亲进行探讨，母亲表示这是自己做的决定，父亲并不支持，小 N 也不知晓如果做手术则无法继续沙盘游戏咨询这一情况。母亲觉察到她的决定其实是种补偿，而不是小 N 的需要，决定与小 N 商量后再确定是否做手术。

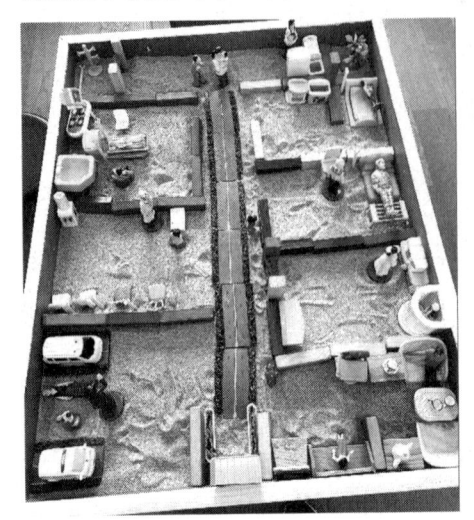

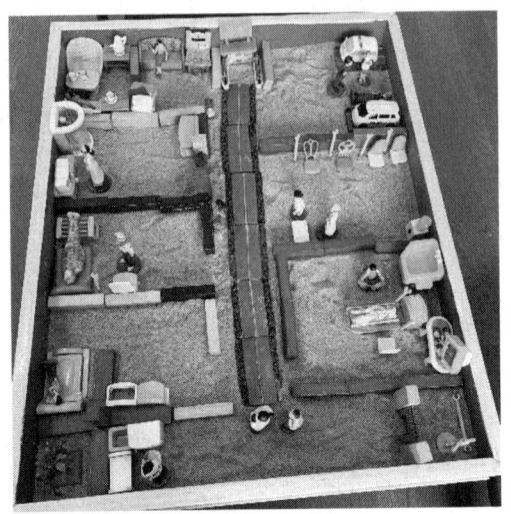

图 8-9　第七次亲子沙盘来访者视角（左——小 N，右——母亲）

（2）第八、第九次亲子沙盘：真实亲密的融合与出现

第八次亲子沙盘中，母亲第一次体验未知主题所带来的"失控感"。在做沙盘之前，母子没有协商主题，母亲表现得有些不知所措，似乎感觉"抓不到"小 N，因此她一定要小 N 告诉自己他在做什么。小 N 在逼问下开口："妈妈，你可以拿些黄色积木来。"此次小 N 制作的主题是"和谐火车站"，自己是其中的工作人员，为有需要的人提供帮助。母亲没有理解小 N 的作品，在制作过程中猜测小 N 的企图，并擅自移动了小 N 放在"月台"上的人物。在访谈中咨询师与小 N 就这个问题进行了讨论，当咨询师问小 N "妈妈没有征求你的意见就挪动沙具，你同意吗？"时，小 N 一开始不愿意表达，在咨询师的鼓励下，小 N 表示"我可以不同意她，但是不能过多地限制她""我觉得我的妈妈也需要一个自由的环境，不能有太多的限制，所以有些地方我也只能勉强接受一下"。

小 N 说："我希望未来可以当一个有情分的人，希望可以给一些人让步，让他们不要有压力，通过我的情感给他们精神上还有心理上的自由。这样他们就有一个好的心情面对我们的交往。"小 N 的话让母亲非常震惊，也让咨询师感动。咨询师镜映、共情了小 N 的压抑和委屈，小 N 流下泪来。

第八次沙盘是一个转折点，小 N 勇敢表达了自己对于社交的真实感受，母亲真正开始思考要给予小N心灵空间这一问题。

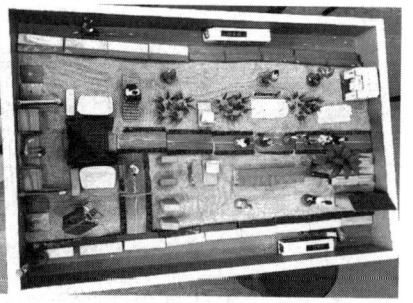

图8-10　第八次亲子沙盘来访者视角（左——小N，右——母亲）

第九次沙盘母亲很好地做到了给予小N空间。在此次沙盘中，既有各自独立的制作，又有自然和谐的配合。此次沙盘也和上次一样没有事先协商主题，小N率先在沙盘中间铺了一条路，母亲虽然一开始有些不知所措，但她在小N主动表示"我在放学校的门"后，很快就沉浸在了沙盘游戏当中。之前的沙盘虽然母子一起做，但基本上是各自独立完成，而此次沙盘出现了融合。如母子共同布置操场和池塘，这一行为象征双方开始出现真实的亲密和情感流动。在沙盘游戏结束后的交流中，小N让母亲先分享，母亲表示自己最不喜欢的是小和尚，认为和尚放在课堂上十分不和谐，"就不对"。而小N在随后的分享中表示小和尚是他最喜欢的沙具，因为小和尚就是自己，象征着小学子。这种反差反映出母亲在潜意识里并没有全然接受自己的孩子，会觉得他的存在格格不入。此次咨询过程中母亲自我暴露了自己在成长中被压抑和被打压的童年，并在咨询师的工作下觉察到自己"自卑-强势控制"的矛盾性会影响到小N。

图8-11　第九次亲子沙盘来访者视角（左——小N，右——母亲）

第九次的咨询过程中，小N对咨询师表现出明显的正向移情，在结束时向咨询师用手比心，并在母亲分享时小心又故意地用脚勾咨询师，试图与咨询师产生连接。

3. 第三阶段：治愈与转化——共情的旅程

经过亲密关系的弥合，小 N 也在母亲的支持下正式踏上了共情的疗愈之旅。从第十次往后到第十二次沙盘，小 N 总是从摆放公路开始他的沙盘，而母子的配合也越来越流畅和真实，可以明显感到这一阶段母亲和小 N 都更轻松自在了。

（1）第十、第十一次亲子沙盘：旅程的出现和与人的连接

第十次亲子沙盘小 N 的主题是"一日行 120 里，两天从南京骑到淮安"，而母亲的主题是"愉快的路程"，母子二人通过沙盘回顾了曾经的一场冒险，即母亲陪伴小 N 从南京家中骑自行车前往淮安爷爷奶奶家里。母子在沙盘中重温了当年的勇气，小 N 也首次主动表达了自己的感受，认为旅途很美好、很愉快，自己十分有成就感。

小 N 在沙盘中放置两朵莲花，小 N 表示这是两朵荷花，代表和谐和美好。此外还在最后放置了月亮和云朵。此次的旅程最终通向了与人的连接，小 N 也表达了对爷爷奶奶的思念。他在沙盘中最喜欢的沙具是爷爷奶奶，自己也在他们身边。这些变化象征着小 N 的共情之旅正式开启。

小 N 第十一次沙盘的主题叫作"江苏省吴州市"，"吴州"是小 N 自己创造的城市，里面有各种城市功能的划分。母亲将这次沙盘取名为"小狗的一天"，这是母亲第一个没有跟随小 N 的主题，而是更加深入地与自己的无意识连接的沙盘。她表示在制作过程中自己的心态从和小 N 一起搭建一座城市转变成了从小狗眼中去看世界，并且自己就是这只小狗。小狗对于母亲来说象征着无忧无虑，也是母亲的一种投射。此次沙盘出现了毁灭的意象——小 N 在介绍自己的作品时，表达了如果用几片叶子引燃，就可以烧毁整座城市，然后又补充"我是搞笑的"。咨询师引导小 N 想办法使用资源拯救城市，小 N 便从沙具架拿了一个消防站插进了公园的沙子中。小 N 的沙具中再次出现了爷爷奶奶，这也是此次沙盘小 N 最喜欢的沙具。而小 N 最不喜欢的沙具是母亲放置的大树，他认为树挡住了出入口，让人无法进入空间。咨询师引导小 N 调整树的位置，通过象征性的表达让他为自己打通了交流的空间。母亲则表示最不喜欢的是爷爷奶奶，并且觉察到虽然小 N 两次都放了爷爷奶奶，但自己这次对他们表现出了负面的移情。

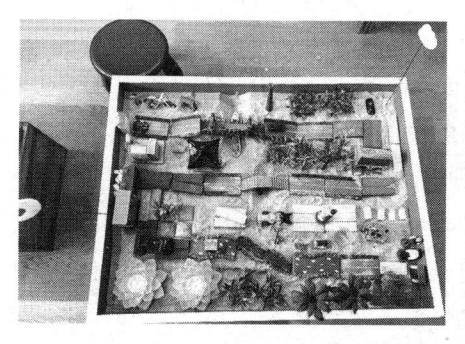

图8-12　第十次亲子沙盘来访者视角（左——小N，右——母亲）

图8-13　第十次亲子沙盘湿沙盘（咨询师视角）

图8-14　第十一次亲子沙盘来访者视角（左——小N，右——母亲）

（2）第十二次亲子沙盘：无意识与意识的统一

做最后一次沙盘临近过年，母亲表示做完亲子沙盘就要回老家了。此次小N十分放松，全程哼着小曲，放了从老家去姑姑家的场景，并且依然从铺路开始。此次沙盘小N主动与母亲交换沙具，帮助母亲布置植被，且第一次出现了小动物。小N放了三朵莲花，其中两朵大的塑胶莲花上横卧着两对鸭子，土里也掩埋了两只黑天鹅，母亲虽然表示不解，但没有干涉。在分享环节，小N表示，小鸭子睡着了，我用土给天鹅盖被子。小 N 的表述非常细腻动人。

在此次沙盘中，小 N 表现出了很强的边界意识。小 N 在沙盘里放了许多植被和花草，当他想把莲花放在母亲正在布置的空间里时，他对母亲说："我很想给你布置，但这是妈妈的地盘。"咨询师鼓励小 N 征求母亲的意见，随后母子双方十分和谐友好地互相协助布置沙盘。小 N 在此次沙盘游戏中开始打破刻板，灵活地接受变化。如当小 N 拿了两棵树想帮母亲布置而母亲表示不好看时，他立即用轻松的口吻表示："好吧，好吧，换一个吧！"

这次小 N 率先完成了沙盘，而母亲用时较长。母亲最后一个沙具是之前出现过的女超人，她想要放置在小 N 的莲花旁，母亲说："我希望得到你的允许。"小 N 说："不允许。"母亲似乎会错了意，直接放了下来，小 N 表示："其实不太想。"但母亲没有继续调整位置。小 N 围着沙盘边走动边观察了一圈，最终拿了一个草丛放在女超人的头顶。

在分享时，小 N 提出自己放了一个拱形的彩虹门，代表生活很多彩。有趣的是，这次母子站在了同一视角，但小 N 最不喜欢的沙具恰恰是母亲最喜欢的沙具，就是代表母亲自己的女超人。小 N 将女超人投射成为一个"超级魔法老妈"，盯着自己不让自己犯错。沙盘让小 N 有一个出口，表达了对母亲强势和挑剔的不满。

图 8-15　第十二次亲子沙盘（左——母子视角，右——咨询师视角）

由于这次是结案咨询，咨询师与来访者对整个咨询历程进行了回顾，母亲表示在女超人身上看到了自己的变化，而沙盘也让自己有了喘息和倾听自己心声的机会。小 N 则表示做沙盘很放松，很喜欢，也希望能继续来做沙盘。

四、干预效果评估

1. 问卷测评结果（后测 Time2）

经过干预，小 N 的共情能力得到了提升，孤独症症状也得到了显著改善，而母亲的教养方式和亲子依恋也都有了变化。具体结果如下。

干预后小 N 的 GEM-PR 总分为 20 分，达到了正常儿童临界值，认知共情 5 分，情感共情 11 分，普遍高于前测分数，已接近正常儿童平均值。其中共情总分较干预前具有统计学意义（$p \leq 0.05$）。

ABC 后测分数为 15 分，显著低于前测分数（$p < 0.05$），且低于孤独症筛查界限；交往能力总分为 9 分，语言能力为 2 分，感觉能力和躯体运动能力都为 0 分，自我照顾 4 分。其中感觉能力较前测差异显著（$p < 0.05$）。

ATEC 总分为 48 分，分量表分别为 I 表达/言语交流 2 分、II 社交 26 分、III 感知/知觉 2 分、IV 健康/身体/行为 18 分。其中总分、感知觉分数有了显著下降（$p < 0.05$），总分提示干预后小 N 为轻度 ASD。

SRS 总分为 82 分，各维度分数分别为社交知觉 9 分、社交认知 14 分、社交沟通 29 分、社交动机 13 分、孤独症行为方式 17 分。每一个项目都有显著改善（$p < 0.05$）。

亲子依恋关系经过干预后从逃避混乱型依恋调整为安全型依恋。平均分数分别为安全型依恋 3 分，逃避混乱型依恋 2.8 分，矛盾型依恋 2.18 分。

EMBU-P 干预后的结果显示母亲的情感温暖和偏爱分数都有所提高，转换为标准分后，情感温暖（0.82 分）＝偏爱（0.82 分）＞过分保护（-0.43 分）＞拒绝（-1.21 分）。

干预后 CSHQ 总分为 44 分，分数有了显著下降（$p < 0.05$），接近睡眠障碍临界值。

2. 小 N 母亲的变化：寻找自性和通往象征的朝圣之路

整个过程中，每次都是母亲让小 N 来决定一起做或者分开做沙盘，看上去似乎是小 N 在主导，但实际上背后的掌控者却是母亲。做初始沙盘时母亲可能考虑咨询师的存在而刻意做印象管理，但在历程中后期，沙盘还是让母亲呈现出了真实的自我——从一起做沙盘开始，母亲每次都要在来的路上提前和小 N 确定一个主题，当母亲不知道此次小 N 想要做什么的时候，无论是分开做沙盘还是一起做沙盘，都会表现得局促和不知所措，而后转变为猜测，并在分享时流露出自己的负面和悲观的情绪及想法；对于自己熟悉的主题，母亲会无意识地展现出自己强势和控制的一面，用貌似协商的口吻指挥小 N 布置沙盘，而如果不满意小 N 的摆放，她就会一边自言自语一边直接挪动沙具。咨询师将在沙盘中看到的不一致反馈给母亲，让母亲有机会觉察、体会自己的无意识，在无意识中停留，当意识与无意识开始连接时，家庭动力系统便会转变，这种连接也让亲子关系的转变和小 N 的转化与治愈成为可能。

母亲有很好的表达能力，也期待小 N 可以很好地表达自己的想法和需要。然而对于 ASD 儿童来说，交互性的表达本身就十分困难，母亲这种强烈的期盼对小 N 而言更多是一种压迫力，让心灵没有了伸展的空间，也让原本生出的表达尝试在这种热烈期盼的眼神中缩了回去。可对母亲而言，这种没有回应的期盼和小 N 父亲孤独症特质的沉默，更加滋长了她在家庭中的强势性格，因而总会"代替"小 N 回答，成为他的代言人。可惜的是，这种"代言"是未得应允的，完全是母亲自我的投射。当无意识的自我过于强大时，母亲会忽视身边的环境，也看不到眼前的小 N。在整个咨询历程中，咨询师通过心理分析和亲子沙盘游戏让母亲重新觉察和认识自我，并通过象征，让母亲从意识一路下沉到心灵，并与小 N 的无意识连接，以修复亲子间不安全的依恋关系，从而进一步发展小 N 的共情，改善其孤独症核心症状。

3. 亲子依恋关系的变化：真实的力量

初始沙盘中母亲表现得非常柔软和积极关注，小 N 则是兴奋而稳定，亲子互动也十分和谐，咨询师很难将其与"逃避混乱型"的依恋关系相联系。但随着咨询的推进，真实关系得以显现，母亲的矛盾性也渐渐凸显出来。

一方面，母亲笃定小 N 和自己的关系"非常好"，却又在小 N 向自己表达爱和亲密时不敢相信。逃避混乱型依恋的儿童和主要照顾者缺乏情感的联系，但在本研究中，小 N 对母亲是依恋和渴望的，他在沙盘中划分边界时，一定会留有一扇象征性的门，且大门永远向母亲敞开。反而是母亲在沙盘中表现出了自己对小 N 的不满和拒绝——尽管母亲全职在家照顾小 N，但由于小 N 的孤独症特质，母亲很少带他去人多的公共场所，且由于 ASD 儿童交互性的社交和语言发展滞后，小 N 和母亲的互动无法满足母亲的期待。此外，母亲执拗于对小 N 学业的要求，看不到小 N 的优势，也无法倾听小 N 的心声。母亲的这些行为让小 N 感到自己从未被真正接纳，只能顺从得以生存，因而母亲认为的"亲密"只是小 N 生存的手段。随着认知的发展，小 N 生发出对自我的探索，但这种窒息的假性亲密关系和母亲专制的性格，让小 N 表现出较多负向的自我概念，也进一步锁上了自己的心门。

另一方面，母亲一边过度关注共病症状（抽动和溃疡）以及伴随症状（情绪低落），另一边却又对引发症状的真正原因视而不见——小 N 的躯体症状紧随学业压力和焦虑，譬如一旦母亲监督写作业或表现出对小 N 学业的期待，亲子间的关系便会陷入紧张和焦灼状态，这也是前期小 N 沙盘呈现对立和摧毁主题的原因。然而母亲在一开始并没有认识到这点，只想着"头痛医头"，密切关注小 N 的一举一动，一旦观察到一丝抽动的征兆都会如临大敌，立即安排停课、就诊、反复用药，却并没有意识到小 N 的躯体化反应完全源于心理。其实母亲的这种过度关注是她自己的需要，她需要通过这种夸张的行为和过度妥协弥补对小 N 症状的愧疚，却不愿妥协对小 N 的学业要求和期待，因此亲子关系就困在这里。

亲子沙盘将母亲的无意识意识化，让母亲看到了自己偏执的需要，也让她真正关注了小 N 的需求，而自此开始，真实的亲密产生了融现。这种真实，便是治愈的力量——小 N 给予母亲主动自发的拥抱和被理解后流下的眼泪，都彰显了共情的生发。

4. 小 N 的变化：被理解后消融的外壳与共情的生发

小 N 在前五次的亲子沙盘中，通过筑起的城墙和反复出现的攻击主题呈现出内心的压力、防御和抗拒。小 N 不断通过象征性的表达让母亲意识到边界于他的重要性，而对母亲敞开的大门又象征着与母亲的依恋和连接。战斗同时是超我发展的开始（Neumann，1973），因此小 N 比母亲想象的更加深刻和丰富，他的表现也让咨询师赞叹。从第六次开始，亲子关系出现了软化，而在第八次亲子沙盘中，小 N 勇敢表达了自己对于社交的真实感受，也表达了对人类深层次的共情。自此，母子之间有了真正的心灵沟通。也正是从这一次开始，小 N 的沙盘中出现了植物，这象征着治愈和转化的旅程正式开始。诺伊曼提出，当动植物出现时，心灵的整合就开始了。在最后一次沙盘中，小 N 在莲花上放置了熟睡的鸭子，象征心灵的平和与亲子关系的和解[1]。

从第十次开始，干预进入第三阶段，当母亲给足空间后，小 N 便会打开自己的心门，邀请母亲进入。此刻他们的世界流动了，小 N 也做好了同世界建立关系的准备。在这一阶段，小 N 依然有很强的空间意识，这对他来说是心灵伸展的空间，但使用的沙具种类更加丰富，人物也与生活相关，第十次出现了爷爷和奶

---

[1] 洛伊丝·凯里（Lois Carey）．（2020）．给儿童和家庭的箱庭疗法（徐洁 译）．北京：中国轻工业出版社．（Original work published 1999）

奶，再往后的几次出现了更多有情感连接的人物，自己也出现在这些人的边上，行为上刻板性也有所降低。这些表现都表明小 N 已经做好了向世界敞开心门的准备。

第四节 案例讨论与研究结论

一、亲子沙盘游戏对小 N 干预的历程回顾

小 N 给咨询师的初始印象是个学者语言丰富、腼腆又活泼、服从性好却渴望与人连接的可爱男孩，呈现的个体沙盘也动态而富有灵性。小 N 的功能在 ASD 儿童中属于高水平，语言、社交、表达也更接近阿斯伯格。因此，当其父母在访谈时告知小 N 最初诊断的结果很严重时，咨询师感到十分惊讶，当即表达了对父母付出不易的赞叹。可有意思的是，母亲立刻否认了自己的付出，认为自己并没有特别为小 N 的康复做出什么努力——而这种否认也在此后的咨询当中反复出现。一开始咨询师并没有过度关注母亲的这种否认，而是尽可能怀有开放的心态，尽可能多地收集小 N 的成长资料和家庭信息。初始亲子沙盘是母子共同完成的，咨询师看到了母亲对小 N 的尊重、关注和支持，但隐隐觉察到，这种关注是否有些多了？而后几次的沙盘制作情况急转直下，小 N 每次都毫不犹豫地要求分开做，并且不是在沙盘中平分，而是从对角线划分领地。此外，他所做的沙盘主题也基本都是对立的，充斥着攻击和防御。然而，小 N 的这些行为恰恰是真实亲子关系的呈现。随着咨询历程的推进，小 N 和母亲的亲子关系得以一步步地修复和转化，小 N 与母亲的依恋也从单方面对于强势力量的服从转变为真实的贴近，而这种真实的依恋，以及教养方式中更多的倾听、平等和尊重，则进一步促进了小 N 共情的发生和心灵的治愈。表 8-4 为沙盘作品的变化。

表8-4 亲子沙盘游戏历程中作品的变化

亲子沙盘次数	制作形式	干或湿沙盘	是否有蓝色底面露出	由谁主导	自我像	主题	小N主视角是否与咨询师同侧
1	一起	湿	极小部分	子	子：有 母：无	子：末日金字塔 母：种子	是，入口面对母亲
2	分开	干	小部分：分界河	子	子：军人 母：女超人	子：大国重器，军事基地	是
3	分开	干	小部分：分界河	母=子	有	子：军事世界 母：世界	否
4	分开	干	1/5：泳池	子	有	子：游泳馆 母：记忆	是
5	分开	干	小部分：停机坪	母=子	有	子：军事避难所 母：保护	否
6	一起	干	无	母=子	有	子：温暖的四口之家 母：家	是
7	一起	干	无	母	子：医生 母：患者	子：抢救医院 母：医院	否
8	一起	干	1/5：两条高铁轨道	子	子：工作人员	子：和谐火车站 母：火车站	是
9	一起	干	小部分：小池塘	子	子：小和尚 母：小女孩	子：学校的环境 母：可爱的学校	是
10	一起	干	小部分：河	子=母	有	子：一日行120里，两天从南京骑到淮安 母：愉快的路程	否

续表

亲子沙盘次数	制作形式	干或湿沙盘	是否有蓝色底面露出	由谁主导	自我像	主题	小N主视角是否与咨询师同侧
11	一起	干	小部分：河	子	有	子：江苏省吴州市 母：小狗的一天	是
12	一起	干	无	子	有	子：马坝和姑姑 母：离开	是（母子同一视角）

二、亲子沙盘游戏对孤独症儿童共情干预的可行性分析

1. 提供心灵的空间

ASD儿童存在交互性的社交缺陷，这让他们与世界天然疏离，只不过这种疏离并非他们的本意。在探索与他人连接的过程中，他们的心灵往往被社会的规则和家庭环境中过度的情绪情感侵占，没有伸展的空间。在这种情况下，一部分儿童通过顺从的方式得以生存，而另一部分儿童通过反抗获得心灵的空间。本研究中的小N选择前者，他乖巧、顺从，但内心敏感丰富，他会在无人之时思考自我的意义和"抑郁"的可能性，然而自己的母亲却只关注自己的学业和成绩。为了保护自己，小N只能关上心灵的大门，而这也加剧了母亲的不满与失望，如此便有更多的情绪和要求袭来，小N觉得自己仿佛要窒息了。当无法用语言表达自己真实的感受时，小N只能用身体替自己表达抗议。

沙盘游戏能够为ASD儿童难以面对的场景提供一个安全的空间，而沙箱的尺寸、亲子沙盘的规则、咨询的限制、咨询师的引导以及沙盘游戏独具关怀性的过程，都为来访者提供了边界和限制，表达的自由从而得到促进和提升。对于小N来说，这些空间还不够，因此他在每一次的沙盘中都构筑了"城墙"，通过象征性的方式，将内心世界的需要投射到沙盘当中，进而体验情绪的释放。当这种无法用语言表达的部分在做的过程中被母亲认可、接纳和转化后，小N的心灵空间获得了真正的自由，也为后续情感的流动和共情的发生提供了可能。

2. 促进深层连接

ASD儿童的语言表达能力有限，尤其在交互的社交过程中，可能出现鸡同鸭

讲或答非所问的情形。亲子沙盘游戏为 ASD 儿童和母亲提供了有效沟通的媒介，让儿童可以不受限制地投射出自己的无意识。而亲子沙盘游戏的过程可以降低来访者对自我的控制和防御，使得 ASD 儿童和母亲可以通过沙盘更快、更彻底地触及无意识和心灵深层的问题。通过亲子沙盘的制作，咨询师在无意识层面的问题出现时引导讨论其模式的形成，也为养育者提供了意识层面的选择，为移情问题提供了一种安全的处理方式。

3. 叩开紧闭的心门

良好的亲子依恋关系是共情改善的坚实基础，而不安全的依恋关系让 ASD 儿童沉浸在自己的世界当中，心灵之门也愈加紧闭。卡尔夫（1980）强调咨询师必须带着爱才能创设出自由而受保护的空间。在这种爱的涵容中，ASD 来访者会对咨询师产生正向的移情。卡尔夫（1966）同时认为，儿童与咨询师所产生的移情和反移情才是最终的治愈因素。咨询师利用这种移情，在干预的过程中给母亲做了一种示范，也更好地促进了亲子依恋关系的修复和转化。而沙子接纳、涵容的母性象征对于不安全依恋的修复极具促进效应。

玩沙的过程本身就是一种治疗性的体验，玩沙的动作是一种表达情绪感受的方式（Eichoff，1952），玩沙的行为允许来访者与他们完整的自我亲近（Kalff，1980），而整个过程包含具象化的表达。亲子沙盘让 ASD 儿童感受到自身的力量，表达了无法言说的情绪，并与自性连接，也通过对父母"内在儿童"的疗愈让他们看到儿童内心的需要。在疗愈的过程中，ASD 儿童获得理解和尊重，让父母有机会与之同频。在这种安全的关系下，他们放心地打开心门，决心与世界连接，至此，共情也就发生并得以升华。

总结与展望

在前面的章节中,我们由本书的主题引入,从哲学、生物学、心理学的角度着手,拆解了沙盘游戏疗法干预孤独症共情的理论基础,重点关注了分析心理学视角下的孤独症共情。通过理论分析,我们了解到 ASD 儿童的共情(尤其是情感共情)先天存在于原初自性当中,但 ASD 儿童的神经特异性以及在养育过程中母亲意象没有启动导致自性隐没,共情无从发展。肇嘉(Zoja)也认为[①],每一个儿童都有一个个体发展计划,这个计划自出生之时起,通过与他或她建立联系的家庭、社会和文化现实的影响,在现实生活中得以实现。而原初自性建立了儿童心理和生理成熟的计划,早在胎儿时期,儿童就被赋予了整合其内在生命的组织结构,而父母形象又对儿童心理的建构有着至关重要的作用。出生前,儿童在积极的大母神(Great Mother)原型的支配下处于一种完全整合的状态,ASD 儿童也是如此。福德姆(1944)认为,婴儿在出生时通过对立分化来实现自性的分离,然后又在母亲辛劳和适当的关怀下再次整合。儿童处于痛苦和饥饿、寒冷等状态,生理需要得不到满足之时,自性的分离会再次发生,从而使儿童体验到与母亲原型的积极作用相交替的消极作用。但是通过抚慰儿童的不适,母亲的关爱将有助于自性的再次整合,儿童能够体验到母亲原型的统一的两极,即积极与消极作用。ASD 儿童的特殊性让其对母爱有更多和更特殊化的需求,母爱传递受阻、过少或过多,便会在唤醒大母神原型的过程中导致分裂,从而启动"坏妈妈"和"好妈妈"的支配作用。当 ASD 儿童被"坏妈妈"支配时,自我会在沮丧和被遗弃的痛苦感觉中找到它的控制结构。如果受"好妈妈"支配,ASD 儿童的发展同样会受到阻碍,因为大母神原型的消极作用没有得到整合(Neumann,1963),并会阻止儿童离开母亲。

对于 ASD 儿童的共情干预实际上是对 ASD 儿童原初自性的激发,而这方面

---

① 伊娃·帕蒂丝·肇嘉编.(2014).沙盘游戏与心理疾病的治疗(张敏,刘建新,蔡成后等 译).北京:中国人民大学出版社.

的目标只有通过深度心理学对无意识进行工作才能实现。沙盘游戏是分析心理学处理无意识的重要手段，其非语言的工作形式也是对 ASD 儿童十分有效的干预方式。诺伊曼将身体和身体语言提升到原型地位，他认为在生命的早期阶段，身体是儿童表达情感内容的主要渠道，在这一阶段身体自性及原型本能占据主导地位。身体也是表达情绪痛苦的渠道，这解释了身心症状的出现频率。ASD 儿童因其社交缺陷和共情缺损，难以用语言去表达和描述，因此可以通过沙盘游戏用身体和身体语言连接身体和心灵、意识和无意识，激发原型和自性，让共情的发生发展和心灵的疗愈成为可能。ASD 儿童的特异性很高，辛格（Singer）和布卢姆（Blume）用神经多样性解释儿童的这种差异，而这在儿童所呈现的个性的、独特的沙画中也有体现（Silberman，2017）。神经多样性的观点从积极的视角看待 ASD 群体的缺陷，认为 ASD 群体的症状源自大脑神经方面的差异，这是人类大脑结构正常范围内的差异，属于人类多样性的一部分。发现、分析 ASD 儿童的共性特征有助于更深入地理解他们。在"孤独症儿童的初始沙盘游戏研究"这一章中，我们分析了 ASD 儿童初始沙盘及其动态过程所具有的共同特征和象征意义，证明了沙盘游戏对 ASD 儿童共情干预的有效性——从 ASD 儿童的初始沙盘发现了其共同的行为特征，包括肢体动作、对空间的探索、与沙具的互动和与他人的连接。这些共性因素一部分源自 ASD 儿童的核心症状，如刻板行为、语言和社交缺陷、感觉统合的失衡等，然而有些行为却打破了人们对 ASD 儿童甚至是 ASD 群体的刻板印象，如流动的无意识、与人连接和建立关系的渴望等，这或许与沙盘游戏和沙激发了 ASD 儿童包裹着的原初自性有关。除了发现 ASD 行为的共性特征，研究还从实证角度论证了沙盘游戏可以评估和预测 ASD 儿童的共情，是干预共情的有效工具。第八章的个案研究发现，沙盘再造了一个母子依恋的心理环境，让 ASD 儿童有机会重新体验母子一体性的过程，在这种安全的环境中，母亲的内在儿童也获得了疗愈（Carey，1991）。而通过母亲参与的亲子沙盘游戏，在沙盘无意识的作用下，经过依恋的修复和家庭教养方式的改善，ASD 儿童的共情也得到了发展与转化。卡尔夫强调转变开始于关系，积极的原初关系能促进后来的自我发展，让儿童拥有承受苦难和发展爱的能力（Turner，2005/2016）。随着原初关系在亲子沙盘历程中重塑，共情传递的通道被打通和创造，心灵内在的连接也建立起来。此外，咨询师在沙盘游戏过程中扮演一个好的客体，不仅为 ASD 儿童营造自由而受保护的空间，也为母亲树立了一个好客体的榜样，整合了 ASD 儿童分裂的自性，从而让 ASD 儿童有力量与他人建立连接、发展共情。个案干预的研究结果呼应了前面的理论分析和实证研究，并在一定程度上证明沙盘游戏是 ASD 儿童共情干预的有效途径。

ASD 儿童存在的交互性的社交缺陷让他们与世界疏离，然而这不仅仅由于他们本身的特殊性，也在于世界并没有完全接纳他们——人们用"来自星星的孩子"形容他们，却忽视了他们与人连接的渴望。当在家庭生活中屡屡感受到不被理解、不被接纳后，他们便觉得待在星星上的感觉也不错，因为这是属于他们自己的安全而舒适的空间。生态系统理论（ecological system theory）认为个体是在与外界环境的相互作用下发展的（Bronfenbrenner，1979）。本书系列研究提示我们，对于 ASD 儿童来说，除了基本的行为干预，良好的依恋关系以及母子一体性的心理环境可以更好地帮助他们康复，提升共情。然而 ASD 儿童提升共情和融入社会不仅仅需要家庭微系统的努力，还需要学校和社会的支持。图 9-1 展示了不同层级生态系统在 ASD 儿童共情康复过程中发挥的作用。其中早期的干预和康复是共情发生发展的前提，在基本能力提高和儿童自身发育的基础上，主要养育者需要通过营造良好的家庭环境与 ASD 儿童建立安全型的亲子依恋关系，并让 ASD 儿童习得与他人建立依恋关系的能力。对于 ASD 儿童来说，安全的亲子依恋能够让他们与世界连接，但直接将建立关系的能力迁移和泛化到校园环境中仍然存在困难，这时便需要教师和同辈的支持，这也意味着融合教育不仅仅是学校让特殊儿童进入学习，更需要全面营造接纳包容的微环境。而社会系统更需要对 ASD 群体有更多的善意、善行和涵容，这样才能让他们从自己的星星中走下，真正融入世界。

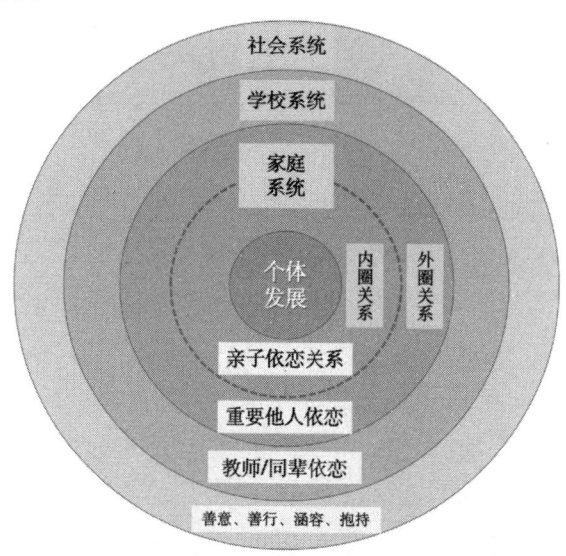

图 9-1 ASD 儿童共情康复系统模型

参考文献

博伊科（Boik，B. L.），古德温（Goodwin, E. A.）．（2006）．沙游治疗完全指导手册：理论、实务与案例（田宝伟 译）．北京：中国水利水电出版社，2006.（Original work published 2000）

陈灿锐，申荷永．（2011）．荣格与后荣格学派自性观．心理学探新，31（05）：391-396.

陈顺森，白学军，沈德立，闫国利，张灵聪．（2011）．7~10岁自闭症谱系障碍儿童对情绪面孔的觉察与加工．心理发展与教育，27（5）：449-458.

陈向明．（2000）．质的研究方法与社会科学研究．北京：教育科学出版社．

陈颖，杨文登，叶浩生．（2019）．具身认知视角下自闭症谱系障碍儿童的社会互动及干预策略．中国特殊教育，（11）：30-35.

茨维坦·托多罗夫．（2004）．象征理论（王国卿 译）．北京：商务印书馆．

崔芳，南云，罗跃嘉．（2008）．共情的认知神经研究回顾．心理科学进展，（02）：250-254.

邓红珠，邹小兵，金宇，唐春，李建英，岑超群，邹园园．（2007）．婴幼儿孤独症患者亲子依恋类型及影响因素分析．中国临床心理学杂志，（05）：480-482+466.

丁凤琴，陆朝晖．（2016）．共情与亲社会行为关系的元分析．心理科学进展，24（8）：1159-1174.

董琳琳．（2023）．沙盘游戏象征解读．北京：中国石化出版社．

杜亚松．（2015）．孤独谱系障碍治疗康复的研究进展．中国儿童保健杂志，（12）：1233-1235.

高岚，申荷永．（2012）．沙盘游戏疗法．北京：中国人民大学出版社．

关颖，刘春芬．（1994）．父母教育方式与儿童社会性发展．心理发展与教育，10（4）：47-51.

汉斯·比德曼．世界文化象征辞典（刘玉红，谢世坚，蔡马兰 译）．桂林：漓江出版社.

何静. (2016). 现象学视野下自闭症谱系儿童的具身学习观. 西北师范大学学报(社会科学版), 53 (03): 94-100.

侯雨佳, 邓猛. (2018). 国外孤独症谱系障碍儿童早期依恋特征及干预策略述评. 残疾人研究, (01): 75-82.

侯雨佳, 颜廷睿, 邓猛. (2020). 母亲依恋风格与孤独症谱系障碍儿童母子依恋: 母亲教养方式的中介作用. 心理发展与教育, 36 (01): 28-37.

霍超, 李祚山, 孟景. (2021). 自闭症谱系障碍个体的共情干预: 扬长还是补短?. 心理科学进展, 29 (05): 849-863.

贾美香. (2023). 提升对我国孤独症谱系障碍儿童发病状况及早期干预的关注. 中国妇幼健康研究, (01): 1-4.

姜晓波. (2017). 让大龄自闭症群体有个"好归宿". 人民日报.

杰克·特里锡德. (2001). 象征之旅 (石毅, 刘珩 译). 北京: 中央编译出版社.

凯·布拉德韦 (Kay Bradway), 芭芭拉·麦考德 (Barbara McCoard). (2010). 沙游——非语言的心灵疗法 (曾仁美, 朱惠英, 高慧芬 译). 南京: 江苏教育出版社.

寇延. (2005). 幼儿自闭症游戏治疗个案研究. (硕士). 河北大学.

李国凯, 葛品, 刘桂华, 黄欣欣, 卢国斌, 王艳霞, 钱沁芳, 欧萍, 徐玉英. (2019). 融合团体箱庭疗法对 Asperger 综合征儿童的疗效. 中国当代儿科杂志, 21 (03): 234-238.

李洁. (2014). 依恋的误失与重建——亲子沙盘游戏疗法模型的临床研究. (博士). 澳门城市大学.

李曙光. (2017). 医学术语翻译中的伦理问题——以 autism 的汉译为例. 外语研究, 34 (01): 75-79.

李玮, 王振东, 蔡宝鸿, 申荷永. (2017). 儒家文化中的共情观. 心理学探新, 37 (06): 483-488.

李雪荣 (主编). (1994). 现代儿童精神医学. 长沙: 湖南科学技术出版社.

廖梦怡. (2020). 共情视角下融合多模态数据的自闭症谱系障碍儿童识别. (博士). 华中师范大学.

刘聪慧, 王永梅, 俞国良, 王拥军. (2009). 共情的相关理论评述及动态模型探新. 心理科学进展, 17 (05): 964-972.

刘桂华, 黄龙生, 钱沁芳. (2019). 阶梯式融合性箱庭疗法对学龄前轻中度孤独症谱系障碍患儿核心症状及睡眠管理的效果评价. 中国当代儿科杂志, *021* (008): 743-748.

刘佳闵. (2005). *幼儿的依附关系、语文智能及人际智能与心智理论能力之关系*. (硕士). 台湾政治大学.

刘俊升, 周颖. (2008). 移情的心理机制及其影响因素概述. 心理科学, (04): 917-921.

刘伟, 方慧, 陈一心. (2012). 不同发育障碍儿童家庭的依恋特点. 中国儿童保健杂志, *20* (01): 20-22.

刘伟. (2011). *消极共同养育幼儿家庭箱庭作品特征分析及干预*. (硕士). 辽宁师范大学.

刘秀丽, 苏金莲, 李月. (2013). 幼儿移情概念辨析重要意义及其发展. 学前教育研究, (07): 8-14.

刘艳丽, 陆桂芝. (2016). 自闭症谱系障碍个体共情缺损的产生机制与干预方法. 中国特殊教育, (09): 48-54.

柳恒爽, 黄天德. (2021). 自闭症谱系障碍环境风险因素的国外研究进展. 残疾人研究, (03): 87-92.

洛伊丝·凯里 (Lois Carey). (2020). *给儿童和家庭的箱庭疗法* (徐洁 译). 北京: 中国轻工业出版社. (Original work published 1999)

马伟娜, 朱蓓蓓. (2014). 孤独症儿童的情绪共情能力及情绪表情注意方式. 心理学报, *46* (4): 528-539.

美国精神医学学会. (编). (2015). *精神障碍诊断与统计手册* (第5版) (张道龙等 译). 北京: 北京大学出版社.

倪波, 肖绪武, 孙瑾, 姜琳, 马莉, 胡丹, 刘晓婵. (2022). 家庭沙盘游戏治疗儿童分离性焦虑障碍的效果分析. 中国儿童保健杂志, *30* (08): 924-928.

让·谢瓦利埃, 阿兰·海尔布兰特. (1992). *世界文化象征词典* (《世界文化象征词典》编写组译). 长沙: 湖南文艺出版社.

任珍. (2018). *整合性沙盘游戏疗法干预自闭症儿童家庭亲子关系研究*. (硕士). 辽宁师范大学.

茹思·安曼 (Ruth Ammann). (2006). *沙盘游戏中的治愈与转化: 创造过程的呈现*. 广州: 广东高等教育出版社.

桑标, 任真, 邓赐平. (2005). 自闭症儿童的心理理论与中心信息整合的关系探讨. 心理科学, 28 (2): 295-299.

申荷永, 高岚. (2004). 沙盘游戏: 理论与实践. 广州: 广东高等教育出版社.

申璎, 谢光平. (2022). 家庭沙盘治疗对青少年抑郁症患者家庭功能的影响. 中国当代医药, 29 (34): 108-111.

史占彪, 张建新, 陈晶. (2007). 共情概念的演变. 中国临床心理学杂志, 15 (6): 664-667.

苏程, 刘军, 汤姿英, 文飞, 吴文涛. (2013). 家庭沙盘游戏治疗注意缺陷多动障碍共患对立违抗障碍儿童长期疗效研究. 中国实用儿科杂志, 28 (12): 938-939+942.

孙亚斌, 王锦琰, 罗非. (2014). 共情中的具身模拟现象与神经机制. 中国临床心理学杂志, 22 (01): 53-57.

谭健烽, 申荷永, 李鹤展, 王丹丹. (2012). 躯体化症状人群的初始沙盘特征研究. 中国临床心理学杂志, 20 (3): 424-426.

谭健烽, 申荷永, 李鹤展, 禹玉兰, 王丹丹. (2012). 抑郁症状阳性人群的初始沙盘特征. 心理科学, 35 (4): 999-1003.

谭健烽, 申荷永. (2010). 强迫症症状人群的初始沙盘特征. 中国心理卫生杂志, 4 (10): 757-761.

檀明山. (2001). 象征学全书. 北京: 台海出版社.

特纳(Turner, B. A.). (2016). 沙盘游戏疗法手册(陈莹, 姚晓东 译). 北京: 中国轻工业出版社. (Original work published 2005)

王朝, 肖晶, 王争艳, 吴东红. (2012). 成人对父母的依恋经历调查问卷的编制. 中国心理卫生杂志, 26 (8): 626-630.

王芳, 杨广学. (2017). 国内自闭症干预与康复现状调查与分析. 医学与哲学, 38 (10): 49-54.

王敏佳, 刘建新, 罗庆华, 等. (2017). 沙盘游戏联合音乐疗法对自闭症患儿康复干预研究. 中国地方病防治杂志, 032 (002): 232-233.

王艳霞, 卢国斌, 葛品, 等. (2019). 学龄前期孤独症谱系障碍儿童交叉式团体与个体沙盘干预的疗效比较. 中国当代儿科杂志, 21 (04): 44-49.

魏广东. (2018). 沙盘游戏疗法象征手册. 北京: 中国石化出版社.

魏明丽. (2009). 对不安全依恋幼儿的箱庭治疗. (硕士). 河北大学.

温忠麟, 张雷, 侯杰泰, 刘红云. (2004). 中介效应检验程序及其应用. 心理学报, 36 (5): 614-620.

五彩鹿孤独症研究院．（2022）．中国孤独症教育康复行业发展状况报告Ⅳ．北京：光明日报出版社．

吴明隆．（2003）．*SPSS统计应用实务*．北京：科学出版社．

吴怡娜．（2009）．*自闭症儿童的家庭教养方式与箱庭治疗*．（硕士）．河北大学．

五彩鹿儿童行为矫正中心．（2019）．*中国自闭症教育康复行业发展状况报告*．北京：北京师范大学出版社．

西蒙·巴伦－科恩．（2018）．*恶的科学：论共情与残酷行为的起源*（高天羽译）．桂林：广西师范大学出版社．（Original work published 2012）

肖福芳，申荷永．（2010）．论Empathy的翻译及其内涵．*心理学探新*，30（06）：18－20．

肖晓，杨娜，钱乐琼，周世杰．（2014）．自闭症儿童父母人格与共情及泛自闭症表型的关系．*中国临床心理学杂志*，22（1）：178－181．

肖运华，曹原，朱棣，李赟，钱璐，邱婷，戴晨光，储康康，柯晓燕．（2016）．中文版格里菲斯共情测验父母评定版的信效度研究．*中华行为医学与脑科学杂志*，25（6）：561－564．

徐洁，张日昇．（2007）．箱庭疗法应用于家庭治疗的理论背景与临床实践．*心理科学*，30（1）：151－154．

徐凯文．（2010）．Empathy：本源，内涵与译名．*中国心理卫生杂志*，24（06）：407－408．

许慎著，崇贤书院整理．（2015）．*说文解字详解（全注全译插图本）*．北京：北京联合出版公司．

许慎撰，徐铉校订，愚若注音．（2015）．*注音版说文解字*．北京：中华书局．

薛薇，黄钢，章小雷，韩凝．（2014）．家庭沙盘家谱图的创新性诊断研究．*中国儿童保健杂志*，22（07）：724－726．

严宇虹．（2016）．*基于共情——系统化理论的儿童自闭症干预研究*．（硕士）．南京师范大学．

阎博，樊富珉，喻丰．（2018）．动觉共情干预在舞蹈动作治疗中的应用．*心理科学进展*，26（3）：496－502．

颜廷睿，侯雨佳．（2022）．母亲教养压力对孤独症谱系障碍幼儿社交障碍的影响：有调节的中介．*中国特殊教育*，（3）：63－71．

颜志强，苏彦捷．（2018）．共情的性别差异：来自元分析的证据．*心理发展与*

教育，(02)：129-136.

颜志强，苏金龙，苏彦捷．(2018)．共情与同情：词源概念和测量．*心理与行为研究*，16 (04)：433-440.

杨申．(2011)．*消极共同养育的小学生家庭初始箱庭作品特征及个案干预研究*．（博士）．辽宁师范大学．

杨晓玲，黄悦勤，贾美香，陈寿康．(1993)．孤独症行为量表试测报告．*中国心理卫生杂志*，7 (6)：279-280.

叶浩生，杨文登．(2013)．具身心智：从哲学到认知神经科学．*自然辩证法研究*，29 (03)：3-8.

叶晓璐．(2011)．*隔代抚养幼儿的心理理论、祖孙依恋、同伴接纳的特点及其关系研究*．（硕士）．浙江师范大学．

伊娃·帕蒂丝·肇嘉编．(2014)．*沙盘游戏与心理疾病的治疗*（张敏，刘建新，蔡成后等 译）．北京：中国人民大学出版社．

余智荣，陈创鑫，林泽鹏．(2019)．家庭沙盘游戏联合托吡酯治疗儿童难治性多发性抽动症的临床分析．*中国妇幼保健*，34 (14)：3241-3243.

岳童，黄希庭．(2016)．认知神经研究中的积极共情．*心理科学进展*，24 (03)：402-409.

张竞，贾相斌，夏昆，郭辉，李家大．(2024)．孤独症谱系障碍的遗传病因和神经生物学机制．*中国科学：生命科学*，(11)：1-17.

张利滨，王亚静，李刚，蔡素平．(2018)．家庭沙盘游戏治疗对青少年网络成瘾的干预研究．*广东医科大学学报*，36 (03)：263-266.

张荣臻，曹晓君．(2018)．幼儿共情的研究综述．*内江师范学院学报*，33 (06)：23-32.

张晓霞，王叶，刘欣，向友余．(2019)．自闭症谱系障碍者共情能力发展研究述评．*中国特殊教育*，(08)：48-55+62.

张晓霞．(2020)．*家庭社会经济地位、家庭功能及教养方式对自闭症儿童共情的影响*．（硕士）．重庆师范大学．

张晓霞．(2021)．家庭功能与孤独症儿童共情的关系：教养方式的多重中介作用．*昆明学院学报*，43 (4)：84-90.

张玉凤．(2012)．*孤独症儿童父母与正常儿童父母情绪识别能力比较研究*．（博士）．安徽医科大学．

张振．(2011)．*消极共同养育初中生家庭初始箱庭作品特征及个案干预研究*．

（硕士）. 辽宁师范大学.

郑玉玮, 王盛华, 崔磊. (2017). 自闭症谱系障碍的理论阐释、神经机制及干预进展. 济南大学学报（自然科学版）, 31 (05): 452 – 458.

中华人民共和国卫生部. (2010年8月16日). 儿童孤独症诊疗康复指南. 中华人民共和国中央人民政府门户网站. https://www.gov.cn/zwgk/2010 – 08/16/content_ 1680727.htm

周浩, 龙立荣. (2004). 共同方法偏差的统计检验与控制方法. 心理科学进展, (12): 942 – 950.

周红. (2004). 舞蹈治疗简介. 中国心理卫生杂志, (11): 804 – 805.

周念丽. (2006). 学前儿童发展心理学. 上海: 华东师范大学出版社.

周念丽. (2010). 社会退缩幼儿的沙盘游戏特征与干预研究. （硕士）. 华东师范大学.

周宇. (2016). 舞蹈治疗的回顾现状与展望. 北京舞蹈学院学报, (1): 90 – 94.

邹冰, 王明春, 陈图农, 柯晓燕, 詹明心, 陈一心. (2012). 孤独症患儿父母的依恋特征. 中国儿童保健杂志, 20 (04): 317 – 319 + 339.

左占伟. (2003). 初中生父母教养方式的发展特点研究. 哈尔滨学院学报, 24 (8): 21 – 22.

Aihara, R., Tomida, T., Fujino, K., Mimoto, H., Hamaguchi, H., Kawano, N., Hashimoto, T., & Miyao, M. (1987). Sleep polygraphic study on autistic children. *Brain and Development*, 9, 210.

Ainsworth, M. D. S. (1989). Attachments beyond infancy. *American Psychologist*, 44 (4), 709 – 716.

Ainsworth, M. D. S., Blehar, M., Waters, E., & Wall, S. (1978). *Patterns of attachment*. Hillsdale, NJ: Erlbaum.

Anna, M., Thomas, F., & Elizabeth, M., et al. (2018). Effects of dance movement therapy on adult patients with autism spectrum disorder: A randomized controlled trial. *Behavioral Sciences*, 7, 6179.

Auyeung, B., Wheelwright, S., Allison, C., et al. (2009). The children's Empathy Quotient and Systemizing Quotient: Sex differences in typical development and in autism spectrum conditions. *J Autism Dev Disord*, 39 (11), 1509 – 1521.

Baghdadli, A., Rattaz, C., Michelon, C., Pernon, E., & Munir, K. (2019). Fifteen – year prospective follow – up study of adult outcomes of autism spectrum disorders among children attending centers in five regional departments in France: The epited cohort. *Journal of Autism and Developmental Disorders*, 49 (6), 2243 – 2256.

Bainum, C. R., Schneider, M. F., & Stone, M. H. (2006). An Adlerian Model for Sandtray Therapy. *The Journal of Individual Psychology*, 62 (1), 36 – 46.

Bal, P. M., & Veltkamp, M. (2013). How does fiction reading influence empathy? An experimental investigation on the role of emotional transportation. *PLoS ONE*, 8 (1), e55341.

Barnes, M. E. (2014). Empathy. In T. Teo (Ed.), *Encyclopedia of critical psychology* (pp. 560 – 571). New York, NY: Springer.

Baron – Cohen, S. (1987). Autism and symbolic play. *British Journal of Developmental Psychology*, 5 (2), 139 – 148.

Baron–Cohen, S. (1989). Are autistic children "behaviorists"? An examination of their mental – physical and appearance – reality distinctions. *Journal of Autism and Developmental Disorders*, 4, 579 – 600.

Baron – Cohen, S. (2002). The extreme male brain theory of autism. *Trends in Cognitive Sciences*, 6 (6), 248 – 254.

Baron – Cohen, S. (2009). Autism: The empathizing – systemizing (e – s) theory. *Annals of the New York Academy of Sciences*, 1156 (1), 68 – 80.

Baron – Cohen, S., Leslie, A. M., & Frith, U. (1985). Does the autistic child have a "theory of mind"? *Cognition*, 21 (1), 37 – 46.

Baron – Cohen, S., & Wheelwright, S. (2004). The empathy quotient: An investigation of adults with Asperger syndrome or high functioning autism, and normal sex differences. *Journal of Autism and Developmental Disorders*, 34 (2), 163 – 175.

Begeer, S., & Gevers, C. (2011). Theory of mind training in children with autism: A randomized controlled trial. *Journal of Autism and Development Disorders*, 41, 997 – 1006.

Begeer, S., Koot, H. M., Rieffe, C., Terwogt, M. M., & Stegge, H. (2008). Emotional competence in children with autism: Diagnostic criteria and empirical evidence. *Developmental Review*, 28 (3), 342 – 369.

Berrol, C. F. (2006). Neuroscience meets dance/movement therapy: Mirror neurons, the therapeutic process and empathy. *Arts in Psychotherapy*, 33 (4), 302 – 315.

Biscaldi, M., Rauh, R., Cora, M., Irion, L., & Klein, C. (2015). Identification of neuromotor deficits common to autism spectrum disorder and attention deficit/hyperactivity disorder, and imitation deficits specific to autism spectrum disorder. *European Child & Adolescent Psychiatry*, 24 (12), 1497–1507.

Blagrove, M., Hale, S., Lockheart, J., Carr, M., Jones, A., & Valli, K. (2019). Testing the empathy theory of dreaming: The relationships between dream sharing and trait and state empathy. *Front Psychol*, 10, 1351.

Blagrove, M., Lockheart, J., Carr, M., Basra, S., Graham, H., Lewis, H., & Valli, K. (2021). Dream sharing and the enhancement of empathy: Theoretical and applied implications. *Dreaming*, 31 (2), 128–139.

Booth-Laforce, C., & Oxford, M. L. (2008). Trajectories of social withdrawal from grades 1 to 6: Prediction from early parenting, attachment, and temperament. *Developmental Psychology*, 44, 1298–1313.

Boucher, J. (2012). Putting theory of mind in its place: Psychological explanations of the socio-emotional-communicative impairments in autistic spectrum disorder. *Autism*, 16 (3), 226–246.

Bowlby, J. (1969a). *Attachment and loss. Vol. 1: Attachment*. New York: Basic Books.

Bowlby, J. (1969b). *Attachment and loss. Vol. 2: Separation*. New York: Basic Books.

Bölte, S., Feineis-Matthews, S., Leber, S., Dierks, T., Hubl, D., & Poustka, F. (2012). The development and evaluation of a computer-based program to test and to teach the recognition of facial affect. *International Journal of Circumpolar Health*, 61 (2), 61–68.

Bölte, S., Poustka, F., & Constantino, J. N. (2008). Assessing autistic traits: Cross-cultural validation of the social responsiveness scale (SRS). *Autism Res*, 1 (6), 354–363.

Bryant, B. K. (1982). An index of empathy for children and adolescents. *Child Development*, 53 (2), 413–425.

Carey, L. (1991). Family sandplay therapy. *The Arts in Psychotherapy*, 18, 231–239.

Carey, L. J. (1999). *Sandplay therapy with children and families*. Jason Aronson.

Cassidy, J. (1994). Emotion regulation: Influence of attachment relationships. *Monographs of the Society for Research in Child Development*, 69 (240), 228 – 249.

Castro, J., de Pablo, J., & Gómez, J., et al. (1997). Assessing rearing behaviour from the perspective of the parents: A new form of the EMBU. *Social Psychiatry and Psychiatric Epidemiology*, 32 (4), 230 – 235.

Celani, G., Battacchi, M. W., & Arcidiacono, L. (1999). The understanding of the emotional meaning of facial expressions in people with autism. *Journal of Autism and Developmental Disorders*, 29 (1), 57 – 66.

Chevallier, C., Noveck, I., Happé, F., & Wilson, D. (2011). What's in a voice? Prosody as a test case for the Theory of Mind account of autism. *Neuropsychologia*, 49 (3), 507 – 517.

Costa, P. T. Jr., & McCrae, R. R. (1992). *Revised NEO personality Inventory manual*. Odessa, FL: Psychological Assessment Resources.

Coxon, K. (2003). *Empathy, intersubjectivity, and virtue*. [Unpublished doctoral dissertation]. Dalhousie University.

Dadds, M. R., Hunter, K., Hawes, D. J., Frost, A. D., Vassallo, S., Bunn, P., ... Masry, Y. E. (2008). A measure of cognitive and affective empathy in children using parent ratings. *Child Psychiatry and Human Development*, 39 (2), 111 – 122.

Daoust, A. M., Lusignan, F. A., Braun, C. M., Mottron, L., & Godbout, R. (2008a). Dream content analysis in persons with an autism spectrum disorder. *J Autism Dev Disord*, 38 (4), 634 – 643.

Daoust, A. M., Lusignan, F. A., Braun, C. M., Mottron, L., & Godbout, R. (2008b). EEG correlates of emotions in dream narratives from typical young adults and individuals with autistic spectrum disorders. *Psychophysiology*, 45 (2), 299 – 308.

Davis, M. L. (1996). *Empathy: A social psychological approach*. Boulder: Westview Press.

Decety, J., Norman, G. J., & Berntson, G. G., et al. (2012). A neurobehavioral evolutionary perspective on the mechanisms underlying empathy. *Progress in Neurobiology*, 98 (1), 38 – 48.

Del Barrio, V., Aluja, A., & García, L. F. (2004). Relationship between empathy and the Big Five personality traits in a sample of Spanish adolescents. *Social Behavior and Personality*, 32 (7), 677-682.

Denkers, G. C. (1985). *An investigation of the diagnostic potential of sandplay utilizing Linn Jones' Developmental Scoring System*. [Unpublished doctoral dissertation]. Psychological Studies Institute, Pacific Grove Graduate School of Professional Psychology, Berkeley, CA.

Denzin, N. K., & Lincoln, Y. S. (Eds.). (1994). *Handbook of qualitative research*. Thousand Oaks: Sage.

Deschamps, P. K. H., Been, M., & Matthys, W. (2014). Empathy and empathy induced prosocial behavior in 6- and 7-year-olds with autism spectrum disorder. *Journal of Autism & Developmental Disorders*, 44 (7), 1749-1758.

Dimitri, V., Figueredo, A. J., Leeuw, R. D., Scholte, R., & Engels, R. (2012). The general factor of personality (gfp) and parental support: Testing a prediction from life history theory. *Evolution and Human Behavior*, 33 (5), 537-546.

Dolev, S., Oppenheim, D., & Koren-Karie, N., et al. (2014). Early attachment and maternal insightfulness predict educational placement of children with autism. *Research in Autism Spectrum Disorders*, 8 (8), 958-967.

Domhoff, G. W., & Schneider, A. (2018). Are dreams social simulations? Or are they enactments of conceptions and personal concerns. An empirical and theoretical comparison of two dream theories. *Dreaming*, 28 (1), 1-23.

Eichenlaub, J. B., van Rijn, E., Gaskell, M. G., Lewis, P. A., Maby, E., Malinowski, J. E., Walker, M. P., Boy, F., & Blagrove, M. (2018). Incorporation of recent waking-life experiences in dreams correlates with frontal theta activity in REM sleep. *Social Cognitive and Affective Neuroscience*, 13 (6), 637-647.

Eichenlaub, J. B., van Rijn, E., Phelan, M., Ryder, L., Gaskell, M. G., Lewis, P. A., Walker, M. P., & Blagrove, M. (2019). The nature of delayed dream incorporation ('dream-lag effect'): Personally significant events persist, but not major daily activities or concerns. *Journal of Sleep Research*, 28 (1), e12697.

Eickhoff, L. (1952). Dreams in sand. *British Journal of Psychiatry*, 98, 235-243.

Eisenberg, N., & Okun, M. A. (1996). The relations of dispositional regulation and emotionality to elders' empathy related responding and affect while volunteering. *Journal of Personality*, 64, 157–183.

Eisenberg, N., Wentzel, M., & Harris, J. D. (1998). The role of emotionality and regulation in empathy-related responding. *School Psychology Review*, 27 (4), 506–521.

Elia, M., Ferri, R., Musumeci, S. A., Gracco, S. D., Bottitta, M., & Scuderi, C., et al. (2000). Sleep in subjects with autistic disorder: A neurophysiological and psychological study. *Brain Development*, 22 (2), 0–92.

Evers, K., Steyaert, J., Noens, I., & Wagemans, J. (2015). Reduced recognition of dynamic facial emotional expressions and emotion-specific response bias in children with an autism spectrum disorder. *Journal of Autism and Developmental Disorders*, 45 (6), 1774–1784.

Fan, Y. T., Chen, C. Y., Chen, S. C., Decety, J., & Cheng, Y. W. (2014). Empathic arousal and social understanding in individuals with autism: Evidence from fMRI and ERP measurements. *Social Cognitive and Affective Neuroscience*, 9 (8), 1203–1213.

Farrant, B. M., Devine, T., Maybery, M. T., & Fletcher, J. (2012). Empathy, perspective taking and prosocial behaviour: The importance of parenting practices. *Infant & Child Development*, 21 (2), 175–188.

Frith, U. (1989). *Autism: Explaining the enigma*. Blackwell Publishing.

Gladstein, G. A. (1983). Understanding empathy: Integrating counseling, developmental, and social psychology perspectives. *Journal Counseling Psychology*, 30, 467–482.

Gladstein, G. A. (1984). The historical roots of contemporary empathy research. *Journal of the History of the Behavioral Sciences*, 20 (1), 38–59.

Golan, O., Ashwin, E., Granader, Y., McClintock, S., Day, K., & Leggett, V., et al. (2010). Enhancing emotion recognition in children with autism spectrum conditions: An intervention using animated vehicles with real emotional faces. *Journal of Autism & Developmental Disorders*, 40 (3), 269–279.

Golan, O., Baron-Cohen, S., & Wheelwright, S., et al. (2006). Systemizing empathy: Teaching adults with Asperger syndrome to recognize complex emotions using interactive multimedia. *Development and Psychopathology*, 18, 589–615.

Green, E. G., & Connolly, M. E. (2009). Jungian family sandplay with bereaved children: Implications for play therapists. *International Journal of Play Therapy*, *18*(2), 84–98.

Groen, Y., Tucha, O., & Althaus, M., et al. (2015). The empathy and systemizing quotient: The psychometric properties of the Dutch version and a review of the cross–cultural stability. *Journal of Autism and Developmental Disorders*, *45*(9), 2848–2864.

Guthridge, M., Giummarra, M. J. (2021). The taxonomy of empathy: A meta–definition and the nine dimensions of the empathic system. *Journal of Humanistic Psychology*, 002216782110180.

Hagenmuller, F., Rössler, W., Wittwer, A., & Haker, H. (2014). Empathic resonance in Asperger syndrome. *Research in Autism Spectrum Disorders*, *8*(7), 851–859.

Hamilton, A. (2008). Emulation and mimicry for social interaction: A theoretical approach to imitation in autism. *Quarterly Journal of Experimental Psychology*, *61*(1), 101–115.

Hutchins, T. L., & Brien, A. (2016). Conversational topic moderates social attention in autism spectrum disorder: Talking about emotions is like driving in a snowstorm. *Research in Autism Spectrum Disorders*, *26*, 99–110.

Imuta, K., Henry, J. D., Slaughter, V., Selcuk, B., & Ruffman, T. (2016). Theory of mind and prosocial behavior in childhood: A meta–analytic review. *Developmental Psychology*, *52*(8), 1192–1205.

John, O. P., Naumann, L. P., & Soto, C. J. (2008). Paradigm shift to the integrative Big Five trait taxonomy: History, measurement, and conceptual issues. In O. P. John, R. W. Robins, & L. A. Pervin (Eds.), *Handbook of personality: Theory and research* (3rd ed., pp. 114–158). The Guilford Press.

Joireman, J. A., Needham, T. L., Cummings, A.-L. (2001). Relationships between dimensions of attachment and empathy. *North American Journal of Psychology*, *3*(3), 63–80.

Jones, C. R. G., Pickles, A., Falcaro, M., Marsden, A. J. S., Happé, F., Scott, S. K., ... Charman, T. (2011). A multimodal approach to emotion recognition ability in autism spectrum disorders. *Journal of Child Psychology and Psychiatry* and Allied Disciplines, 52 (3), 275-285.

Jung, C. G. (1953-1979). *The Collected Works of C. G. Jung* (H. Read, M. Fordham, G. Adler, & W. McGuire, Eds.; R. F. C. Hull, Trans.). Princeton, NJ: Princeton University Press.

Jung, C. G., Read, H., Fordham, M., & Adler, G. (1973). *Collected works of C. G. Jung*. London: Routledge.

Kalff, D. (1966). The archetype as a healing factor. *Psychologia*, 9, 177-184.

Kalff, D. (1980). *Sandplay: A psychotherapeutic approach to the psyche*. CA: Sigo Press.

Kanner, L. (1943). Autistic disturbance of affective contact. *Child's Nervous System*, 2 (3), 217-250.

Kennett, J. (2002). Autism, empathy and moral agency. *Philosophical Quarterly*, 52 (208), 340-357.

Kiang, L., Moreno, A. J., & Robinson, J. (2004). Maternal preconceptions about parenting predict child temperament, maternal sensitivity, and children's empathy. *Developmental Psychology*, 40 (6), 1081.

Kliemann, D., Rosenblau, G., Bölte, S., Heekeren, H. R., & Dziobek, I. (2013). Face puzzle - two new video - based tasks for measuring explicit and implicit aspects of facial emotion recognition. *Frontiers in Psychology*, 4, 376.

Koch, S. C., Mehl, L., Sobanski, E., et al. (2015). Fixing the mirrors: A feasibility study of the effects of dance movement therapy on young adults with autism spectrum disorder. *Autism*, 3, 338-350.

Kochanska, G., Friesenborg, A. E., Lange, L. A., & Martel, M. M. (2004). Parents' personality and infants' temperament as contributors to their emerging relationship. *Journal of Personality and Social Psychology*, 86 (5), 744-759.

Koehne, S., Behrends, A., Fairhurst, M. T., & Dziobek, I. (2016). Fostering social cognition through an imitation - and synchronization - based dance/movement intervention in adults with autism spectrum disorder: A controlled proof - of - concept study. *Psychotherapy & Psychosomatics*, 85 (1), 27-35.

Krahn, T., & Fenton, A. (2009). Autism, empathy and questions of moral agency. *Journal for the Theory of Social Behaviour*, 39 (2), 145-166.

Krug, D. A., Arick, J., & Almond, P. (2008). *Autism screening instrument for educational planning（ASIEP -3）*. Pro - Ed.

Lang, P. J., Bradley, M. M., & Cuthbert, B. N. (2008). International Affective Picture System (IAPS): Affective Ratings of Pictures and Instruction Manual (Rep. No. A - 8).

Lindner, J. L., & Rosén, L. A. (2006). Decoding of emotion through facial expression, prosody and verbal content in children and adolescents with Asperger's syndrome. *Journal of Autism and Developmental Disorders*, 36(6), 769 - 777.

Liu, J., Qiao, X., Dong, F., & Raine, A. (2018). The Chinese version of the cognitive, affective, and somatic empathy scale for children: Validation, gender invariance and associated factors. *PLoS ONE*, 13(5), e0195268.

Magnée, M. J., de Gelder, B., van Engeland, H., & Kemner, C. (2011). Multisensory integration and attention in autism spectrum disorder: Evidence from event - related potentials. *PLoS ONE*, 6(8), e24196.

Malinowski, J., & Horton, C. L. (2014). Evidence for the preferential incorporation of emotional waking - life experiences into dreams. *Dreaming*, 24(1), 18 - 31.

Mar, R. A., & Oatley, K. (2008). The function of fiction is the abstraction and simulation of social experience. *Perspectives on Psychological Science*, 3(3), 173 - 192.

Mark, I. L. V. D., Ijzendoorn, M. H. V., & Bakermans - Kranenburg, M. J. (2002). Development of empathy in girls during the second year of life: Associations with parenting, attachment, and temperament. *Social Development*, 11(4), 451 - 468.

McIntosh, D. N., Reichmann - Decker, A., Winkielman, P., & Wilbarger, J. L. (2010). When the social mirror breaks: Deficits in automatic, but not voluntary, mimicry of emotional facial expressions in autism. *Developmental Science*, 9(3), 295 - 302.

Melchers, M. C., Li, M., Haas, B. W., Reuter, M., Bischoff, L., & Montag, C. (2016). Similar personality patterns are associated with empathy in four different countries. *Frontiers in Psychology*, 7, 290.

Meltzoff, A. N., & Moore, M. K. (1983). Newborn infants imitate adult facial gestures. *Child Development*, 54(3), 702 - 709.

Mills - Koonce, W. R., Willoughby, M. T., Garrett - Peters, P., Wagner, N., &

Vernon – Feagans, L. (2016). The interplay among socioeconomic status, household chaos, and parenting in the prediction of child conduct problems and callous – unemotional behaviors. *Development and Psychopathology*, 28 (03), 757 – 771.

Morse, J. M. (1994). Designing funded qualitative research. In N. K. Denzin & Y. S. Lincoln (Eds.), *Handbook of qualitative research* (pp. 220 – 235). Sage Publications, Inc.

Motta, D. D. C., Falcone, E. M. D. O., & Clark, C., et al. (2006). Práticas educativas psitivas favorecem o desenvolvimento da empatia em criarças. *Psicologia em Estudo*, 11 (3), 523 – 532.

Neumann, E. (1954). *The origins and history of consciousness*. Princeton: Bollingen Series.

Neumann, E. (1955). *The great mother: An analysis of the archetype*. Princeton: Bollingen Series.

Neumann, E. (1973). *The child.* Boston: Shambhala.

Nguyen, K., Soucy – Savard, E., Chicoine, M., & Godbout, R. (2018). Dreams of children with neurodevelopmental disorders: Autism spectrum and attention deficit/hyperactivity. *Journal of Sleep Research*, 27. Retrieved from < Go to ISI >://WOS:000444228300224

Nielsen, T., Kuiken, D., Hoffmann, R., & Moffitt, A. (2001). REM and NREM sleep mentation differences: A question of story structure. *Sleep and Hypnosis*, 3 (1), 9 – 17.

Oatley, K. (2011). *Such stuff as dreams: The psychology of fiction*. Wiley – Blackwell.

Ozonoff, S., Pennington, B. F., & Rogers, S. J. (1990). Are there emotion perception deficits in young autistic children? *Journal of Child Psychology and Psychiatry and Allied Disciplines*, 31 (3), 343 – 361.

Ozonoff, S., Pennington, B. F., & Rogers, S. J. (1991). Executive function deficits in high – functioning autistic individuals: Relationship to theory of mind. *Journal of Child Psychology and Psychiatry and Allied Disciplines*, 32 (7), 1081 – 1105.

Pace – Schott, E. F. (2013). Dreaming as a story – telling instinct. *Frontiers in Psychology*, 4, 159.

Papadopoulos, R. K. (Ed.). (2006). *The handbook of Jungian psychology: Theory, practice and applications*. Psychology Press.

Plitt, M., Barnes, K. A., Wallace, G. L., Kenworthy, L., & Martin, A. (2015). Resting-state functional connectivity predicts longitudinal change in autistic traits and adaptive functioning in autism. *Proceedings of the National Academy of Sciences*, 112 (48), 699-706.

Posar, A., & Visconti, P. (2019). Long-term outcome of autism spectrum disorder. *Turk Pediatri Arsivi*, 54 (4), 207-212.

Ramachandran, V. S., & Oberman, L. M. (2006). Broken mirrors: A theory of autism. *Scientific American*, 295 (5), 62-69.

Rhodes, G., Jeffery, L., Taylor, L., & Ewing, L. (2013). Autistic traits are linked to reduced adaptive coding of face identity and selectively poorer face recognition in men but not women. *Neuropsychologia*, 51 (13), 2702-2708.

Rizzolatti, G., & Craighero, L. (2004). The mirror-neuron system. *Annual Review of Neuroscience*, 27 (1), 169-192.

Rumsey, J. M., & Hamburger, S. D. (1988). Neuropsychological findings in high-functioning men with infantile autism, residual state. *Journal of Clinical and Experimental Neuropsychology*, 10 (2), 201-221.

Russell, J., Jarrold, C., & Henry, L. (1996). Working memory in children with autism and with moderate learning difficulties. *Journal of Child Psychology and Psychiatry and Allied Disciplines*, 37 (6), 673-686.

Salters, D. (2013). Sandplay and family constellation: An integration with transactional analysis theory and practice. *Transactional Analysis Journal*, 43 (3), 225-239.

Samuels, A. (2005). *Jung and the post-Jungians*. London and New York: Routledge.

Sánchez-Reales, S., Caballero-Peláez, C., Prado-Abril, J., Inchausti, F., Lado-Codesido, M., García-Caballero, A., & Lahera, G. (2019). Spanish validation of the "Reading the mind in the voice" task: A study of complex emotion recognition in adults with autism spectrum conditions. *Research in Autism Spectrum Disorders*, 67.

Santos, T. H., Barbosa, M. R., & Pimentel, A. G., et al. (2012). Comparing the use of the Childhood Autism Rating Scale and the Autism Behavior Checklist protocols to identify and characterize autistic individuals. *Jornal da Sociedade Brasileira de Fonoaudiologia*, 24 (1), 104 – 106.

Sapountzis, I., & Bennett, L. (2014). Sharing alien states and experiences through dreams: Working with adolescents on the autism spectrum. *Journal of Infant, Child, and Adolescent Psychotherapy*, 13 (2), 98 – 107.

Scambler, D. J., Hepburn, S., Rutherford, M. D., Wehner, E. A., & Rogers, S. J. (2007). Emotional responsivity in children with autism, children with other developmental disabilities, and children with typical development. *Journal of Autism and Developmental Disorders*, 37 (3), 553 – 563.

Schredl, M. (2006). Factors affecting the continuity between waking and dreaming: Emotional intensity and emotional tone of the waking – life event. *Sleep and Hypnosis*, 8 (1), 1 – 5.

Schulte – Rüther, M., Markowitsch, H. J., Shah, N. J., Fink, G. R., & Piefke, M. (2008). Gender differences in brain networks supporting empathy. *NeuroImage*, 42 (1), 393 – 403.

Schuwerk, T., Vuori, M., & Sodian, B. (2015). Implicit and explicit Theory of Mind reasoning in autism spectrum disorders: The impact of experience. *Autism*, 19 (4), 459 – 468.

Senju, A. (2013). Atypical development of spontaneous social cognition in autism spectrum disorders. *Brain and Development*, 35 (2), 96 – 101.

Sevaslidou, I., Chatzidimitriou, C., & Abatzoglou, G. (2019). The long – term outcomes of a cohort of adolescents and adults from Greece with autism spectrum disorder. *Annals of General Psychiatry*, 18.

Shamay – Tsoory, S. G., Aharon – Peretz, J., & Perry, D. (2009). Two systems for empathy: A double dissociation between emotional and cognitive empathy in inferior frontal gyrus versus ventromedial prefrontal lesions. *Brain*, 132 (3), 617 – 627.

Silberman, S. (2017). Beyond "deficit – based" thinking in autism research: Comment on "implications of the idea of neurodiversity for understanding the origins of developmental disorders" by Nobuo Masataka. *Physics of Life Reviews*, 20, 119 – 121.

Singer, T. (2006). The neuronal basis and ontogeny of empathy and mind reading: Review of literature and implications for future research. *Neuroscience &*

Biobehavioral Reviews, 30 (6), 855 – 863.

Singer, T., Lamm, C. (2009). The social neuroscience of empathy. *Annals of the New York Academy of Science*, 1156, 81 – 96.

Smith, A. (2006). Cognitive empathy and emotional empathy in human behavior and revolution. *The Psychological Record*, 56, 3 – 21.

States, B. O. (1993). *Dreaming and storytelling*. New York: Cornell University Press.

Steinhausen, H. C., Jensen, C. M., & Lauritsen, M. B. (2016). A systematic review and meta – analysis of the long – term overall outcome of autism spectrum disorders in adolescence and adulthood. *Acta Psychiatrica Scandinavica*, 133 (6), 445 – 452.

Stern, J. A., & Cassidy, J. (2017). Empathy from infancy to adolescence: An attachment perspective on the development of individual differences. *Developmental Review*, 47, 1 – 22.

Stone, V., Baron – Cohen, S., & Knight, R. (1998). Frontal lobe contributions to theory of mind. *Journal of Cognitive Neuroscience*, 10 (5), 640 – 656.

Su, Y. (2017). *Empathy across human lifespan*. Paper presented at the 3rd International Conference on Human Brain Development, Nanning, Guangxi, China.

Sucksmith, E., Allison, C., Baron – Cohen, S., Chakrabarti, B., & Hoekstra, R. A. (2013). Empathy and emotion recognition in people with autism, first – degree relatives, and controls. *Neuropsychologia*, 51 (1), 98 – 105.

Tang, L., & Bie, B. (2016). The stigma of autism in China: An analysis of newspaper portrayals of autism between 2003 and 2012. *Health Communication*, 31 (4), 445 – 452.

Trimmer, E. M., McDonald, S., & Rushby, J. A. (2014). Empathy and arousal to emotional videos in Autism Spectrum Disorder. *International Journal of Psychophysiology*, 94 (2), 171.

Uljarevic, M., & Hamilton, A. (2013). Recognition of emotions in autism: A formal meta – analysis. *Journal of Autism and Developmental Disorders*, 43 (7), 1517 – 1526.

Vreeke, G. J., & van der Mark, I. L. (2003). Empathy, an integrative model. *New Ideas in Psychology*, 21 (3), 177 – 207.

Waal, F. B. (2008). Putting the altruism back into altruism: The evolution of empathy. *Annual Review of Psychology*, 59 (1), 279–300.

Waal, F. D., & Preston, S. D. (2017). Mammalian empathy: Behavioral manifestations and neural basis. *Nature Reviews Neuroscience*, 18 (8), 498–509.

Wagers, K. B., & Kiel, E. J. (2019). The influence of parenting and temperament on empathy development in toddlers. *Journal of Family Psychology*, 33 (4).

Waltz, M. (2013). *Autism: A social and medical history*. New York: Palgrave Macmillan.

Wan, Q., Jiang, L., Zeng, Y., & Wu, X. (2019). A big–five personality model – based study of empathy behaviors in clinical nurses. *Nurse Education in Practice*, 38, 66–71.

Wang, A. T., Lee, S. S., Sigman, M., & Dapretto, M. (2007). Reading affect in the face and voice: Neural correlates of interpreting communicative intent in children and adolescents with autism spectrum disorders. *Archives of General Psychiatry*, 64 (6), 698–708.

Williams, J. H. G., Whiten, A., Suddendorf, T., & Perrett, D. I. (2001). Imitation, mirror neurons and autism. *Neuroscience & Biobehavioral Reviews*, 25 (4), 287–295.

Wispé, L. (1986). The distinction between sympathy and empathy: To call forth a concept, a word is needed. *Journal of Personality and Social Psychology*, 50 (2), 314–321.

Wu, C. C., Chu, C. L., Stewart, L., Chiang, C. H., Hou, Y. M., & Liu, J. H. (2020). The utility of the screening tool for autism in 2 – year – olds in detecting autism in Taiwanese toddlers who are less than 24 months of age: A longitudinal study. *Journal of Autism and Developmental Disorders*, 50 (4), 1172–1181.

Xu, H., Xue, R., & Hao, S. (2021). Attitudes toward patient – centeredness, personality and empathy of Chinese medical students. *Personality and Individual Differences*, 176.

Young, S. K., Fox, N. A., & Zahn – Waxler, C. (1999). The relations between temperament and empathy in 2 – year – olds. *Developmental Psychology*, 35 (5), 1189–1197.

Yu, C. K. – C. (2014). Normality, pathology, and dreaming. *Dreaming*, 24 (3),

203 – 216.

Zaki, J. (2017). Moving beyond stereotypes of empathy. *Trends in Cognitive Sciences, 21* (2), 59 – 60.

Zhang, Q., Wang, Y., Lui, S. S. Y., Cheung, E. F. C., Neumann, D. L., Shum, D. H. K., & Chan, R. C. K. (2014). Validation of the Griffith Empathy Measure in the Chinese context. *Brain Impairment, 15* (1), 10 – 17.

Zhou, H., Xu, X., Yan, W., et al. (2020). Prevalence of autism spectrum disorder in China: A nationwide multi – center population – based study among children aged 6 to 12 years. *Neuroscience Bulletin, 36* (09), 961 – 971.

Zhou, Q., Eisenberg, N., Losoya, S. H., Fabes, R. A., Reiser, M., & Guthrie, I. K., et al. (2010). The relations of parental warmth and positive expressiveness to children's empathy – related responding and social functioning: A longitudinal study. *Child Development, 73* (3), 893 – 915.

附　录

附录一　沙盘游戏特征表

一、沙具种类

01　动物：史前动物、野生动物、畜牧动物、家畜、鸟、水生动物、两栖动物、昆虫

02　人物：家庭成员（成人和儿童）、看护人员、士兵、督察、古代人物、童话神话人物

03　建筑物：房子、塔、桥、亭子

04　交通工具：汽车、船、飞机、救火（护）车、路灯、路障、栏杆

05　植物：树木、灌木、花、松果

06　生活用品：家具、炊具、食物、餐具、乐器、节日礼品

07　自然元素：宝石、石头、贝壳、珊瑚

08　宗教：金字塔、图腾、钟、八卦、宗教人物

09　武器：坦克、战斗机、潜水艇、兵器

10　其他：头骨、化石容器、残缺的沙具

11　阴影：骷髅、坟墓和鬼

二、场景种类

01　家庭情景

02　学校场景

03　乡村情景

04　旅程情景/交通情景

05　冲突情景/战争情景

06　自然情景

07　动物园

08　非现实情景/抽象情景

09　无情景

三、主题特征

(一) 创伤主题

混　乱

01　将不同种类的沙具散乱放在沙盘中，沙具之间没有联系

02　将不同种类的沙具堆放在一块，没有组织

03　将某一特定种类的沙具散乱放在沙盘中

04　过分拥挤杂乱的沙盘

空　洞

05　沙盘超过 1/4 的面积是空白的

06　整个沙盘的沙具少于所提供的沙具中的 50 个

07　沙盘中沙具的种类少于所提供的 5 种

分　裂

08　沙盘被明显地用栏杆、沙子或者水域分割成两个或两个以上的部分，而且中间没有桥等连接物

09　不同种类的东西按种类独立放置，而且中间没有联系或组织

10　不同种类沙具的对立

11　关系密切的沙具被放在相距很远的地方，中间没有连接的工具

限　制

12　动物、人物被困在一个地方，与外界沟通不良

13　交通工具无路可走（飞机没有跑道可起飞，汽车没有路可走，船被困在很小的水域中）

忽　视

14　照顾者与被照顾者相距很远

隐　藏

15　具有危险性的沙具被藏在其他沙具后面

16　具有消极象征意义的人物或者动物藏在暗处

17　用沙子把沙具埋藏起来

倾　斜

18　沙具倾斜

受　伤

19　动物或者人物被咬伤

20　人物或动物出事故

21　超人或具有正面意义的童话神话人物被打败，受伤

威　胁

22　弱小的人物或动物受到攻击

23　凶猛水生动物出现，威胁船或其他鱼类

24　怪兽入侵

25　战争爆发

受　阻

26　人物或动物的前方有栏杆或者其他障碍物，不能前进

27　交通工具被障碍物堵住，不能前进

倒　置

28　沙具被翻过来放在沙盘中

29　人物或动物卧倒在沙盘中

残　缺

30　现实场景没有的人物或者动物出现

31　自然场景没有的动物或者人物出现

32　水生动物放在沙子上，没有水源

33　动物没有食物或者只有餐具没有食物

34　家庭重要成员的缺失

35　选择残缺的沙具

陷　入

36　人物、动物的脚陷入沙子中超过30%

37　交通工具陷入沙子中超过30%

攻　击

38　两种动物或者两种以上的动物之间互相攻击

39　人物与动物、人物与怪兽或者超人与怪兽之间的战斗

40　准备战斗的士兵或者军队

其他1

41　饥饿的人物、动物在寻食

42　枯萎缺水的树木

43　具有创伤象征意义的头骨、蛇、木乃伊、坟墓、死气沉沉的塔林

44　刻板地排列同类东西

45　出现大批救护沙具,如救护车、救火车

(二) 治愈主题

联　结

46　被分裂的两个部分之间有桥等建筑物联结

47　用道路等连接两个世界或者建造物、人物和动物等沙具

旅　程

48　飞机有足够的跑道空间可以起飞,船可以出航,汽车有路可以出发

49　人物有明显的道路可以前进

50　动物有一定的方向可以前进

能　量

51　出现绿色的植被、绿洲

52　水源为植物、动物提供能量

53　出现食物

深　入

54　安全的水域或者畅通的河流(水中没有危险的沙具出现)

55　宝藏、贝壳、珊瑚的出现

56　挖井筑湖

新　生

57　婴儿诞生

58　蛋或者小鸟出生

59　花儿开放

培　育

60　母亲照顾孩子

61　鸟喂养小鸟

62　为树木浇水

63　照顾者烹煮食物

变　化

64　创造性地使用沙具或者沙子

65　消极象征意义的沙具变成积极象征意义的沙具

灵　性

66　宗教人物的出现(佛、观音、天使)

67　青蛙、蝴蝶、蝉等具有蜕变意义的动物的出现

趋　中

68　沙盘中央出现"圆形"的"组织"

69　沙盘中央对立或冲突双方得到沟通或者统一

整　合

70　沙盘突出统一的主题或者故事

71　不同种类的沙具有组织地结合在一起，形成和谐统一的组织或结构

仪　式

72　歌舞庆祝仪式

73　结婚仪式

74　生日晚会

75　聚餐欢庆晚会

缓　和

76　作战双方之间有超过5厘米的沙盘空间

77　对立双方之间有水源或植物隔离缓和

规　则

78　使用适量的水来建造沙形

79　沙具按现实情况分类

80　沙具的使用比例合适

81　沙子和沙具只在沙盘中使用

对　话

82　人物之间出现友好对话

83　动物之间和平共处，聚在一起

84　人物结伴玩乐

85　天使与人的对话

其他2

86　找到宝藏

87　战斗胜利

88　重　生

89　创造性使用沙子

90　可供居住的牢固房屋

附录二　ASD 儿童沙盘游戏动作特征表

一、肢体与沙的互动

手部与沙的互动

01　用手掸沙，掸出面积不大的蓝底

02　推沙（如整个身体俯在沙盘上，双手几乎探到沙盘对面）

03　向两边或自己面前扒沙、兜沙

04　用手指轻轻捏沙，似乎想将沙轻抓起来

05　挤沙或用力抓沙，似乎想将沙挤出水来

06　向（中间）聚沙或堆好几堆沙

07　捧沙

08　用手铲沙

09　大力拍沙有如打鼓，或手部飞起快速落下

身体与沙的互动

10　将手埋进沙里，或手背盛沙，感受并仔细观察

11　用手背、胳膊触沙

12　低头闻沙或用面部（嘴、鼻子）触沙

13　将沙子从身上或头上淋下

二、空间的运用

纵向玩沙

14　像撒盐一样散落沙

15　抓沙或捧沙并让沙自然坠落

横向玩沙

16　用手掌或手指扬沙/把沙扔在沙盘里

17　激烈扬沙，将沙撒在沙盘外的其他物品上（如沙具架里）

18　把沙故意泼撒/落/扔在沙箱以外的地面上，观察或用脚搓沙

三、儿童与沙和沙具的互动

痕　迹

19　在沙盘中写字或手在沙中运动留下痕迹

20　用手或物品垂直戳沙

21　使沙具在沙中行动，留有痕迹（如用交通工具钻沙子或火圈移动留下痕迹）

使用容器

22　将沙倒入垃圾筒，再将沙子倒出，重复多次

23　用打开盖子的垃圾桶一边画圈一边兜沙，装满沙后倒出

24　用容器装沙—倒沙，重复多次（如棺材、车厢等）

25　用两个容器互相倒沙

26　用容器装沙（如钟的背面、车厢等）

其　他

27　掩埋：埋沙具至三分之一

28　搓沙：将手上或者沙具上的沙子搓掉

29　不直接用手玩沙，而用沙具拨沙

30　反复掩埋—挖出沙具

31　超过一半的沙具使用后放回

32　将沙具扔进沙盘

33　故意毁坏沙具

四、与人连接的渴望

与研究者的互动

34　抬眼观察研究者

35　通过语言和动作与研究者互动（如把沙子放入研究者手心、给研究者扣上手铐、拿沙具问研究者"这是什么"等）

附录三 个体沙盘游戏制作过程表

被试姓名		性别		制作时间	
沙盘师姓名		日期		沙盘次数	

完成沙盘后,根据幼儿制作沙盘的整个过程,勾选以下选项:

1. 从哪里开始:(1) 从沙开始　　(2) 从物件开始

2. 对沙的态度:(1) 几乎不碰触　　(2) 轻轻随意碰触　　(3) 深入、长久接触

3. 有无蓝色的底面露出:(1) 没有　　(2) 有一小部分　　(3) 很大部分

4. 是否有栅栏:(1) 没有　　(2) 有

5. 是否有桥:(1) 没有　　(2) 有

6. 是否有神秘象征的物件:(1) 没有　　(2) 有

7. 创造过程:(1) 作品不完整或者没有完整作品;

　　　　　　(2) 作品完整,仅有稍许变动;

　　　　　　(3) 作品在创作过程中发生大的变动或移动;

　　　　　　(4) 作品完成后,又对作品进行大的修改、挪动或移动。

8. 内容描述:

(1) 能对沙盘游戏过程中所用的玩具、摆设的情景、游戏情节等进行介绍。

(2) 不能对沙盘游戏过程中所用的玩具、摆设的情景、游戏情节等进行介绍,只是讲述与沙盘游戏无关的内容或是沉默。

9. 主题概况:

(1) 能够明确概括出自己沙盘游戏作品的主题。

(2) 只是讲述与沙盘游戏无关的内容或是沉默。

10. 感受表达:

(1) 能够明确表达出自己在玩过沙盘游戏后的感受,如"沙盘游戏很好玩""玩过之后我很开心""我下次还想来玩"等。

(2) 在被问及对玩过游戏后的感受时答非所问或是沉默。

对孩子的第一印象		
自我像		
最喜欢的玩具模型		
一、沙具种类	01 动物：史前动物、野生动物、畜牧动物、家畜、鸟、水生动物、两栖动物、昆虫	
	02 人物：家庭成员（成人和儿童）、看护人员、士兵、督察、古代人物、童话神话人物	
	03 建筑物：房子、塔、桥、亭子	
	04 交通工具：汽车、船、飞机、救火（护）车、路灯、路障、栏杆	
	05 植物：树木、灌木、花、松果	
	06 生活用品：家具、炊具、食物、餐具、乐器、节日礼品	
	07 自然元素：宝石、石头、贝壳、珊瑚	
	08 宗教：金字塔、图腾、钟、八卦、宗教人物	
	09 武器：坦克、战斗机、潜水艇、兵器	
	10 其他：头骨、化石容器、残缺的沙具	
二、场景种类	01 家庭情景	
	02 学校场景	
	03 乡村情景	
	04 旅程情景/交通情景	
	05 冲突情景/战争情景	
	06 自然情景	
	07 动物园	
	08 非现实情景/抽象情景	
	09 无情景	

序号	内容	类别	行为	语言	咨询师感受	序号	内容	类别	行为	语言	咨询师感受
1						13					
2						14					
3						15					
4						16					
5						17					
6						18					
7						19					
8						20					
9						21					
10						22					
11						23					
12						24					

附录四　亲子沙盘游戏制作过程记录

被试姓名		性别		制作时间	
沙盘师姓名		日期		沙盘次数	

- 从哪里开始：（1）从沙开始　　（2）从物件开始
- 对沙的态度：（1）几乎不碰触　　（2）轻轻随意碰触　　（3）深入、长久接触
- 有无蓝色的底面露出：（1）没有　　（2）有一小部分　　（3）很大部分
- 是否有主题：（1）没有　　（2）有
- 母子是否有明显的区域划分：（1）没有　　（2）有
- 谁主导沙盘过程：（1）妈妈　　（2）孩子
- 创造过程：（1）静态　　（2）动态，不断变换　　（3）母子游戏沙盘

序号	摆放内容（孩子）	情绪、行为和语言	摆放内容（母亲）	情绪、行为和语言	咨询师的感受
1					
2					
3					
4					
5					
6					
7					
8					
9					
10					

附录五　公益心理咨询知情同意书（例）

　　本项目为具有研究性质的公益心理咨询，项目时间为××年×月—××年×月，旨在帮助儿童（青少年）提高共情能力，更好地适应学校和社会。心理咨询将严格遵守《中华人民共和国精神卫生法》和《中国心理学会临床与咨询心理学工作伦理守则》，最大限度保护您的合法权益。在您进入咨询之前，请先认真阅读以下内容，确保了解过程中的基本规则，我们将在法律和专业伦理范围内进行咨询：

　　1. **初始访谈**：在正式进入心理咨询前将进行 1—2 次家庭初始访谈，请**如实填写登记表并签署"公益心理咨询知情同意书"**。咨询师会对您的状态进行评估，以确认是否适合参与本次公益项目。若**咨访双方在初始访谈时发现不匹配**，您和咨询师均有权提出**结束咨询或商议转介事宜**（如转介给更匹配的咨询师、专科医生或提供其他资源）。

　　2. **咨询设置**：本咨询全程不收取任何费用，原则上咨询频率为**每周 2 次**，不少于 14 次，咨询时间和周期由双方商讨后确定，**穿插进行个体沙盘游戏疗法和亲子沙盘游戏疗法**。个体沙盘**每次 50 分钟**，亲子沙盘**每次 80 分钟**，需有一位**固定的养育者**参与。您或者咨询师如需**临时暂停**或**取消**咨询，需至少提前 24 小时告知，双方确认后可更改。若您**临时缺席 2 次**，则本次公益咨询自动结束。

　　3. 为最大限度保障您的合法权益，若您被诊断为抑郁症、焦虑症、精神分裂症等精神疾病，**需提供就诊记录**，并**承诺持续接受稳定的药物治疗**（两周及两周以上）。您（及监护人）需要保证所承诺的信息**真实、准确**，若非如此，咨询师则有权结束咨询并免除相应责任。

　　4. **保密及保密例外**：根据心理咨询工作伦理规范，咨询中所涉及的个人隐私及相关资料，都**将受到严格保密**，不会在任何场合公开，**除却下列情况**：

　　（1）法律及规定的例外情况；

　　（2）对个人隐私做严格技术处理后，不涉及具体任务的教学、研讨及文章书籍撰写；

　　（3）对您自身或他人的生命安全构成严重危害的情况下，咨询师有权利直接联系相关家人或相关机构；

　　（4）在保密范围内，咨询师在隐去您的可识别信息下进行个人研究和专业学术研究。

5. **录音与录像**：本公益咨询在征得您同意的情况下将**全程录音**，全部内容都会做保密处理，在未经本人同意下不会向其他无关人士披露。（具体见"录音录像知情同意书"）

6. **关于咨询时间外的沟通**：咨询师将**不与您在咨询情景以外进行咨询工作**，为保障咨访双方的权益，邮件及留言仅用于沟通咨询时间等**事务性内容**，不用以交流或反馈咨询内容。

7. 根据伦理要求，咨询师不接受您的任何馈赠，并在咨询关系持续期间以及结束后3年内，双方不建立除咨询关系以外的任何个人关系。您需知晓，**咨询师提供的仅为心理咨询的服务**。如需精神科诊断或心理治疗服务须去相关医疗机构就诊。

8. 其他未尽事宜。

9. 您已仔细阅读并理解以上事项，承诺以下事项：

（1）本人自愿参与本公益项目，愿意配合访谈和评估。

（2）本人在××年×月×日前能稳定参与每周1—2次心理咨询不少于14次（面询）。

来访者：_____（监护人_____）

咨询师：_____

年　　月　　日

附录六　公益心理咨询录音/录像同意书（例）

本人_____（监护人_____）同意咨询录音录像，所录资料由提供咨询方保管和使用。

本人明白：

1. 录音或录像是为了研究及督导，在匿名的情况下，本录音将被允许做研究及督导之用；

2. 所有有关面谈的录音内容将做保密处理，在未经本人同意下不会向其他无关人士披露。

咨询师郑重承诺，严格按心理咨询的职业准则保管和使用所录材料：

1. 恪守保密规定，所录资料只用于专业研究和教育，不用于专业研究和教育以外的任何场合。

2. 在上述范围内的应用，不透露当事人的姓名等可以确认当事人真实身份的有关资料。

3. 即使隐藏真实身份，所录资料也不作为完整的个案在专业内发表，但可以采用其中部分资料。

4. 因当事人本人的原因造成的任何泄密，咨询师不负责任。

双方承诺

我已经读完本公益心理咨询录音/录像同意书，同意咨询被录音/录像，并在咨询过程中履行相应的权利和义务。

来访者：_____（监护人_____）

咨询师：_____

年　　月　　日